Pour Joby et Teol,

cet ensemble d'études
qui achève pour moi un
chantier. On attendant
de nouvelles aventures,

Amicalement

Crime et culture au XIXᵉ siècle

Dominique

7. 9. 05

DU MÊME AUTEUR

L'Encre et le Sang : Récits de crimes et société à la Belle Epoque, Fayard, 1995.

Les Exclus en Europe, 1830-1930 (codirection), L'Atelier, 1999.

Naissance de la police privée : détectives et agences de recherches en France, Plon, 2000.

Vidal le tueur de femmes : une biographie sociale (avec Ph. Artières), Perrin, 2001.

La Culture de masse en France : 1860-1930, La Découverte, 2001.

Dominique Kalifa

Crime et culture
au XIXᵉ siècle

Perrin
www.editions-perrin.fr

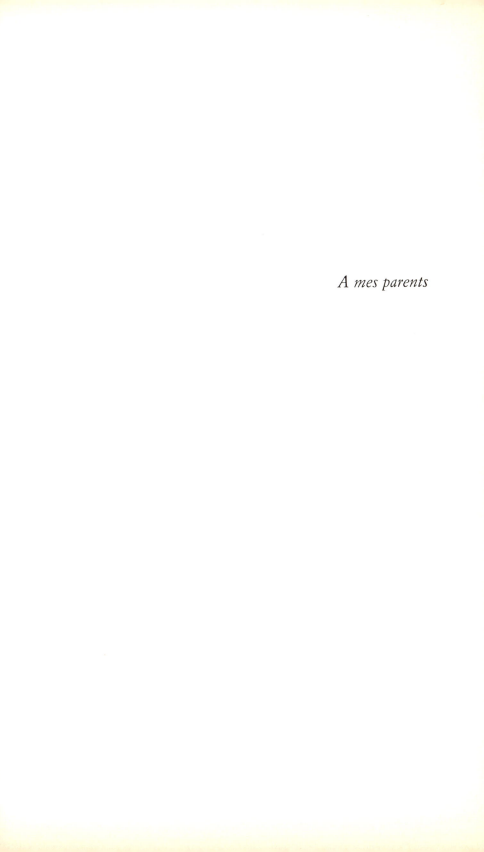

A mes parents

Introduction

Le XIXe siècle fut obsédé par la question du crime. L'observer, le punir, le résorber constituèrent des préoccupations majeures, que justifiait aux yeux des contemporains le sentiment d'une criminalité chaque jour plus envahissante. Symboliquement ouvert par la création de la Préfecture de police en 1800, suivie quelques années plus tard de la promulgation du Code pénal (1810), le siècle criminel se clôt dans l'effervescence de la crise sécuritaire 1900, où presse, justice et politique initient une intrigue étonnamment moderne. Au début de l'été 1914, ce sont encore des crimes, à Sarajevo bien sûr, mais aussi à Paris où est jugée Mme Caillaux et assassiné Jean Jaurès, qui annoncent le naufrage d'une époque. Entre-temps, le siècle a inventé la police judiciaire, la statistique criminelle, la médecine du crime, la science du crime, la littérature du crime, le reportage du crime, et nombre d'autres innovations qui commandent aujourd'hui encore notre appréhension des réalités criminelles.

Envisagé sur une autre échelle, ce siècle fut ponctué d'un nombre impressionnant et sans doute inégalé d'« affaires », qui contribuèrent à en façonner la mémoire et la forme. L'assassinat à Rodez de l'ex-procureur impérial Antoine Fualdès ouvre dès 1817 ce XIXe siècle criminel, et l'accompagne en un sens jusqu'à son terme, puisque c'est « sur l'air de Fualdès » que se chantèrent jusqu'aux lendemains de la Première Guerre mondiale la plupart des complaintes criminelles. Dans la brèche ainsi ouverte s'engouffrèrent nombre d'assassins ou de figures de l'ombre : Lacenaire, Marie Lafarge, Troppmann, Pranzini, Vacher, Casque d'or, Marguerite Steinheil, Jules Bonnot, Henriette Caillaux, pour ne citer que ceux que la mémoire nationale continue de célébrer. Etrange Panthéon, qui alimenta et continue d'alimenter une prolixe littérature de « causes célèbres » et de faits divers romancés, progressivement recouverte, sinon renouvelée, par le cinéma ou la télévision.

Cette présence du crime entretient, comme on le voit, d'étroites relations à la culture. Ne serait-ce d'abord qu'en raison de cette multitude d'objets et de pratiques culturelles que les affaires criminelles n'ont cessé d'engendrer. Livres, journaux, fascicules, chansons, pièces de théâtre, affiches, films, etc., ont de longue date adossé aux réalités criminelles une large part de leur répertoire. Celui-ci permet bien sûr de donner au crime accès et visibilité sociale, mais il contribue aussi à diffuser un imaginaire homogène de la norme, des perceptions communes et partagées du tolérable et de l'intolérable. Un second rapport, plus profond, se dessine ici entre le crime et la culture, que les sociologues ont été les premiers à mettre au jour[1]. Produit social, le crime ne se définit qu'en fonction des règles, des valeurs et des sentiments collectifs que se donne une société. C'est la conscience de la transgression, telle qu'elle est finalement traduite dans le droit et dans la peine, qui détermine l'existence du crime, écrivait Durkheim dès 1895 dans *Les Règles de la méthode sociologique*. Le jeu des acteurs et des normes, les logiques sociales (et parfois locales) de compréhension ou de représentation du monde, les sensibilités et les tolérances collectives, l'état des « mentalités judiciaires » qui commande la litigiosité et le recours plus ou moins naturel

---

1. Philippe ROBERT, « Le sociologue, la culture et le crime », dans J.-M. BESSETTE (dir.), *Crimes et Cultures*, L'Harmattan, 1999, p. 29-59.

aux institutions pénales[1], définissent en amont toute la donne criminelle. On sait ainsi combien, dans les campagnes du XIXᵉ siècle, on préféra longtemps l'« arrangement » au procès, dont les décisions bousculaient trop souvent les hiérarchies et les usages locaux. En Quercy par exemple, société « à vengeance » que gouverne une impérieuse logique de l'honneur, les bagarres ou les rixes n'étaient guère perçues comme des délits et le viol d'une bergère était loin d'avoir la même gravité que celui d'une cadette de maison, tandis qu'en Poitou, on pouvait être traîné aux assises pour un vol de poules[2]. En Bretagne, l'infanticide était souvent moins considéré comme un crime que comme une « faute », une atteinte à la morale ou aux mœurs[3]. Et le parricide, crime suprême, impensable même, longtemps considéré comme l'expression d'une monstruosité régressive (le condamné, conduit à l'échafaud pieds nus et un voile noir sur la tête, était jusqu'en 1832 amputé du poing droit), fut dans la seconde moitié du siècle l'objet d'une meilleure compréhension, qui prit en compte le jeu des tensions, des tyrannies ou des souffrances familiales souvent à son origine[4]. A maints égards donc, une histoire du crime ne saurait être qu'une histoire culturelle du crime, capable de restituer d'abord les complexes hiérarchies et les systèmes d'appréciation par lesquels les individus ou les groupes donnent sens au monde qui les entoure, et définissent à leur aune le répertoire des transgressions.

Une dernière relation, plus substantielle encore, se joue entre le crime et la culture. A quelques exceptions près, le crime est toujours un événement incompréhensible. Un fait

---

1. Bernard SCHNAPPER, « Pour une géographie des mentalités judiciaires : la litigiosité en France au XIXᵉ siècle », *Annales ESC*, février-mars 1979, p. 399-419.

2. François PLOUX, *Guerres paysannes en Quercy. Violences, conciliations et répression pénale dans les campagnes du Lot (1810-1860)*, La Boutique de l'Histoire, 2002 ; Frédéric CHAUVAUD, *Les Criminels du Poitou au XIXᵉ siècle. Les monstres, les désespérés, les voleurs*, Poitiers, Geste Editions, 1998.

3. Annick TILLIER, *Des criminelles au village. Femmes infanticides en Bretagne (1825-1865)*, Presses universitaires de Rennes, 2001.

4. Sylvie LAPALUS, *La Mort du vieux. Le parricide au XIXᵉ siècle*, Tallandier, 2004.

opaque, dont les mobiles ou les circonstances ne sont jamais transparents, une sorte de point aveugle, et une histoire souvent indicible. D'où le flot de représentations qu'il ne cesse d'engendrer. Tout se passe en effet comme si la compréhension du crime ne pouvait s'obtenir que par ses diverses représentations, depuis les premiers témoignages ou les premiers relevés topographiques qu'opère le policier jusqu'aux multiples reconstitutions, judiciaires, journalistiques, littéraires qui en prolongent l'existence. Ce processus est l'œuvre de l'enquête, dont la fonction est précisément de rendre le crime représentable. C'est le rôle de l'enquête policière, qui s'attache à repérer les indices et les traces, à signaler les témoins ou les auteurs présumés ; c'est le rôle de l'enquête judiciaire qui s'emploie à reconstituer les circonstances et les modalités du crime, à en cerner les mobiles, à confondre les coupables ; c'est le rôle de l'enquête médiatique, qui révèle l'événement à la conscience publique, lui donne sa visibilité et le construit comme un événement social, voire politique. Sous ses diverses formes, l'enquête fait donc de cet événement *a priori* inintelligible qu'est le crime une réalité lisible, dicible, socialement et institutionnellement maîtrisable. Mais le réduire, c'est aussi toujours l'interpréter. Œuvre d'un nombre croissant d'acteurs différenciés (gardes champêtres, gendarmes, policiers, juges de paix, maires, préfets, magistrats instructeurs, médecins et experts, avocats, détectives, reporters ou simples amateurs), qui obéissent chacun à des contraintes et des motivations spécifiques, l'enquête constitue un processus éminemment culturel, qui construit le crime autant qu'elle le révèle.

Complexe concrétion sociale et culturelle, celui-ci voit s'imbriquer en lui de multiples facteurs : les systèmes de représentations du juste et de l'injuste qui définissent les transgressions, les dispositions juridiques qui les traduisent dans l'ordre de la loi, les seuils de tolérance collective qui les rendent plus ou moins effectifs, les modalités de la répression qui les font apparaître, sans parler même de l'écheveau presque irréductible des motivations sociales, économiques ou psychologiques qui poussent un individu à passer à l'acte. De ce difficile entrelacs, les clefs sont souvent culturelles.

Ce livre offre plusieurs pistes pour éclairer ces aspects. La première partie aborde quelques « figures » particulièrement remarquables dans la construction culturelle du crime au XIXᵉ. Comment la ville, Paris en l'occurrence, perçoit-elle et recompose-t-elle les lieux et les espaces de la dangerosité criminelle ? Au terme de quel long processus culturel la société française en vint-elle à qualifier d'« apaches » ses voyous et ses jeunes délinquants ? Pourquoi les fonctionnaires de police se sont-ils mis à écrire leurs mémoires, et quel sens donner à des représentations si caractéristiques du siècle, comme celle de « classes dangereuses » ou de « génies du crime » ? Telles sont quelques-unes des questions qui traversent cette première série de réflexions. Mais cet intense intérêt pour le crime est aussi contemporain d'une mutation radicale de notre environnement culturel qui vit, à compter du milieu du XIXᵉ siècle, s'esquisser peu à peu les contours de la culture de masse[1]. Mieux circonscrire la place du crime dans ce nouveau régime culturel, en cerner les principaux supports et les motifs majeurs, comme le fait divers ou le « roman populaire », objets d'histoire eux aussi, fait l'objet de la deuxième partie de ce livre. Centrée sur quelques aspects de la crise « sécuritaire » qui saisit la France à compter de la fin du XIXᵉ siècle, la dernière partie nous renvoie plus directement à notre contemporain, celui d'une sensibilité accrue aux délits et aux crimes, celui d'une société devenue de plus en plus intolérante à l'égard des atteintes aux personnes et aux biens, et qui attend du droit, de l'Etat et des institutions qu'ils la défendent contre cette « part maudite » qu'elle ne cesse par ailleurs d'engendrer. Autre façon de dire combien le crime, loin d'être un invariant de la déraison humaine, constitue bien une réalité sociale et culturelle profondément historique.

---

1. J'ai précisé ces aspects dans « L'entrée de la France en régime médiatique : l'étape des années 1860 », dans J. MIGOZZI (dir.), *De l'écrit à l'écran*, Presses universitaires de Limoges, 2000, p. 39-51, et dans *La Culture de masse en France*, 1 : *1860-1930*, La Découverte, 2001.

PREMIÈRE PARTIE

FIGURES DU CRIME AU XIXe SIÈCLE

1

Les lieux du crime :
topographie et imaginaire social à Paris

Autant que les mobiles, les circonstances ou les auteurs du crime, les « lieux » jouent un rôle essentiel dans la construction des réalités criminelles. Rues, places ou impasses, c'est souvent dans la topographie urbaine que se cristallise la peur ou l'obsession du crime. Comme le signale Balzac dans *Ferragus* (1833), il existe des rues « assassines », et l'identité des lieux ou des non-lieux du crime tient une place décisive dans l'expression de l'insécurité. Mais les lieux ne se contentent pas de faire peur, ils contribuent aussi à rendre le crime intelligible. Position du cadavre, localisation des indices, traces diverses occupent à compter du XIXe siècle une fonction grandissante dans les procédures de l'enquête criminelle. On voit ainsi se multiplier les croquis, les plans, les planches, les coupes, aux sources d'une attention topographique nouvelle qui accélère le passage à la rationalité judiciaire[1]. Liant chaque crime à son décor, chaque cadavre à son pavé, les photographies de l'Identité judiciaire accentuent encore ce processus à la fin du siècle. Autour des lieux du crime se noue enfin une dernière

---

1. Voir Michel PORRET, « La topographie judiciaire à Genève », *Sociétés & Représentations,* n° 6, 1998, p. 191-209 ; ainsi que F. CHAUVAUD, *Les Criminels du Poitou au XIXe siècle, op. cit.*

intrigue, plus culturelle et sociale. Souvent investis par les voisins ou les familiers du quartier, qui viennent y commenter l'événement, parfois transformés en lieux de promenade ou de pèlerinage[1], ils jouent un rôle important dans l'appropriation sociale de l'espace. Inquiète, émue ou indignée, la mémoire de la ville qu'ils façonnent et qu'entretient par la suite une prolixe littérature criminelle (feuilletons, complaintes ou causes célèbres), se révèle souvent être un actif opérateur de cohésion et de solidarité[2].

Un tel phénomène trouve évidemment dans le Paris du XIXᵉ siècle un cadre à sa mesure. Faut-il redire ici combien la capitale, travaillée par la croissance démographique, les recompositions sociales, l'agitation politique, fait alors du crime l'une de ses obsessions majeures[3] ? « Chaque pavé de notre bonne ville de Paris est rouge », écrit un 1863 un historien de la capitale[4], résumant assez bien le sentiment général. A la fois transgression de la norme, production culturelle et argument politique, le crime et la délinquance saturent alors l'espace public parisien. De l'interminable discours social qui en résulte, une géographie se dessine, qui entend être celle du « vice » et de la dangerosité. Ce

---

1. Ainsi du « champ Langlois », où l'assassin Troppmann commit ses crimes en 1869, et qui se trouve bientôt investi par les camelots, visité par des milliers de badauds, immortalisé par des photographies. Voir Michelle PERROT, « L'affaire Troppmann » (1981), repris dans *Les Ombres de l'Histoire. Crime et châtiment au XIXᵉ siècle*, Flammarion, 2001, p. 283-298.

2. Je renvoie sur ce point à mon texte : « Crime, fait divers et culture populaire à la fin du XIXᵉ siècle », *Genèses. Sciences sociales et histoire*, nº 19, 1995, p. 68-82. Voir aussi Michel MAFFESOLI et Alain PESSIN, *La Violence fondatrice*, Editions du Champ, 1978.

3. Inaugurées par l'ouvrage fondateur de Louis CHEVALIER (*Classes laborieuses et Classes dangereuses à Paris pendant la première moitié du XIXᵉ siècle*, [1958], Perrin, 2002), ces questions ont connu un récent renouvellement. Voir notamment Dominique KALIFA, *L'Encre et le Sang. Récits de crimes et société à la Belle Epoque*, Fayard, 1995 ; Thomas CRAGIN, *Cultural Continuity in Modern France. The Representation of Crime in the Popular Press of Nineteenth Century Paris*, Ph. D. dissertation, Indiana University, 1996 ; Simone DELATTRE, *Les Douze Heures noires. La nuit à Paris au XIXᵉ siècle*, Albin Michel, 2000 ; Gregory K. SHAYA, *Mayhem for Moderns. The Culture of Sensationalism in France, c. 1900*, Ph.D., University of Michigan, 2000 ; Anne-Emmanuelle DEMARTINI, *L'Affaire Lacenaire*, Aubier, 2001.

4. Firmin MAILLARD, *Le Gibet de Montfaucon (étude sur le vieux Paris)*, Auguste Barby, 1863, p. 3.

sont les évidences, les pesanteurs et les déplacements de cette topographie qu'il s'agit ici de présenter. Car le crime, comme toutes les autres activités sociales, est profondément affecté par le processus d'haussmannisation, qui bouscule les localisations traditionnelles des lieux à risque et des coupe-gorge. Sans doute la délinquance violente, l'« attaque nocturne » ou l'assassinat, auxquels on se limitera ici, ne constituent-ils qu'un aspect finalement marginal des affaires criminelles, mais ils en incarnent la face visible, celle qui, hier comme aujourd'hui, polarise les discours et les frayeurs. On voudrait donc montrer ici comment la mémoire des lieux s'accommode des formidables bouleversements qui transforment alors la capitale, comment, et avec quelles résistances, les représentations du danger sont elles-mêmes peu à peu haussmannisées. Adossée à un *corpus* essentiellement littéraire, constitué de ces textes de grande diffusion (romans-feuilletons et « populaires », chroniques parisiennes, fascicules et livraisons à bon marché) qui accordent tant d'importance à la question du crime et jouent un rôle décisif dans la transmission de la mémoire des lieux, cette esquisse topographique voudrait aussi interroger l'étonnante autonomie des représentations de Paris, et la capacité de la ville de papier à suivre le fil de son propre destin.

Les théâtres criminels du Paris romantique

S'inscrivant eux-mêmes dans une tradition déjà fermement établie, romanciers et chroniqueurs de la monarchie de Juillet signalent tous l'écrasante domination criminelle du vieux centre historique et de ses marges immédiates. Le crime, c'est d'abord la Cité, « dédale de rues obscures, étroites, tortueuses, qui s'étend depuis le Palais de Justice jusqu'à Notre-Dame[1] », écrit Eugène Sue en 1842. La convergence des représentations est absolue, qui présente

---

1. Eugène SUE, *Les Mystères de Paris* (1842), Pauvert, 1963, p. 8.

les antiques venelles de l'île, rue des Cargaisons ou rue du Marché-Neuf, rue de la Calendre, rue aux Fèves ou impasse Saint-Martial, comme une « vaste cour des miracles[1] » où pullulent voleurs, filles publiques et vagabonds. Cette réputation déborde légèrement de la Cité proprement dite pour affecter sur la rive droite le périmètre des Halles, entre le Palais-Royal et le Temple, et sur la rive gauche le quartier de la Montagne-Sainte-Geneviève, place Maubert, rue Galande, rue Mouffetard, lieux sinistres et dangereux, toujours dépeints comme des repaires d'escarpes et de chiffonniers. L'étroitesse de cet espace avait surtout pour conséquence la proximité paradoxale des lieux du crime et de ceux de la répression. « N'est-il pas étrange, ou plutôt fatal, qu'une irréversible attraction fasse toujours graviter ces criminels autour du formidable tribunal qui les condamne à la prison, au bagne, à l'échafaud[2] ! » note malicieusement Eugène Sue. « Le scélérat était attiré à la Cité, voisine du Palais de Justice, comme le papillon est porté vers la lumière qui le consume », lui répond M. Claude, le chef de la police de sûreté sous le second Empire[3]. D'un côté donc les bouges, les cabarets borgnes et les tapis-francs, dont la description devient rapidement l'un des morceaux de bravoure de toute littérature criminelle (le Lapin-Blanc et Paul Niquet étaient situés rue aux Fèves, le Chat-Noir rue de la Vieille-Draperie, Bordier rue Aubry-le-Boucher, l'hôtel d'Angleterre rue Saint-Honoré, l'Epi-scié boulevard du Temple, le Château-Rouge et le Père-les-Lunettes rue Galande). De l'autre les principaux organes de l'ordre : le Palais, la Conciergerie, la Préfecture dont le dépôt sordide s'ouvrait rue de Jérusalem, une « sentine étroite, sombre, boueuse, où jamais le soleil ne passe qu'en se voilant[4] », le siège de la Sûreté rue Sainte-Anne, la place

---

1. Charles VIRMAÎTRE, *Paris qui s'efface*, Savine, 1887, p. 71.
2. E. SUE, *Les Mystères de Paris, op. cit.*, p. 8.
3. *Mémoires de Monsieur Claude, chef de la police de sûreté sous le second Empire* (1881), Club français du livre, 1962, p. 37.
4. Alexandre DUMAS, *Les Mohicans de Paris* (1854-1859), Gallimard, 1998, p. 246.

de Grève, lieu de toutes les exécutions du Consulat à 1832, sans oublier la morgue, quai du Marché-Neuf, assidûment visitée par les Parisiens. Pas très loin, la prison de la Force, rue du Roi-de-Sicile, et celle de Sainte-Pélagie, à laquelle on accédait par la sinistre rue de la Clef, accueillaient l'essentiel des détenus, à l'exception des femmes, envoyées aux Madelonnettes, près du Temple, et surtout à Saint-Lazare, établissement « hygiénique » situé au 107 rue du Faubourg-Saint-Denis et réservé aux femmes depuis décembre 1794. Précieux voisinage en un temps où la stratégie policière consistait principalement à infiltrer le monde du crime pour le neutraliser.

De multiples facteurs expliquent ces localisations. Sans rupture en cela avec l'Ancien Régime, le centre de la capitale, irrigué par la Seine, demeure en 1840 le Paris vivant et populaire, le Paris du travail, surpeuplé, surchauffé, entrelacs d'espaces d'habitat, de travail, de distraction, où la violence de la rue constitue une composante inhérente de la sociabilité populaire[1]. Les grandes mutations démographiques et économiques, qui s'accélèrent dans la France du premier XIXᵉ siècle, accentuent ce phénomène. Plus que jamais, le centre de la ville devient ce lieu de l'entassement, du surpeuplement, de la misère matérielle et morale, donc du crime, que les observateurs sociaux décrivent sans relâche. Mais le souci du pittoresque joue aussi pour beaucoup dans cette surfocalisation : on agite les souvenirs des coupe-gorge médiévaux et des cours des miracles, dont la plus grande était « située dans l'un des quartiers les plus mal bâtis, les plus sales et les plus reculés de la ville de Paris, entre la rue Montorgueil, le couvent des Filles-Dieu et la rue Neuve-Saint-Sauveur[2] ». Aux yeux de nombreux contemporains, le Paris de la monarchie de Juillet tend à

---

1. Voir, pour les périodes précédentes, Arlette FARGE et André ZYSBERG, « Les théâtres de la violence à Paris au XVIIIᵉ siècle », *Annales ESC*, 1979, nᵒ 5, p. 984-1015, ainsi que Patrice PÉVERI, « Les pickpockets à Paris au XVIIIᵉ siècle », *Revue d'histoire moderne et contemporaine*, nᵒ 29-1, 1982.
2. Henri SAUVAL, *Histoire et Recherche des Antiquités de la Ville de Paris*, Moette, 1724.

« devenir celui du Moyen Age avec ses guet-apens, ses assassinats de ruelles[1] ».

Circulant de la presse aux enquêtes sociales, des physiologies aux romans-feuilletons, ces représentations bâtissent un modèle cohérent et persistant, qui fait de la Cité et de ses marges l'espace presque naturel du crime. Capitale du XIXe siècle, Paris impose ces images terrifiantes à une province médusée comme aux observateurs étrangers. N'est-ce pas ainsi à Paris qu'Edgar Poe situe l'action des trois célèbres nouvelles qui inaugurent le récit de détection[2] ? Si le chevalier Dupin demeure « rue Dunot, n° 33, au troisième, faubourg Saint-Germain », la rue Morgue se situe bien au cœur du vieux Paris criminel : « c'est un de ces misérables passages qui relient la rue Richelieu à la rue Saint-Roch », Marie Roget habite rue Pavée-Saint-André et travaille chez un parfumeur du Palais-Royal. Pour fantaisiste qu'elle soit (« ai-je besoin d'avertir à propos de la rue Morgue, du passage Lamartine, etc., qu'Edgar Poe n'est jamais venu à Paris », note Baudelaire[3]), cette topographie rend bien compte de l'importance du Paris préhaussmannien dans l'imaginaire criminel du XIXe siècle.

Pourtant, en ce premier XIXe siècle est sensible un premier et double décentrement, qui délaisse peu à peu les espaces surpeuplés du centre. Engagé de longue date[4], le transfert vers les barrières des espaces de la dangerosité urbaine devient très sensible durant la monarchie de Juillet. Vers le nord, où les quartiers des Porcherons et celui de la Courtille sont perçus depuis le XVIIIe siècle comme des lieux insécures[5], on signale de nombreuses poches de violence : le

---

1. *La Chronique de Paris*, 18 octobre 1836, cité par A.-E. DEMARTINI, *L'Affaire Lacenaire, op. cit.*, p. 150.

2. « The Murders in the rue Morgue » (1841), « The Purloined Letter », (1842), « The Mystery of Marie Roget » (1850).

3. Voir Walter BENJAMIN, *Le Paris du second Empire chez Charles Baudelaire* (1938), Payot, 1979.

4. Voir Bronislaw GEREMEK, *Les Marginaux parisiens aux XIVe et XVe siècles*, Flammarion, 1976, ainsi que John M. MERRIMAN, *The Margins of City Life. Explorations on the French Urban Frontier, 1815-1851*, New York, Oxford University Press, 1991 (trad. française, Le Seuil, 1994).

5. A. FARGE et A. ZYSBERG, article cité.

canal Saint-Martin et les terrains vagues qui le bordent, où sévissent des bandes de dessaleurs qui jettent à l'eau leurs victimes, Belleville, Ménilmontant et la barrière du Combat, repaires de nombreux malfaiteurs. « C'était là leur quartier général, ils y étaient constamment en force, et malheur à l'agent qui serait venu les trouver [1] », écrit Vidocq dans ses *Mémoires*. Ancien emplacement du gibet, vaste espace coincé entre le boulevard et la butte Chaumont, Montfaucon, qui servait à la fois de décharge, de fosse d'aisance et de centre d'équarrissage, était aussi perçu comme un espace de grande dangerosité. A l'ouest, les escarpements du Trocadéro abritaient « une population de rôdeurs, de filous, d'assassins, qui ne plaisantaient pas avec ceux qui s'égaraient dans leur refuge », et le bois de Boulogne était une véritable forêt de Bondy [2]. Mais c'est surtout vers les barrières sud que les représentations, notamment littéraires, se déplacent. Hautement symbolique, la décision prise en 1832 de transférer la guillotine de la place de Grève à la barrière Saint-Jacques accompagne le mouvement. Les quartiers sud de ce qui était alors le XIIe arrondissement (Saint-Marcel, Saint-Jacques, l'Observatoire) comptaient parmi les plus pauvres de la capitale. Repaires de chiffonniers, véritables « foyers d'infection » selon le docteur Parent-Duchâtelet, ils constituent de sinistres poches de violence. C'est là, rue Croulebarbe, au lieu dit le champ de l'Alouette, que le jeune Ulbach assassine en mai 1827 la bergère d'Ivry, fait divers célèbre. De la barrière d'Italie, on glisse vers la banlieue sud, vers Bicêtre surtout, situé à une lieue sur la route de Fontainebleau, et où les condamnés à mort attendent le jour de leur exécution, et vers le cimetière d'Ivry, où l'on inhume les suppliciés. L'identité criminelle dont se chargent alors ces quartiers excentrés doit beaucoup à la littérature. S'ils s'ouvrent rue aux Fèves, c'est à la barrière Saint-Jacques que s'achèvent *Les Mystères de Paris*, signalant ainsi la vigueur de ce transfert. Celui-ci s'affirme

---

1. Eugène François VIDOCQ, *Mémoires* (1828), Laffont, 1998, p. 293.
2. *Mémoires de Monsieur Claude…, op. cit.*, p. 55-57.

dans *Les Mohicans de Paris* d'Alexandre Dumas, très ancrés dans le quartier Saint-Jacques, et surtout dans *Les Misérables* de Victor Hugo, véritable roman de ces barrières du sud, Italie, Gobelins, ou d'Enfer. C'est boulevard de l'Hôpital que se trouve la masure Gorbeau, et c'est « dans les steppes qui avoisinent la Salpêtrière » qu'opère, la nuit, la bande de Patron-Minette.

Mais à ce glissement topographique s'ajoute un second mouvement, vertical, qui plonge dans les entrailles de la capitale, vers les carrières, les catacombes ou les égouts. Les soubassements du Trocadéro, les fours à plâtre de Clichy, les carrières de Montmartre ou d'Amérique sur la rive droite, l'immense excavation qui s'étend, sur la rive gauche, de Grenelle et de Montrouge jusqu'au Jardin des Plantes, forment selon certains un véritable pays souterrain, criminel par nature, auquel on accède par l'un des nombreux escaliers situés au Val-de-Grâce, à la barrière du Maine, au Puits-qui-parle ou encore sur la place d'Enfer. Déclinée sous la thématique traditionnelle des bas-fonds ou sur celle de la métaphore hugolienne des « dessous » et de la caverne sociale, l'existence d'un immense Paris sous-terrain et criminel constitue dès lors un cliché répandu, que les romanciers populaires comme Elie Berthet, Constant Guéroult ou Pierre Zaccone se chargent de diffuser[1].

Décentrement, recentrement, décrochements

Bouleversant la topographie, la sociologie et l'économie de la capitale, l'haussmannisation change évidemment la donne. Si les ambitions affichées du processus ne concernent pas explicitement la délinquance, elles ont cependant pour objet la réduction d'une « crise » et de dysfonctionnements urbains au nombre desquels la criminalité marche de

---

1. Elie BERTHET, *Les Catacombes de Paris*, Grimaux, 1832 ; Constant GUÉROULT et Pierre DE COUDEUR, *Les Etrangleurs de Paris*, Chappe, 1859 ; Pierre ZACCONE, *Les Drames des catacombes*, Ballay aîné, 1863 ; Pierre-Léonce IMBERT, *Les Catacombes de Paris*, Librairie internationale, 1867.

pair avec la peur sociale. L'arasement des taudis entourant Notre-Dame, les nouvelles percées et l'annexion des communes de banlieue sont immédiatement perçus par les contemporains comme des événements d'une portée capitale au regard des localisations du risque criminel. Une nouvelle cartographie de la délinquance en émane, rapidement prise en charge par les représentations littéraires. Les inflexions de la topographie criminelle qu'enregistrent alors romanciers et chroniqueurs constituent une série de mouvements désordonnés, parfois contradictoires, mais dont l'évolution dessine sur un demi-siècle une trajectoire finalement cohérente, qu'on peut résumer autour des trois figures enchevêtrées du décentrement, du recentrement, puis du décrochement.

Accompagnant le mouvement même de l'haussmannisation, la première figure est la plus évidente. La destruction de la Cité est une réalité dont romanciers et chroniqueurs prennent immédiatement acte. Haussmann lui-même avait tenu à préciser cet enjeu de son action : « En éventrant ces vieux pâtés de maisons, en démêlant à coups de pioche ces écheveaux de ruelles malsaines, en y faisant violemment entrer l'air et le soleil, on n'a pas seulement apporté la santé : on a moralisé ces quartiers misérables, car on a chassé les malfaiteurs que le grand jour épouvante et qui ne trouvent plus à se cacher dans les vastes espaces où se dressaient autrefois leurs taudis lézardés », déclare-t-il devant le conseil municipal de Paris[1]. Dès la décennie 1860 se multiplient les textes qui signalent les effets des travaux sur la criminalité : « Le métier d'escarpe devient chaque jour de plus en plus inexerçable, et les artistes en surin commencent à s'expatrier », note Alfred Delvau en 1862[2]. Plus mesuré, Du Camp écrit quelques années plus tard : « L'aménagement même de la ville est une sorte d'obstacle aux méfaits

---

1. Cité par Yves LEMOINE, *Paris sur crime. L'impossible histoire*, Jacques Bertoin, 1993, p. 131-132.
2. Alfred DELVAU, *Histoire anecdotique des cafés et cabarets de Paris*, Dentu, 1862, p. 100, cité par S. DELATTRE, *Les Douze Heures noires..., op. cit.*, p. 510.

des gens de mauvais aloi qui pullulent parmi nous[1]. » La
destruction du vieux Paris gangrené par le crime s'impose
dès lors comme un motif d'autant plus profitable qu'il permet de ranimer, en creux, les images des bas-fonds. « La
Cité, la hideuse *Cité* est tombée sous la pioche des démolisseurs, et, avec elle a disparu ce réseau de ruelles infâmes,
où dans d'ignobles bouges, grouillait une immonde population. La rue aux Fers, le cabaret du Lapin-Blanc n'existent
plus, la cour des miracles n'est plus qu'une légende », écrit
en ce sens le journaliste et feuilletoniste Georges Grison[2].

Ainsi décentrée du cœur de la capitale, la dangerosité criminelle va désormais s'ancrer dans deux nouveaux espaces.
Le premier est formé de ce que Ponson du Terrail appelle les
« nouveaux quartiers », entendons les arrondissements
agrandis de l'Ouest et du Nord-Ouest parisiens, promus par
les travaux d'Haussmann. « Les crimes s'acclimatent avec
rapidité du côté de l'ouest de Paris », note l'ancien chef de la
Sûreté Gustave Macé[3]. A « l'austère faubourg Saint-
Germain », symbole jusque-là des beaux quartiers toujours
menacés par quelque complot criminel, se surimposent peu à
peu les luxueux hôtels des VIIIᵉ et IXᵉ arrondissements (Paul
Féval, *Les Habits noirs*, 1865)[4], la Madeleine et la Chaussée-
d'Antin, la rue de la Pompe et les Champs-Elysées, Montmartre et « les nouveaux boulevards (Ponson du Terrail, *Les
Drames de Paris,* 1858-1870). Le roman judiciaire, qui s'épanouit après 1870, fait également la part belle à ces nouvelles
topographies. Gaboriau avait donné l'exemple. M. Lecoq,
son détective, habite « rue Montmartre, nᵒ... », et ses
enquêtes le mènent à Saint-Lazare, dans le XIIIᵉ arrondissement ou aux Batignolles, où est assassiné le retraité Pigau-
reau[5]. Du *Drame de la rue de la Paix* (Adolphe Belot, 1875) au

1. Maxime Du Camp, *Paris. Ses organes, ses fonctions et sa vie dans la seconde
moitié du XIXᵉ siècle,* Hachette, 1872, vol. 1, p. 427.
2. Georges Grison, *Paris horrible et Paris original*, Dentu, 1882, p. 1.
3. Gustave Macé, *Crimes impunis*, Fasquelle, 1897, p. 67.
4. François Le Lionnais, « Le Paris des Habits noirs », *Le Magazine littéraire*,
oct. 1972, p. 58-64.
5. Emile Gaboriau, *L'Affaire Lerouge*, Dentu, 1866 ; *Monsieur Lecoq*, Dentu
1867 ; *Le Petit Vieux des Batignolles*, Dentu, 1870.

Crime de l'Opéra (Fortuné du Boisgobey, 1879) et au *Mystère d'Auteuil* (Jules de Gastyne, 1904), il n'est guère de quartier de ce nouveau Paris qui échappe à son attention. L'espace situé entre la Concorde et le Bois devient un des hauts lieux du roman criminel, et il ne fait pas bon flâner la nuit entre la Seine et l'Etoile : « Les voleurs pourraient y opérer aussi tranquillement que dans la forêt de Bondy », prévient du Boisgobey[1]. « En ma qualité de commissaire, écrit M. Claude, je savais que Passy, ce village si paisible, si gai et si plaisant, recelait des abîmes insondables et terribles[2]. » S'émancipent également les organes liés aux fonctions nouvelles de la ville haussmannienne, gares et hippodromes, où sévissent les pickpockets, bois de Boulogne et de Vincennes, qu'on dit peuplés de rôdeurs, et bien sûr le métro, rapidement théâtre de nouvelles violences[3].

Mais la désaffection du vieux centre profite surtout aux nouveaux quartiers ouvriers qui se développent à la périphérie de l'Est et du Sud parisiens. « Aussi le monde des voleurs est-il passé en masse du côté des anciennes barrières, dans ces quartiers nouvellement annexés et qui semblent n'avoir encore avec l'ancien Paris qu'une attache exclusivement administrative », note encore Du Camp en 1872[4]. Entre ces nouveaux espaces du crime et de la délinquance s'établissent de subtiles hiérarchies. Les quartiers denses de la ceinture ouvrière, Ménilmontant, Belleville, Bercy ou la Butte-aux-Cailles sont de plus en plus fréquemment décrits comme des lieux de déviance et violence, ce que disent assez bien les refrains des chansons « réalistes ». A Montmartre s'édifie une représentation spécifique où le crime a partie liée avec le monde des lettres et des arts[5]. Il faut compter aussi avec la

---

1. Fortuné DU BOISGOBEY, *Le Coup d'œil de Monsieur Piédouche* (1883), Marseille, Rivages, 1999, p. 36.
2. *Mémoires de Monsieur Claude...*, *op. cit.*, p. 54.
3. Pierre SALES, *Le Crime du métro*, feuilleton paru dans *La Petite République*, juin-septembre 1912.
4. M. DU CAMP, *Paris...*, *op. cit.*, vol. 3, p. 55.
5. Voir Louis CHEVALIER, *Montmartre du plaisir et du crime*, Laffont, 1981 ; Jerrold SEIGEL, *Bohemian Paris. Culture, Politics and the Boundaries of Bourgeois Life, 1830-1930*, New York, 1986 (trad. française, Gallimard, 1992).

Bastille, marquée par la sinistre présence du rond-point de la Roquette, où depuis 1852 se dresse la guillotine, qu'on remise tout près, dans un hangar rue de la Folie-Régnault, autre point de fixation fréquemment évoqué. Plus bas, vers la rue Sainte-Marguerite, c'est le Paris des Auvergnats, mais aussi celui de la prostitution et du musette, qui triomphe à la Boule-Rouge ou aux Gravilliers, « un bal d'escarpes et de rôdeurs[1] ».

Mais dans cette seconde moitié du XIXe siècle, l'heure n'est plus aux « classes dangereuses », et c'est donc plutôt dans ses marges, sociales autant que géographiques que le Paris ouvrier se révèle criminel. Les espaces les plus sinistres sont ceux qui bordent les boulevards extérieurs : la Villette, la Chapelle ou le XVe arrondissement, vers Saint-Charles, Javel ou Grenelle, endroit « lugubre, propice aux embuscades, sentant d'une lieue le vice et le crime[2] ». A l'approche des boulevards extérieurs et de l'enceinte des fortifications, la menace se précise, comme si le rempart servait désormais à retenir et fixer l'ennemi intérieur. Entre le chemin de fer de petite ceinture et le mur d'enceinte s'étendent en effet des espaces inquiétants, marqués par une violence plus affirmée qu'ailleurs. Les voyous et les filles qu'on décrit rôdant la nuit dans ces régions désolées comptent parmi les plus mauvais de la capitale. « C'est à côté des fortifs', on n'y voit pas de gens comifs' », chante Bruant[3]. Certains coins sont plus sinistres que d'autres : le boulevard Lannes, le boulevard Berthier, ainsi que toute la partie s'étendant entre Clichy et Bagnolet. Mais le pire est au sud, vers Gentilly, Châtillon ou près des berges du Point-du-Jour, à Billancourt, « où l'on n'oserait s'aventurer sans être armé[4] ».

De l'autre côté du rempart, les représentations se font plus nuancées. Enchevêtrement de baraques et de cagnas,

1. Jean Lorrain, *La Maison Philibert* (1904), Christian Pirot, 1992, p. 116.
2. Pierre Souvestre et Marcel Allain, *L'Arrestation de Fantômas*, Fayard, 1912, p. 275.
3. « A Saint-Ouen », *Dans la rue*, Paris, 1889.
4. P. Souvestre et M. Allain, *L'Arrestation de Fantômas*, op. cit., p. 259.

de terrains vagues et de poulaillers, la « zone » est un endroit plus pittoresque que dangereux, que toute une littérature de la marge s'attache à dépeindre sous un jour plutôt bienveillant[1]. Quant aux communes avoisinantes, elles voient leur image se dégrader peu à peu. L'immense retentissement que connaît le crime de Pantin est en effet venu en 1869 lester ces faubourgs d'une forte identité criminelle. On met l'accent sur leur dangerosité, pour partie due à l'insuffisance de la présence policière qui y attire interdits de séjour ou détenus évadés. Certaines localités du Nord et de l'Est parisiens, Clichy, Les Lilas, Bagnolet, acquièrent ainsi une sinistre réputation. Outre-fortifs, « c'est un pays tout rouge, qui sent la mort et le sang », écrit en 1904 Delphi-Fabrice, dont les *Impressions de banlieue* s'attardent à « Pantin-le-Raisiné » ou à « Vincennes-la-Cambriole »[2]. Mais ces ancrages sont tardifs, rares avant la Belle Epoque, et ne font généralement l'objet que de courtes et fugaces notations.

Car pour les feuilletonistes et des chroniqueurs, l'essentiel est ailleurs. Un étrange et paradoxal mouvement de recentrement accompagne et recouvre même souvent les décentrements évoqués. A peine la Cité et le vieux périmètre du crime ont-ils été détruits qu'ils se voient réinvestis par leurs anciens locataires, assassins, souteneurs et prostituées. « Aussitôt que les grands boulevards, les larges rues, les squares et les magnifiques maisons nouvelles furent bâtis, les gredins de toute espèce, avec cet instinct des fauves qui leur fait toujours retrouver leurs tanières, regagnèrent à pas de loup les bouges restés debout », écrit Gustave Aimard[3]. Pour la majeure partie des récits populaires ou pittoresques qui mettent en scène la délinquance parisienne, ce retour aux sources est général. Les Halles et leurs « ruelles malsaines », les environs du Temple, de Saint-

---

1. Par exemple Charles-Henri HIRSCH, *Le Tigre et Coquelicot. Roman des fortifs et des boulevards,* Librairie universelle, 1905, ou Alfred MACHARD, *L'Epopée au Faubourg,* Mercure de France, 1912.

2. DELPHI-FABRICE, *Outre-fortifs,* Malot, 1904.

3. Gustave AIMARD, *Les Peaux-Rouges de Paris,* Dentu, 1888, p. 260.

Merri et des Arts-et-Métiers, les bouges de la cour de Rome ou de la place Maubert réoccupent le cœur des représentations. A quelques nuances près, c'est le Paris de Sue ou de Frégier qui refait surface derrière celui d'Haussmann. A la Belle Époque, ce sont encore les Halles (le boulevard Sébastopol, les quartiers du Temple ou des Innocents) qui forment l'épicentre du Paris apache. Quelques rares auteurs s'emploient à dénoncer ces représentations anachroniques : « Les voleurs descendent des quartiers excentriques, de Grenelle, Montrouge, Clichy et Belleville. Ils n'ont plus de repaires, et c'est une vaste plaisanterie que de vouloir nous y faire croire. Le Caveau des Halles, le Père Lunette, le Père Jules, le Château-Rouge sont des cabarets inoffensifs[1]. » Mais la plupart s'efforcent plutôt de justifier le phénomène : « Si le danger s'est modifié, on ne peut pas dire qu'il ait tout à fait disparu », explique Pierre Zaccone[2]. « Beaucoup des rues malsaines, condamnées, restèrent debout, et furent conservées sans raisons plausibles[3] », ajoute Gustave Aimard. Signaler ces « rues crapuleuses », telle la rue des Anglais, « un débris du vieux Paris resté debout dans les démolitions et les transformations[4] », constitue un réflexe naturel à beaucoup d'observateurs. De nouvelles « cités de chiffonniers » font leur apparition, à deux pas des anciennes[5]. D'autres s'ingénient à signaler le moindre édifice ayant échappé à la pioche des démolisseurs, où « le crime sait se faufiler et s'abriter[6] ». Ainsi « le pâté de maisons compris entre le boulevard Saint-Germain et le quai de Montebello contient encore quelques curieux spécimens de vieux tapis-francs d'autrefois[7] ». On célèbre le Lapin-Blanc ou Paul Niquet[8], et ceux des antiques cabarets restés debout ou

---

1. Charles Virmaître, *Paris-Escarpe, Réponse à M. Macé*, Savine, 1887, p. 19.
2. Pierre Zaccone, *Les Nuits du boulevard*, Dentu, 1876, cité par S. Delattre, *Les Douze Heures noires...*, *op. cit.*, p. 527.
3. G. Aimard, *Les Peaux-Rouges de Paris*, *op. cit.*, p. 260.
4. A. Wolff, *Mémoires d'un Parisien. L'Écume de Paris*, s.l.n.d., p. 38.
5. Ainsi la « cité des singes », présentée par Pierre Delcourt, *L'Agence Taboureau (célérité et discrétion)*, Rouff, 1881.
6. M. Du Camp, *Paris...*, vol. 3, p. 52.
7. *Ibid.*, p. 59.
8. *La Maison du Lapin-Blanc et les boulettes du Lapin-Blanc*, chez Mauras, 1859.

reconstruits sont promus hauts lieux du tourisme parisien par la fameuse Tournée des grands-ducs, signalés par les guides[1] ou revisités par la littérature, comme le Château-Rouge de la rue Galande, par exemple[2].

A cette résistance du vieux centre s'ajoute celle de quelques autres espaces traditionnels de représentation : ainsi du canal Saint-Martin, pourtant pacifié mais qui continue d'inspirer les romanciers. Ainsi aussi des Carrières d'Amérique, ces anciens repaires de vagabonds situés près de Montfaucon. Eventrées par de nouvelles artères, à moitié recouvertes par le parc des Buttes-Chaumont, ces carrières « perdent chaque jour la physionomie qui leur a valu leur triste célébrité » et l'attaque nocturne n'y fait plus recette, note un chroniqueur en 1876[3]. Mais la chose importe peu aux feuilletonistes qui continuent de les peupler de sinistres bandits[4]. Il en va de même pour le Paris souterrain des catacombes et des égouts, ingrédient indispensable à toute représentation de la délinquance. S'y alimente en effet le stéréotype de la nation souterraine et de la contre-société des bas-fonds. C'est donc toujours dans les égouts de la Cité et dans « les sous-terrains qui de temps immémorial [...] reliaient l'Hôtel-Dieu aux Châtelets » que se réunissent la nuit les bandes d'escarpes et de rôdeurs[5], c'est dans leur labyrinthe que les génies du crime, tels Zigomar ou Fantômas, organisent leurs complots ou enferment leurs prisonniers, c'est là que prospèrent toujours d'étranges peuplades criminelles, « talpas », « japistes » ou « grouilleurs »[6]. Entre

1. Coins douteux, bouges et cités de chiffonniers sont signalés par le *Guide des plaisirs de la nuit*, 1905, ou par le *Dictionnaire géographique et administratif de la France* de Paul Joanne (Hachette, 1899, t. 5). Voir sur ces points Julia CSERGO, « Dualité de la nuit, duplicité de la ville », *Sociétés & Représentations*, n° 4, 1997, p. 105-120.

2. François-Marie GORON, *L'Amour à Paris*, t. 4, Flammarion, s.d., ou Jean LORRAIN, *Contes d'un buveur d'éther*, Ollendorf, 1900.

3. Pierre Léonce IMBERT, *A travers Paris inconnu*, Georges Decaux éditeur, 1876, p. 252

4. Théodore LABOURIEU, *Les Carrières d'Amérique*, *Le Journal du dimanche*, avril 1879.

5. Jules LERMINA, *Les Loups de Paris*, Boulanger, 1883.

6. Gaston LEROUX, *La Double Vie de Théophraste Longuet*, Flammarion, 1904 ; Pierre SOUVESTRE et Marcel ALLAIN, *Le Bouquet tragique*, Fayard, 1912 ; ID., *Le Voleur d'or*, Fayard, 1913.

le centre et les bas-fonds s'établit en fait une relation de nature organique. La « caverne sociale », toujours d'actualité, ne vaut en effet que si elle vient saper le cœur de la cité, et les bas-fonds ne sont jamais que l'envers de l'endroit, la doublure inversée de ce qui fait Paris.

De fait, tout se passe comme si les romanciers, incapables de s'émanciper des lieux qui hantent l'imaginaire du crime, s'acharnaient à les réinventer sans cesse. On se fige ainsi dans l'excès de représentations devenues stéréotypiques et dont l'écart avec le réel tend à se creuser. Celles-ci, surtout, s'installent dans la durée, alimentant un imaginaire qui franchit allègrement le seuil du XXe siècle. En 1927, Pierre Mac Orlan revient sur l'histoire cent fois ressassée du Lapin-Blanc, des bouges et des tapis-francs[1], tandis que reporters et romanciers continuent de colporter la même image du centre de Paris, « les affreux bars de la rue Simon-le-Franc ou de la rue Aubry-le-Boucher ». Voici, à titre d'exemple, comment Guy de Téramond présente en 1929 certains quartiers du centre :

> En plein jour, sous le soleil rassurant, la rue Brise-Miche, la rue Simon-le-Fanc ou certaines parties de la rue Quincampoix ont déjà l'aspect d'affreux coupe-gorge où le danger est tapi dans chaque bouge ténébreux ouvrant sur la puanteur du pavé gluant, ses cris, ses rires, ses vociférations, son haleine d'alcool et son guet-apens possible.
>
> La nuit venue et par le brouillard, on se serait cru dans quelque cloaque invraisemblable de cette truanderie qui étalait autrefois, tout près de là, ses loques, ses orgies et ses crimes. Les sinistres compagnons de la Coquille dont Villon chanta les exploits, les tire-laine, les coupe-jarrets, les ruffians, les Egyptiens, les sorciers et les brigands de jadis se seraient retrouvés chez eux dans ces ruelles qui avaient si peu changé depuis le temps où le Guet du Roy mettait en fuite une sombre armée du crime à peine différente de celle qui se tapit aujourd'hui dans ces bas-fonds où l'on hésite à

---

1. Pierre MAC ORLAN, *Nuits aux bouges*, Flammarion, 1929.

croire que puissent encore respirer et vivre des êtres qui ont quelque chose d'humain[1].

De telles descriptions où l'espace et le temps semblent se télescoper pour célébrer « le charme morbide du vieux Paris[2] » ne sont pas isolées. On les trouve fréquemment dans l'entre-deux-guerres sous la plume de feuilletonistes et de reporters[3], comme si aucune mise en scène du Paris délinquant ou déviant ne pouvait s'affranchir de ces représentations surannées.

Sans doute ne faut-il pas exagérer l'importance de ce recentrement qui, on l'a vu, ne sature pas l'imaginaire topographique du crime. Il demeure toutefois très prégnant, et ne s'efface vraiment qu'au profit d'une troisième inflexion, que l'on peut qualifier de décrochement. Le meilleur exemple en est fourni par la série des *Fantômas* (1911-1913), cet étonnant roman de plus de douze mille pages, dont l'essentiel ne fut pas écrit, mais composé au dictaphone par les auteurs, dans une sorte d'opération d'écriture automatique avant la lettre où transparaît toute la *doxa* de l'imaginaire Belle Epoque[4]. Si cette version moderne des *Tableaux de Paris* n'ignore aucun recoin de la capitale, elle privilégie toutefois les espaces annexés en 1860, prenant acte des nouvelles topographies parisiennes[5]. Le glissement des beaux quartiers vers l'ouest est général : c'est entre la Concorde et le Bois que réside désormais le Paris chic et nanti. Quant au Paris délinquant, si l'on excepte quelques ancrages traditionnels destinés à montrer que le cordon ombilical n'est

---

1. Guy DE TÉRAMOND, *Les Bas-Fonds*, Ferenczi, 1929, p. 142.
2. Félix PYAT (en collab. avec Michel MORPHY), *Le Chiffonnier de Paris*, Fayard, 1887, p. 12.
3. Deux exemples parmi beaucoup d'autres : Félicien CHAMPSAUR, *L'Empereur des pauvres. Epopée sociale en 6 époques*, Ferenczi, 1922 ; Georges LE FÈVRE, *Je suis un gueux,* Baudinière, 1929.
4. Sur l'importance de *Fantômas* dans l'imaginaire parisien, voir « Fantômas », *Europe,* n° 590-591, 1978 ; Dominique KALIFA (dir.), *Nouvelle revue des études fantômassiennes*, Joëlle Losfeld, 1993 ; Robin WALZ, *Pulp Surrealism. Insolent Popular Culture in Early Twentieth-Century Paris*, Berkeley, University of California Press, 2000.
5. Voir Jean-Claude VAREILLE, « Le Paris de Fantômas : du pittoresque à l'inquiétant », *Nouvelle revue des études fantômassiennes, op. cit.*, p. 69-94.

pas rompu, il est presque entièrement décentré vers la périphérie (Montmartre, Belleville, la Chapelle, la Villette,
Bercy, Grenelle), et souvent même au-delà des fortifs, vers
la plaine Saint-Ouen, Châtillon, Bagneux, etc. Mais précisément, cette délocalisation est excessive, presque suspecte.
Elle rend compte, certes, des déplacements effectifs de la
sociologie parisienne, mais elle signale surtout une réalité
symbolique : si la Cité n'est plus Paris, alors Paris n'est plus
rien, et surtout plus ce centre du monde que la ville a
incarné tout au long du XIXe siècle [1]. Au travers de ce décentrement radical se lit une sorte de décapitalisation de l'espace parisien, qui semble perdre sa substance et sa
suprématie. Toute la série le signale : on glisse alors d'un
univers monocentrique vers un monde nettement polycentrique. Télégraphe, téléphone, TSF, paquebots et transcontinentaux font de Fantômas un grand voyageur, qui
parcourt l'Ecosse, la Russie, le Mexique, la Colombie, le
Natal, etc. Paris, dès lors, n'est plus ce centre absolu et
rêvé ; la ville se dilue dans un espace mondialisé, menacé
surtout par l'émergence de nouveaux centres. Car la série,
exemplaire à plus d'un titre, dit aussi l'importance grandissante d'un nouveau centre, les Etats-Unis, dont l'imaginaire
imprègne le roman : milliardaires et détectives, boxeurs et
« oncles d'Amérique », cirque « Barnum » et esthétique de
serial, façon Nick Carter. L'idée, d'ailleurs, était dans l'air
depuis longtemps : l'haussmannisation porte en elle l'américanisation de Paris et le « yankéisme » [2].

---

1. Walter BENJAMIN, *Paris, capitale du XIXe siècle. Le livre des passages*, Cerf,
1989. Voir *Paris au XIXe siècle. Aspects d'un mythe littéraire*, Presses universitaires de Lyon, 1984.
2. Sur ces points, voir Jean-Pierre A. BERNARD, *Les Deux Paris. Les représentations de Paris dans la seconde moitié du XIXe siècle*, Champ Vallon, 2001, p. 217-
219.

Contraintes sociales, contraintes narratives

Ce complexe va-et-vient des localisations du crime ne s'explique qu'en référence à des raisons multiples. Il convient d'abord de tenir compte des pratiques effectives de la délinquance parisienne. Même si la vocation des représentations littéraires n'est pas de rendre compte du « réel », il advient aussi qu'elles enregistrent, parfois de façon mécanique ou involontaire, des phénomènes objectifs. Or décentrement et recentrement du crime coexistent très largement dans la seconde moitié du XIXe siècle. Sans doute le phénomène majeur reste-t-il le transfert massif de la délinquance vers les périphéries. En vidant le vieux centre industrieux des catégories les plus démunies[1], l'haussmannisation pousse à la concentration sur les marges des éléments les plus instables et les plus violents des classes populaires. Elle se contente d'ailleurs d'accélérer en la matière un processus engagé de longue date[2]. Etudiant le domicile des individus déférés aux assises durant le second Empire, Luc Passion note le transfert rapide des vieux quartiers du centre aux arrondissements excentriques, XVIIIe et XIXe notamment[3]. L'analyse des domiciles des prévenus en correctionnelle durant les années 1888-1894 souligne également la prédominance des quartiers ouvriers, des Grandes Carrières à Charonne, ainsi que de la partie sud de la ville, entre Grenelle et Bercy[4]. A ces données sociologiques s'ajoutent des éléments de nature plus topographique. En dépit des décrets impériaux qui, en novembre 1853 puis en décembre

---

1. Voir Jeanne GAILLARD, *Paris, la ville, 1852-1879* (1977), L'Harmattan, 1999, p. 16 *sq.*

2. Voir notamment J. MERRIMAN, *The Margins of City Life...*, *op. cit.*

3. Luc PASSION, « Conjoncture et géographie du crime à Paris sous le second Empire », *Fédération des sociétés historiques et archéologiques de Paris et de l'Ile-de-France*, 1982, p. 187-224.

4. Francis DÉMIER et Jean-Claude FARCY, *Regards sur la délinquance parisienne à la fin du 19e siècle. Rapport de recherche sur les jugements du tribunal correctionnel de la Seine (1888-1894),* université de Paris X, 1997, p. 38-42.

1859, y réorganisent la police, quartiers périphériques et communes de banlieue souffrent d'un évident sous-enca-drement. Ainsi de la partie haute du XXe arrondissement, que l'absence de commissariat rend longtemps insécure[1]. A la Belle Epoque encore, la dénonciation de l'insuffisance policière en banlieue nourrit le discours sécuritaire. Fortifi-cations, terrains vagues et espaces incertains des marges de la ville favorisent également l'exercice de la violence. C'est dans cette ceinture d'ombre qui entoure la ville que les faits divers se font le plus sanguinaires : viols, règlements de comptes, « attaques nocturnes »[2] ; c'est dans le fossé des fortifs qu'on découvre périodiquement cadavres ou débris macabres ; c'est un peu plus loin que, dès le second Empire, retentissent les grands crimes, comme ceux de Troppmann dans la plaine de Pantin, ou celui moins connu de Jean Charles, qui vole, tue et dépèce le fourrageur Duguet, ren-contré en juin 1867 sur le marché de la Chapelle. L'assassin habitait Asnières et le dépeçage a lieu dans une maison iso-lée de Levallois-Perret[3]. En diminution dans les vieux quar-tiers du centre, les violences nocturnes se multiplient en revanche après 1860 dans les arrondissements périphé-riques (notamment les XVe et XIXe arrondissements, nou-veaux coupe-gorge), ainsi que dans la partie orientale de la ville qui totalise alors plus de 62 % des agressions[4]. Les rues Botzaris, des Plâtrières ou de la Mouzaia sont le fré-quent théâtre de faits divers macabres, et la violence des jeunes est fameuse à Belleville, où naissent les apaches au printemps 1900[5]. C'est à Charonne, entre la Courtille et les Orteaux, qu'éclate en 1902 l'affaire Casque d'or. Même scénario en ce qui concerne les vols (simples ou qualifiés), dont la part dans les quatre arrondissements du centre dimi-

---

1. Louis LAZARE, *La France et Paris,* Publications administratives, 1872.
2. Cf. *infra*, chapitre 12.
3. Archives de Paris, D2U8/7.
4. S. DELATTRE, *Les Douze Heures noires...*, *op. cit.*, p. 358-359, et p. 517-518.
5. Gérard JACQUEMET, « La violence à Belleville au début du XXe siècle », *Bulletin de la société d'histoire de Paris et d'Ile-de-France*, 1978, p. 141-167, ainsi que D. KALIFA, *L'Encre et le Sang, op. cit.*, p. 152-164.

nue de 25 à 16 % entre la première et la seconde décennie du second Empire, au profit de la rive gauche et surtout des quartiers excentriques[1]. Les infractions commises hors des limites administratives de la ville augmentent elles aussi, atteignant 12 % du total dans les années 1890, notamment dans le périmètre Saint-Ouen, Saint-Denis, Bagnolet, ainsi que vers le sud-est[2]. A maints égards donc, l'haussmannisation du crime suit celle de la cité.

Mais ce mouvement n'empêche pas certaines parties du vieux Paris de demeurer dangereuses. L'expulsion des milieux populaires n'y est en effet ni immédiate, ni systématique, et le centre continue de fixer, par la concentration d'activités qu'il procure (les Halles), toute une frange de petits métiers et de revenus précaires. Les quartiers Saint-Merri, Saint-Gervais, les abords de la Sorbonne ou de la Halle aux vins fournissent toujours leurs contingents de prévenus aux tribunaux correctionnels de la Seine[3]. C'est là également que l'on recense la plus forte densité de garnis et, en dépit des fermetures opérées par Haussmann, un grand nombre de bals et de guinguettes[4]. Mais c'est surtout par l'existence d'un très dense réseau de débits de boisson, dont la cartographie se superpose étroitement à celle du crime, que s'explique la pérennité des vieux quartiers du centre. Impossible en effet, pour la société délinquante, de se passer des bistrots des Halles, seuls à bénéficier d'un privilège administratif qui les autorise à ouvrir toute la nuit. Le soir, prostituées et souteneurs descendent ainsi des faubourgs pour reprendre leur place dans le cœur de la ville. Vers 1900, la délinquance la plus visible demeure toujours localisée dans le vieux centre : quartier des Halles, surtout aux abords du square des Innocents ou du Sébasto, Palais-Royal, Saint-Gervais, et, sur la rive gauche, quartiers de la

---

1. Chantal CARBONNEL, *Les Lieux du crime à Paris sous le second Empire*, maîtrise d'histoire, université de Paris VII, 2001.

2. *Regards sur la délinquance parisienne,* rapport cité, p. 36-38.

3. *Ibid.*, p. 36-38.

4. François GASNAULT, *Guinguettes et Lorettes. Bals publics à Paris au XIX⁰ siècle*, Aubier, 1986.

Maub' ou de la Mouff'. Si l'affaire Casque d'or éclate à
Charonne, c'est place de la Contrescarpe que la prostituée
a rencontré Manda, et c'est à l'Ange Gabriel, aux Halles,
que le drame s'est noué. En janvier 1910, l'affaire Liabeuf
– l'assassinat d'un policier par le cordonnier Liabeuf – fait
de la rue Aubry-le-Boucher, sur le plateau Beaubourg, l'épicentre de ce Paris apache. Les cartes dressées par la Préfecture (en 1882 lorsqu'il s'agit d'installer des avertisseurs
sonores, en 1912-1913 lors des projets de réorganisation des
services[1]) rendent compte de cette double localisation du
risque criminel : la périphérie ouvrière de la ville y apparaît
tout autant que les quartiers des Halles ou de la place
Maubert.

A ces facteurs externes s'ajoutent les contraintes éditoriales et littéraires propres aux représentations du crime,
dont le jeu converge pour préserver l'image traditionnelle
de la Cité. Le principe de nostalgie y est particulièrement
actif. Le dernier tiers du XIXe siècle est en effet marqué par
la multiplication d'ouvrages, signés de chroniqueurs, de
reporters ou de feuilletonistes, qui déplorent longuement le
Paris qui s'efface[2]. A l'instar des clichés de Marville (1858-
1878), des milliers de pages s'attachent ainsi à fixer les ves-
tiges réels ou fantasmés de la capitale. Un genre se profile,
avec son style et ses auteurs, où la méditation sur la perte
se conjugue au souci du pittoresque et au penchant pour la
déploration. La certitude en émane de l'existence d'une
autre ville, indestructible, inaltérable. « Paris change ! Mais
rien dans ma mélancolie/N'a bougé ! palais neufs, échafau-
dages, blocs, /Vieux faubourgs, tout pour moi devient allé-
gorie/Et mes chers souvenirs sont plus lourds que des
rocs », écrit Baudelaire dans un poème (« Le Cygne ») qu'il

---

1. APP/DB38 ; APP/DB35.
2. Charles VIRMAÎTRE, *Paris qui s'efface*, Savine, 1887. Quelques titres parmi
beaucoup d'autres : Coll., *Paris qui s'en va*, Cadart, 1860 ; Henri DE PENE, *Paris
mystérieux,* Dentu, 1861 ; Charles VIRMAÎTRE *Paris oublié,* Dentu, 1866 ; ID., *Les
Curiosités de Paris,* Lebigre-Duquesne, 1868 ; Anonyme, *Paris nouveau jugé par
un flâneur,* Dentu, 1868 ; G. GRISON, *Paris horrible et Paris original, op. cit.* ;
Paul BELLON et Georges PRICE, *Paris qui passe,* Savine, 1883.

dédie à Victor Hugo en 1859. Ces variations sur la disparition se révèlent d'autant plus productives qu'elles s'accordent aux nécessités spécifiques du texte « populaire » Celui-ci est en effet régi par le principe du « ressassement [1] », effectif à la fois sur les plans narratif, thématique et idéologique. Pour des auteurs tenus de publier vite et beaucoup, écrire est toujours réécrire, et puiser pour cela dans un stock limité de modèles et de schèmes [2]. L'image de la cité criminelle est de ceux-là. Ce phénomène s'accentue d'ailleurs dans la seconde moitié du XIXᵉ siècle, sous l'effet d'une demande accrue des journaux, des éditeurs, du public. Un immense intertexte en résulte, dont la répétition fonde à la fois une culture et une communauté de lecteurs.

S'y ajoute la fréquente incapacité du roman-feuilleton à se déprendre de l'imaginaire romantique. Né en 1836 à un moment où la partition littérature légitime/littérature populaire n'est encore qu'en gestation, ce surgeon du romantisme demeure très attaché à ce moment où l'indignité ne s'attachait pas à ses pages. Mais le romantisme pèse aussi par ses thèmes et ses motifs, à commencer par celui de la ville. C'est au premier XIXᵉ siècle que s'invente en effet le regard sur la ville : celle-ci naît alors à la littérature, comme espace, comme personnage, comme texte [3]. Pour Balzac par exemple, la ville n'est pas un simple décor, elle a une personnalité qui engage le roman et la vie. « Les rues de Paris ont des qualités humaines, et nous impriment par leur physionomie certaines idées contre lesquelles nous sommes sans défense », écrit-il dans *Ferragus* [4]. Le contexte médical, que domine alors le néo-hippocratisme, accentue cette

---

1. Michel NATHAN, « Le ressassement, ou ce que peut le roman populaire », dans René GUISE et Hans-Jörg NEUSCHÄFER (dir.), *Richesses du roman populaire*, Nancy, Centre de recherches sur le roman populaire, 1986, p. 235-250.
2. Voir les travaux de Jean-Claude VAREILLE, notamment *L'Homme masqué, le justicier et le détective*, Presses universitaires de Lyon, 1989, et *Le Roman populaire français (1789-1914). Idéologies et pratiques*, Presses universitaires de Limoges, 1994.
3. Philippe HAMON, « Voir la ville », *Romantisme*, nᵒ 83, 1994, p. 5-7 ; Karlheinz STIERLE, *La Capitale des signes. Paris et son discours* (1993), Éditions de la MSH, 2001.
4. BALZAC, *Histoire des treize* (1833), Albin Michel, 1953, p. 9.

tendance : les lieux ont des « tempéraments » qui assignent des activités et commandent les types sociaux, assurent les topographies médicales qui se multiplient à la même époque. Etudiant dans les années 1830 la prostitution parisienne, le docteur Parent-Duchâtelet conclut qu'« il est des industries particulières à certains quartiers [...] qui vivent de la réputation que se sont transmise tous ceux qui les ont tenus[1] ». Les choses sont évidemment différentes après 1850, où prévaut l'idéal de la circulation, mais l'esthétique feuilletonesque peine à s'extraire des représentations élaborées au premier XIXe siècle. Nombreux sont ceux qui transplantent la monarchie de Juillet dans la IIIe République, réitérant les causes célèbres[2] ou quelque « mystère du vieux Paris [3] » ressassant les mêmes images des bas-fonds. C'est le cas par exemple de *L'Affaire de la rue du Temple* de Constant Guéroult, qui réactualise en 1880 un crime célèbre de 1836. Au cœur de ce système rayonnent *Les Mystères de Paris*, texte mythique et fondateur qui constitue une sorte de matrice illimitée, sans cesse réactivée. Non seulement les rééditions se succèdent, sans que le roman connaisse jamais de purgatoire : quatorze éditions du vivant de Sue, qui meurt en 1857, dix-neuf rééditions de cette date à 1914, souvent dans des collections à grand tirage (Rouff, Fayard), sans compter les périodiques départementaux qui le resservent fréquemment, les adaptations théâtrales, les chansons, etc. Mais le roman suscite aussi une multitude d'imitations, d'avatars, de plagiats (*Vrais Mystères de Paris, Mystères du Vieux Paris, Nouveaux Mystères de Paris, Mystères du nouveau Paris,* etc.[4]), de parodies (*Les Mystères de Passy*[5]) ou de séries parallèles (*Les Drames de Paris,* de

---

1. Alexandre PARENT-DUCHÂTELET, *De la prostitution dans la ville de Paris, considérée sous le rapport de l'hygiène publique, de la morale et de l'administration*, Baillière, 1836. Voir le commentaire qu'en propose Alain CORBIN, *La Prostitution à Paris au XIXe siècle*, Le Seuil, 1981, p. 9-55.
2. Théodore LABOURIEU, *Lacenaire, le tueur de femmes*, Rouff, 1885.
3. René DE PONT-JEST, *Sang maudit*, Librairie nationale, s.d., [1880], prologue.
4. Voir l'essai d'inventaire tenté par René GUISE à l'occasion du 150e anniversaire des *Mystères de Paris, Bulletin des amis du roman populaire*, n° 17, 1992.
5. Parodie-vaudeville en onze tableaux, cinq actes, avec prologue et épilogue, par MM. ROCHEFORT et DARTOIS, Paris, 5 mars 1844.

Ponson du Terrail, *Les Tragédies de Paris* de Xavier de Montépin[1]). Au-delà même, son esthétique et son imaginaire commandent à tel point la sensibilité feuilletonesque du siècle qu'il était sans doute difficile pour les auteurs de ne pas réécrire sans relâche *Les Mystères de Paris*.

Du romantisme, ces images du Paris criminel héritent encore le goût du Moyen Age[2]. Car la cité du crime que mettent en scène les romanciers et les chroniqueurs populaires doit beaucoup à celle que réinventent alors Hugo, Nodier, Dumas, Féval et consorts. Ils lui empruntent un décor, celui de la ville gothique, son labyrinthe de venelles et ses cours des miracles, mais aussi une partie de ses personnages et de ses références criminelles. « C'est le royaume d'Argot du Moyen Age, modifié, amendé et corrigé d'après les impérieuses exigences du progrès moderne », écrit un romancier pour présenter l'« armée roulante » des années 1880[3]. La ville médiévale impose également sa structure à bien des feuilletons : ses ruelles, ses lacis, ses chicanes façonnent les contours du récit, commandent son imbrication narrative, ses plots, ses embranchements et ses impasses successifs. Cherchant à présenter le « monde spécial » et souvent intemporel du crime ou de la délinquance, tout feuilletoniste renoue ainsi avec la cité gothique, sa topographie et son imaginaire.

Mais ces textes sont aussi gouvernés par les logiques sociales qui les traversent. Or le roman criminel suppose généralement une sociologie simplifiée, polarisée aux extrêmes pour mieux opposer les élites et la pègre. Hautement productive sur le plan romanesque, une telle opposition exige cependant une topographie adaptée ; c'est pourquoi l'on transite si souvent de l'opulence des beaux

---

1. Alexis Ponson du Terrail, *Les Drames de Paris* (1857-1870), rapidement suivis eux aussi de *Nouveau drames de Paris*, par Hippolyte Ruy, Lambert et Cie, s.d. ; Xavier de Montépin, *Les Tragédies de Paris*, Librairie Sartorius, 4 vol., 1874-1875.

2. Christian Amalvi, *Le Goût du Moyen Age*, Plon, 1994 ; Isabelle Durand-Leguern, *Le Moyen Age des romantiques*, Presses universitaires de Rennes, 2001.

3. G. Aimard, *Les Peaux-Rouges de Paris, op. cit.,* p. 289.

quartiers à l'effroi des bas-fonds. Et quoi de mieux pour évoquer cette horreur que de plonger au plus profond des représentations : ce sera donc la Cité, ses bouges ou ce qu'il en reste, mieux encore le Paris de l'envers, de l'enfoui, le Paris souterrain des carrières et des catacombes.

Objet de tant d'inquiétudes, de fantasmes et d'investissements différents, le Paris du crime ne saurait être univoque, et les quelques déplacements repérés ici n'épuisent pas la complexité du phénomène. Ils en signalent pourtant l'ossature, étrangement restée stable au cours du XXe siècle. Si d'autres lieux, les Etats-Unis en tête, ont accentué leur emprise sur l'imaginaire criminel, Paris a su maintenir sa place. Ses marges délinquantes ont encore reculé, vers ces « cités » qui sont désormais celles de la lointaine banlieue, mais son centre, qui n'a pu se défaire du toponyme pourtant anachronique de « Halles », a conservé toute sa charge transgressive. Et c'est dans la conjonction de ces deux espaces, l'un et l'autre de plus en plus teintés d'américanisme, que réside une large part de l'insécurité contemporaine. Au-delà cependant de l'histoire de Paris, cet exemple vaut aussi pour celle des représentations, notamment littéraires. Le matériau « populaire » mobilisé ici se découvre en effet sous son jour véritable, celui d'un affrontement entre deux principes d'écriture, porteurs de deux conceptions du monde, voire de deux systèmes symboliques[1]. D'un côté, la nostalgie de ce que Lukacs appelle les civilisations closes, les décors et les thèmes immuables où s'exprime une sorte de rêverie régressive ou épique. De l'autre, l'attention à la modernité, au changement, à la pensée historiciste que le support journalistique ou éditorial matérialise au quotidien et que les péripéties ou la documentation réaliste traduisent dans l'ordre du récit. Tiraillé sans cesse entre des topographies opposées, le Paris du crime rend assez bien compte de cette tension interne propre au texte

---

1. Je reprends ici les analyses pénétrantes de J.-C. VAREILLE, *Le Roman populaire français, op. cit.*

populaire. Est-ce à dire que celui-ci n'est que de peu d'utilité à l'historien soucieux de discerner d'abord des transformations sociales ? Rien n'est moins sûr car ces textes, comme toute fiction d'ailleurs, servent aussi à penser l'expérience, pèsent sur les appréciations et les comportements. Tant pour le grand public, qui peut y trouver confirmation ou non de ses inquiétudes, que pour la société délinquante à qui ils apportent des références, des modèles ou une histoire, ils sont pleinement constitutifs des évolutions sociales. A condition toutefois de les considérer comme toute autre source, croisant l'étude des contenus manifestes à celle des régimes de production, des systèmes de contraintes, des intentions qui leur sont propres et qui modèlent en profondeur leurs représentations.

2

Archéologie de l'« apachisme » : barbares et Peaux-Rouges au XIXe siècle

On sait la fortune du terme « apache », lancé dès l'été 1900 pour désigner les jeunes voyous de la capitale, et bientôt étendu à tous les délinquants juvéniles, voire à tous les criminels du pays[1]. Suscitant presque d'emblée une véritable débauche discursive, ce mot et ses innombrables dérivés (apachisme, apacherie, apachocratie, etc.) firent de la Belle Epoque un étonnant « moment apache » de l'histoire de France. « On ne parle que d'apaches[2] », titre sans ironie un journaliste de 1910. Passées les grandes émotions du début du siècle, le terme résista assez bien dans la presse et la culture de grande diffusion, au moins durant l'entre-deux-guerres[3]. Il perdura plus longtemps dans l'imaginaire pittoresque, périodiquement réactivé par le cinéma, la chanson, la littérature anecdotique ou le roman policier. Une

---

1. C'est à Michelle PERROT que l'on doit la découverte historiographique des apaches. Elle dirigea le premier travail universitaire qui leur soit consacré (Laurent COUSIN, *Les Apaches. Délinquance juvénile à Paris au début du XXe siècle*, maîtrise d'histoire, université de Paris VII, 1976) et rédigea peu après « Dans le Paris de la Belle Epoque, les apaches, premières bandes de jeunes » (*Les Marginaux et les exclus dans l'Histoire*, 1979), repris dans *Les Ombres de l'Histoire, op. cit.*, p. 351-364. J'ai prolongé pour ma part certains points dans *L'Encre et le Sang, op. cit.*
2. *Le Matin*, 12 janvier 1910.
3. Vanessa ZERJAV, *La Pègre parisienne dans les années vingt*, maîtrise d'histoire, université de Paris VII, 1998.

énigme pourtant pesait sur sa naissance. L'acte de baptême n'était pas signé, et c'est presque rituellement que l'on s'interrogeait à chaque résurgence sur les origines précises du terme. La filiation lointaine ne posait guère de problème : on citait Fenimore Cooper, Gustave Aimard et l'engouement du tournant du siècle pour l'Ouest américain. L'ascendance immédiate suscitait en revanche les discussions. Certains attribuaient la paternité du terme à « un spirituel chroniqueur du Palais [1] », d'autres à des journalistes (Victor Morris, chef des informations au *Matin*, ou Arthur Dupin, son *alter ego* au *Journal* [2]), d'autres encore y voyaient la main du secrétaire du commissariat de Belleville ou estimaient que le terme avait jailli spontanément dans le milieu des rôdeurs de l'Est parisien [3]. Controverse subtile, mais interminable, dans la mesure où chacune des propositions risque fort de se révéler exacte, et la création collective. On voudrait donc ici inverser les perspectives, en soulignant à l'inverse combien les vrais enjeux du terme résident plutôt dans le recours à l'exotisme indien et aux transferts qu'il mobilise. Né à la croisée des « Deux Mondes », produit du « populaire » tout autant que du « savant », l'apache interroge le XIXe siècle sur quelques-unes de ses contradictions (civilisation *versus* sauvagerie, optimisme *vs* anxiété, espace urbain *vs* espaces vierges), tout en soulignant la part croissante prise par l'imaginaire américain dans la formulation des nouveaux dysfonctionnements sociaux.

---

1. Paul MATTER, « Chez les apaches », *Revue politique et littéraire*, octobre 1907, p. 626.
2. Louis LATZARUS, « Les malfaiteurs parisiens », *Revue de Paris*, 1er juin 1912, p. 527 ; Marcel MONTARRON, *Histoire du Milieu, de Casque d'or à nos jours*, Plon, 1969, p. 19.
3. Ernest LAUT, *Supplément illustré du Petit Journal*, 23 juin 1910 ; *Le Matin*, 31 août 1900.

Le sauvage et le prolétaire

C'est entre la fin de la Restauration et les premières années de la monarchie de Juillet que se met en place la configuration propre à l'Apache. Sans doute le terme est-il attesté depuis longtemps. L'*Encyclopédie* évoque dès 1751 ces « peuples de l'Amérique septentrionale au Nouveau-Mexique », et plusieurs voyageurs citent leur nom au hasard de leurs pérégrinations. Mais ce qui survient entre 1827 et 1831 n'a que peu de rapports avec la lexicologie ou les attestations linguistiques ; au vrai, le mot apache n'y fut peut-être même pas prononcé. Une convergence pourtant s'y dessine, qui rend possibles les futurs usages du terme. Deux événements y concourent, qui n'entretiennent entre eux aucune relation apparente : d'une part l'immense engouement littéraire que suscitent alors les romans et l'imaginaire de Fenimore Cooper, de l'autre la grande frayeur sociale engendrée par la misère prolétaire et l'insurrection des canuts lyonnais en novembre 1831. Sur l'influence de Cooper à la fin de la Restauration, tout ou presque a été dit par les trois thèses consacrées au sujet au début du XXe siècle[1]. On sait que l'Américain, qui réside en France de 1826 à 1833, suscite alors littéralement l'événement. Aussitôt traduits, les romans du cycle de *Bas-de-cuir*[2] reçoivent un accueil enthousiaste de la critique, et tout ce que le pays compte alors de « classe pensante » se passionne pour « le Walter Scott des sauvages[3] ». Sainte-Beuve,

---

1. George D. MORRIS, *Fenimore Cooper et Edgar Poe d'après la critique française du XIXe siècle*, Larose, 1912 ; Margaret Murray GIBB, *Le Roman de Bas-de-cuir. Etude sur Fenimore Cooper et son influence en France*, Champion, 1927 ; Georgette BOSSET, *Fenimore Cooper et le roman d'aventures en France vers 1830*, Vrin, 1928.
2. *Les Pionniers* (1825), *Le Dernier des Mohicans* (1826), *La Prairie* (1827), *Le Lac Ontario* (1840), *Le Tueur de daims* (1841). L'ensemble, qui parut d'abord chez divers éditeurs (Baudry, Bossange, Galignani), fut repris par Gosselin qui entama en 1827 la publication des *Œuvres complètes de James Fenimore Cooper*.
3. *Le Globe,* 24 mai 1827. Sur ce milieu, voir Jean-Jacques GOBLOT, *La Jeune France libérale. Le Globe et son groupe littéraire (1824-1830)*, Plon, 1995.

Dumas, George Sand, Maxime Du Camp, Eugène Sue, Béranger et beaucoup d'autres vibrent alors avec *Le Dernier des Mohicans* tandis que Balzac, le plus fervent des admirateurs de Cooper, transpose son univers dans de multiples romans, à commencer par *Les Chouans*. Autour des Mohawks, des Iroquois, des Onondagas, des Delaware et des nombreuses autres « races rouges » dépeintes par Cooper s'organise un premier « moment indien ». En 1827, des Osages en visite à Paris font l'objet d'une série d'observations[1]. Quelques années plus tard, en 1833, ce sont des Indiens charruas qui sont présentés à l'Académie des sciences.

C'est dans ce contexte que surviennent les événements lyonnais de 1831, qui donnent leur pleine mesure à cette hantise du « barbare » qui taraudait depuis une vingtaine d'années un imaginaire social nourri de romantisme et de saint-simonisme[2]. Incarnation de tous les périls, cette antique figure du désordre resurgit alors sous l'effet des nouvelles problématiques sociales. Pensés comme une population fondamentalement hostile et inassimilable, prolétaires et plébéiens sont alors représentés comme des hordes sauvages et déferlantes. Alors que les historiens relisent l'épisode des grandes invasions et la naissance du Moyen Age, journalistes et publicistes diffusent l'image d'une civilisation en crise, bourrelée de frayeurs obsidionales, menacée par l'assaut des nouveaux barbares, prolétaires, criminels et exclus de toute sorte. Des barbares plus redoutables que leurs aînés, parce que ennemis de l'intérieur, mais aussi parce que produits d'une civilisation en marche et à l'avènement de laquelle ils sont indispensables.

---

1. Paul VALCOURT, *Histoire de la tribu des Osages, peuplade sauvage de l'Amérique septentrionale, dans l'Etat du Missouri, écrite par six Osages actuellement à Paris, par M. P. Valcourt, suivie de la relation du voyage de ces sauvages et d'une notice historique sur chacun de ces Indiens*, Béchet, 1827.

2. Pierre MICHEL, *Un mythe romantique : les Barbares, 1789-1848*, Presses universitaires de Lyon, 1981. Voir aussi L. CHEVALIER, *Classes laborieuses et Classes dangereuses...*, op. cit., p. 593-613, et Jean-Claude BEAUNE et *alii*, *Les Sauvages dans la Cité. Auto-émancipation du peuple et instruction des prolétaires au XIXe siècle*, Champ Vallon, 1985.

L'immense retentissement que connaît l'article de Saint-Marc Girardin dans *Le Journal des débats* du 8 décembre 1831 exprime assez bien la prégnance de cet imaginaire et de ses apories.

Si les Indiens dont on se soucie alors sont des Iroquois ou des Hurons, et non des Apaches, on perçoit cependant toute l'importance que revêt cette séquence dans la genèse du phénomène. Une inflexion importante est en effet donnée à la représentation de l'Indien d'Amérique, qui cesse peu à peu d'être un « bon sauvage ». La remarque ne vaut pas pour Cooper, dont « les nobles Indiens ressemblent en effet plutôt aux rêves de la France du XVIIIe siècle sur la nature humaine primitive qu'à ce qu'ont pu chercher les ethnographes critiques[1] », même si le cycle fourmille aussi d'Indiens féroces comme Magua et de « maudits Iroquois ». Mais l'émergence conjointe des tribus d'Amérique et des barbares des faubourgs, l'association qui en résulte entre les sauvages de l'extérieur et ceux de l'intérieur, entre la frontière et les faubourgs, contribue au déclin progressif de l'image du bon sauvage. Invention de la France humaniste, cette figure restait pourtant assez vive chez les lettrés, où elle s'alimentait à de multiples traditions[2], celle de l'exotisme américain, support privilégié depuis le XVIIIe siècle des digressions philosophiques ou des critiques de la civilisation, celle du voyage et de l'imaginaire romantique qui perdure largement (*Les Natchez* de Chateaubriand paraît en 1826), celle des méditations sur la « noblesse naturelle » de certains peuples, qui nourrit souvent les récits de voyage des aristocrates du premier XIXe siècle[3]. En 1845, on réédite

---

1. Barret WENDELL, *A Literary History of America*, Londres, 1891, p. 185, cité par M. GIBB, *Le Roman de Bas-de-cuir...*, *op. cit.*, p. 78-79,
2. Cf. sur ce point les travaux de G. CHINARD, *L'Exotisme américain dans la littérature française au XVIe siècle d'après Rabelais, Ronsard, Montaigne, etc.*, Hachette, 1911 ; *L'Amérique et le rêve exotique dans la littérature française du XVIIe siècle*, Hachette, 1913 ; *L'Exotisme américain dans l'œuvre de Chateaubriand*, Hachette, 1918. Pour une perspective d'ensemble et plus récente : R. J. BERKHOFER Jr, *The White Man's Indian. Images of the American Indian from Colombus to the Present*, New York, Alfred Knopf, 1978.
3. H. LIEBERSOHN, *Aristocratic Encounters. European Travellers and North American Indians*, London, Cambridge University Press, 1998.

encore les *Mœurs des sauvages américains* de Lafitau, qui contribua pour beaucoup à la diffusion au XVIIIe siècle des représentations du bon sauvage d'Amérique, algonquin ou iroquois [1]. Mais ces images perdent de leur puissance face à la figure beaucoup plus inquiétante du prolétaire comme sauvage et aux critiques émanant des naturalistes et des anthropologues, qui fustigent « les paradoxes de ces philosophes chagrins qui, s'indignant des vices de l'homme en société, ont inventé l'homme de la nature tel qu'il n'existe pas [2] ». La littérature suit, qui se débarrasse peu à peu de ces images vieillies. « Le bon sauvage est une espèce qui n'a pas cours dans *La Comédie humaine* [3] », affirme la critique balzacienne.

En revanche progressent les représentations assimilant les barbares de l'intérieur aux Indiens d'Amérique. Déjà vers 1800, la naissance d'une ethnographie de la France avait révélé l'existence de sauvages et d'Iroquois du dedans, mais assimilés encore aux ruraux ignorants [4]. Dans *Le Voyage en Amérique* (1827), Chateaubriand suggérait que la détresse des tribus indiennes égalait celle des prolétaires, et de nombreux enquêteurs comme Eugène Buret développent l'idée selon laquelle « l'extrême misère est une rechute en sauvagerie [5] ». Mais Balzac est vraiment le premier à filer la métaphore, non dans le sens du paupérisme, mais dans celui de la violence et de la dangerosité. Ainsi évoque-t-il dans son *Code des gens honnêtes* (1825) ces « sauvages » qui cernent Paris, avant d'exposer clairement la situation dans *Le Père Goriot* (1835) : « Paris, voyez-vous, est comme une forêt du

---

1. R.P. Joseph-François LAFITAU, *Mœurs des sauvages américains, comparées aux mœurs des premiers temps* (1724), Maspero, 1983.
2. Jean-René-Constant QUOY et Paul GAIMARD, *Voyage autour du monde*, 1824, cité par Marc RENNEVILLE, *Le Langage des crânes. Une histoire de la phrénologie*, Synthélabo, 2000, p. 54.
3. Lucienne FRAPPIER-MAZUR, *L'Expression métaphorique dans « La Comédie humaine »*, Klincksieck, 1974, p. 150.
4. André BURGUIÈRE, Mona OZOUF, Marie-Noëlle BOURGUET, « Naissance d'une ethnographie de la France au XVIIIe siècle », dans *Objets et Méthodes de l'histoire de la culture*, Budapest, Akadémia Kiado, 1982, p. 195-228.
5. Cité par P. MICHEL, *Un mythe romantique, op. cit.*, p. 213. L'enquête d'Eugène BURET (*La Misère des classes laborieuses en France et en Angleterre*), plus tardive, date de 1840.

Nouveau Monde, où s'agitent vingt espèces de peuplades différentes, les Illinois, les Hurons, qui vivent du produit que donnent les différentes chasses sociales[1]. » En décrivant la démocratie américaine entourée et menacée par les sauvages, l'œuvre de Tocqueville renforce cet usage, qui devient un véritable lieu commun au début des années 1840. La civilisation est un front pionnier, qui progresse entouré de tribus sauvages et hostiles. Massés dans l'ombre aux marges des cités, les rôdeurs de barrières sont-ils autre chose que des « cannibales de notre civilisation[2] » ? L'immense succès des *Mystères de Paris,* que publie Eugène Sue en 1842-1843, ancre ces figures dans un imaginaire social qui déborde désormais l'univers des seuls lettrés. Disciple de Cooper autant que de Saint-Marc Girardin, Sue abat en effet les dernières cloisons entre le sauvage d'Amérique, le prolétaire et le délinquant. « Nous allons essayer de mettre sous les yeux du lecteur quelques épisodes de la vie d'autres barbares aussi en dehors de la civilisation que les sauvages peuplades si bien peintes par Cooper[3]. » Mais il donne à cette représentation une épaisseur inédite. D'abord parce que les tribus en question, au contraire des Iroquois, ne se contentent pas de rôder aux frontières : elles « sont au milieu de nous ; nous pouvons les coudoyer en nous aventurant dans les repaires où ils vivent, où ils se rassemblent pour concerter le meurtre, le vol, pour se partager enfin les dépouilles de leurs victimes ». Mais aussi parce que le feuilleton complique singulièrement la donne : la progression de l'intrigue montre que la sauvagerie ne se distribue pas exclusivement dans l'univers pointé par l'*incipit*, ce que confirme au jour le jour l'évolution du lectorat, où le bourgeois côtoie le barbare. La civilisation et la sauvagerie au coude à coude, là se situait sans doute toute l'« immoralité » du texte.

Relancée par cet extraordinaire succès public, la vogue indienne se poursuit à Paris à la fin de la monarchie de

---

1. Balzac, *Le Père Goriot*, Gallimard, 1979, p. 279.
2. Roland Bauchery, *Les Bohémiens de Paris*, 1845, p. 40, cité par S. Delattre, *Les Douze Heures noires..., op. cit.*, p. 495.
3. E. Sue, *Les Mystères de Paris, op. cit.*, p. 7.

Juillet. « Tout le monde s'intéressait aux Sioux, aux Paw-nies et aux Delaware », se souvient Henri Cauvain[1]. En 1845, sur l'initiative du roi Louis-Philippe, s'ouvre au Louvre la Galerie indienne du peintre américain George Catlin qui, de 1832 à 1840, a sillonné les Grandes Plaines et réalisé près de cinq cents huiles d'après nature. L'exposi-tion est un triomphe. Des écrivains comme Baudelaire ou George Sand s'enthousiasment pour celui qui a voulu « sau-ver de l'oubli les traits, les mœurs et les costumes de ces peuplades dites sauvages, et qu'il faudrait plutôt désigner par le nom d'hommes primitifs[2] ». Des philanthropes posent alors la question de la survie des tribus[3], de plus en plus identifiées, sous l'influence des peintures de Catlin, aux seuls Indiens des plaines. Quelques années plus tard, Louis Hachette publie dans sa Bibliothèque rose les récits et sou-venirs du peintre[4]. Quant aux Mohicans, ils poursuivent leur carrière au théâtre, avant que Dumas n'impose une autre acception du terme, celle des figures de la bohème parisienne, clôturant ainsi vers le milieu du siècle l'influence immédiate du cycle coopérien[5]. Le temps était venu d'autres tribus indiennes.

La « Sonore » de Louis-Napoléon Bonaparte

A la différence des Américains, pour qui les guerres apaches constituent l'une des dernières étapes de la conquête de l'Ouest, c'est en remontant du sud vers le nord que les Français découvrent ces tribus[6]. La nuance est

---

1. Henri Cauvain, *Maximilien Heller* (1871), Garnier, 1978, p. 96.
2. George Sand, *Relation d'un voyage chez les sauvages de Paris* (1846), Michel Lévy, 1857, p. 282.
3. Alexandre Renaud, *Au Congrès et au peuple des Etats-Unis. Pour la protec-tion des tribus indiennes d'Amérique du Nord*, Duverger, 1847.
4. George Catlin, *La Vie chez les Indiens. Scènes et aventures de voyage parmi les tribus des deux Amériques*, Hachette, 1863. L'ouvrage évoque cepen-dant les Apaches au passage (p. 46).
5. A. Dumas, *Les Mohicans de Paris (1854-1859)*, *op. cit.*
6. Ce qui différencie également les Français des autres observateurs euro-péens, comme l'Irlandais Thomas Mayne-Raid ou l'Allemand Friedrich Gerstac-

d'importance. Ascendantes, tendant sans se l'avouer vraiment vers l'ancienne « belle » province, ces représentations expriment d'abord un profond désir de France en Amérique. Tout se passe comme si les Français, exclus du continent par le nord, tentaient de reprendre pied peu à peu par le sud. Entre les scintillements de l'or californien, qui attire les migrants au lendemain de 1848, les rêves impériaux d'une France mexicaine et les projets de percement d'un canal dans l'isthme centro-américain, s'ouvre une séquence qui, au mitan du XIXe siècle, marque la dernière tentative d'implantation française sur ce continent. Dès 1848, exilés, migrants et voyageurs sont en effet nombreux à se rendre vers la Californie et le Mexique. Les Français constituent alors la seconde communauté étrangère au Mexique, et nombre de ces voyageurs, comme Gabriel Ferry, Paul Duplessis ou Gustave Aimard, furent autant les pionniers du roman français de l'Ouest américain que les « fourriers » de l'expédition du Mexique[1]. Il faut rappeler ici l'insolite équipée de Gaston Raousset-Boulbon qui, avec une poignée d'aventuriers, tente en octobre 1852 de prendre pied dans la Sonora. L'indépendance qu'il y proclame devait en fait servir de marchepied à la colonisation française. L'expédition, qui tourne vite au fiasco, s'achève en août 1854 par l'exécution du *condottiere* par les autorités mexicaines. Mais un « moment mexicain » de l'aventure est perceptible ici, que la littérature, on va le voir, s'efforce presque d'emblée de saisir[2]. L'intervention française au Mexique relance, quelques années plus tard, cet attrait pour l'Amérique

ker. Voir sur ce point Tangi VILLERBU, *Espace et Nation : constructions françaises du récit de l'Ouest américain au XIXe siècle*, thèse d'histoire, EHESS, 2004.

1. Nancy N. BARKER, « Voyageurs français au Mexique, fourriers de l'intervention (1830-1860) », *Revue d'histoire diplomatique*, 1973, p. 96-114. Sur la politique impériale au Mexique, voir Christian SCHEFER, *La Grande Pensée de Napoléon III. Les origines de l'expédition au Mexique (1858-1862)*, Marcel Rivière, 1939, et Jean AVENEL, *La Campagne du Mexique. La fin de l'hégémonie européenne en Amérique du Nord (1862-1867)*, Economica, 1996.

2. Sylvain VENAYRE, *La Gloire de l'aventure. Genèse d'une mystique moderne*, Aubier, 2002. Voir aussi Ray Allen BILLINGTON, « The Image of the Southwest in Early European Westerns », in *The American Southwest : Image and Reality*, Berkeley, University of California Press, 1980.

centrale : à compter de 1862, on parle en effet beaucoup du Mexique à Paris. Des périodiques comme *La Revue des Deux Mondes, Le Monde illustré* ou *Le Tour du monde* multiplient les articles, insistant notamment, pour mieux justifier l'intervention française, sur l'insécurité des marges septentrionales du pays, la cruauté des tribus apaches et l'incapacité des autorités mexicaines à les maîtriser[1]. Cet attrait pour la Sonora et la frontière nord s'explique tout autant par les importantes richesses minières de la région (mercure, or, fer, plomb, cuivre) que par le retrait momentané des Etats-Unis, alors en pleine guerre civile. En 1864, les services diplomatiques français font traduire une étude nord-américaine portant sur cette région, qu'ils demandent au consul de France à Panama de compléter par une notice sanitaire et géographique sur cette ville et ce port du Pacifique[2]. On perçoit dans un tel document les rêves de grandeur américaine qui peuvent alors germer chez certains. Ceux d'une nouvelle Amérique française, sorte d'immense empire latin en Amérique centrale, entre Sonora et Panama, Rio Grande au nord et forêt du Darien au sud.

Or l'Apache, que les Français découvrent dans les mêmes années, est rapidement perçu comme un obstacle et une menace à cet ambitieux programme. « Le voisinage des Apaches et leurs fréquentes incursions nuisent puissamment à son développement », et limitent sa population, lit-on dans ce rapport diplomatique. A l'inverse des paisibles Yakis, Indiens paysans, ou des nombreuses tribus qui furent dans le passé des auxiliaires volontaires ou involontaire de la civilisation, l'Apache apparaît d'emblée comme un être inassimilable, un méchant sauvage, sans récupération

---

1. Aristarco REGALADO PINEDO, *El Imaginario Mexicano en Francia, 1861-1867*, maîtrise d'histoire, Universidad de Guadalajara/Rennes-2, 2001.
2. W.F. Nye, *La Sonora : étendue, population, climat, produit du sol, mines, tribus indiennes,* traduit de l'anglais et accompagné de notes, suivi d'une notice sanitaire et géographique sur la ville et le port de Panama, par A. DE ZELTNER, consul de France à Panama, Bureau de la presse britannique, 1864 (p. 10 et 45 49 pour les citations qui suivent).

possible. Le portrait qu'on dresse de lui est aussi radical qu'absolu, étonnant à plus d'un titre pour qui connaît celui des voyous des années 1900. « L'Apache est naturellement violent, orgueilleux, cruel et capricieux. » C'est un individu errant, porté par des plaisirs ou des passions qu'il ne maîtrise pas, comme la gloutonnerie. « Le plus grand plaisir des Apaches est la danse. » Sa cruauté et son manque de sens moral font frémir : les ennemis sont torturés, les femmes maltraitées, les vieillards abandonnés. « L'Apache vit en définitive à l'état sauvage, ne reconnaissant d'autre loi que la force. » Les conclusions s'imposent d'elles-mêmes : seule l'élimination radicale de ces tribus permettra de pacifier et civiliser ces régions. On retrouve les mêmes appréciations quelques années plus tard, en 1869, dans le rapport rédigé par l'ingénieur marseillais Louis-Laurent Simonin pour le ministre de l'Instruction publique Victor Duruy. Celui-ci avait confié à Simonin, bon connaisseur de l'Ouest américain, mais aussi expert-géologue traquant pour le compte du gouvernement français les richesses minérales de la planète, une mission d'ethnologie et de linguistique pour éclairer les origines de l'« homme américain ». Dans l'épais dossier qu'il remet à la bibliothèque impériale, Simonin évoque les irréductibles Apaches parmi les cinq grandes nations du Sud (avec les Kiowas, Arapaos, Comanches et Cheyennes)[1].

C'est dans ce même contexte qu'apparaissent les premiers romans français de l'Ouest américain et, dans leur sillage, les premiers Apaches de papier[2]. Dès 1853 sont en effet publiés, dans une étroite synchronie, les récits de

1. Louis-Laurent SIMONIN, *L'Homme américain. Notes sur les Indiens des Etats-Unis, accompagné de deux cartes*, Arthus Bertrand, 1870, p. 16. Les autres récits de Simonin (surtout connu pour avoir assisté à l'entrevue de Fort Laramie en 1867) ont paru en 1867 et 1868 dans *Le Tour du Monde* et *La Revue nationale*, puis dans de très nombreux volumes. Voir par exemple *Une excursion chez les Peaux-Rouges*, Challamel Aîné, 1869, et *Le Grand Ouest des Etats-Unis. Les pionniers et les Peaux-Rouges*, Charpentier, 1869.

2. Pour une approche d'ensemble sur la littérature western en France, voir Paul BLETON, *Western, France. La place de l'Ouest dans l'imaginaire français*, Amiens, Encrage, 2002, et T. VILLERBU, *Espace et Nation...*, *op. cit.*

Gabriel Ferry et de Louis-Xavier Eyma[1], suivis quelques années plus tard de ceux du Québécois Emile-Henri Chevalier (auteur par ailleurs des *Mystères de Montréal* en 1854), de Paul Duplessis et de Gustave Aimard[2]. Un genre est lancé, auquel le dynamisme de l'édition française sous le second Empire donne rapidement toute sa mesure. Dès les années 1860 se multiplient titres et collections, à l'image des prolixes « Drames de l'Amérique du Nord », d'abord publiés par Michel Lévy, puis repris par Bourdillat, Poulet-Malassis ou Lécrivain et Toubon, ou encore de la série concurrente, « Les Drames du Nouveau Monde », publiée à compter de 1864 chez l'éditeur Brunet. Dans cette véritable explosion du roman indien que constitue le second Empire, la production nationale ne suffit bientôt plus. Dès la fin de la période apparaissent ainsi les premières traductions de l'Irlandais Mayne Reid.

Pourtant, plus que l'imaginaire canadien ou celui de la prairie que certains romanciers comme Emile Chevalier s'emploient à prolonger, c'est bien l'horizon mexicain qui nourrit les récits de ces auteurs, dont beaucoup ont personnellement pris part à l'exploration de ces régions. C'est le cas de Ferry bien sûr, qui sillonne le Mexique et la Californie de 1830 à 1850, mais aussi de Paul Duplessis, qui voyage dans la Sonora, ou encore de Gustave Aimard (Olivier Gloux de son vrai nom), dont rien ne prouve qu'il ait participé comme il l'affirme à l'expédition de Raousset-Boulbon, mais qui séjourna effectivement à plusieurs reprises au Mexique dans les années 1840, où il se fit coureur des bois[3].

1. Gabriel FERRY, *Le Coureur des bois ou les Chercheurs d'or,* Cadot, 1853 ; *La Vie sauvage au Mexique. Costal l'Indien ou les Lions mexicains,* Librairie illustrée, s.d. (*circa* 1855) ; Louis-Xavier EYMA, *Les Deux Amériques, histoire, mœurs et voyages,* Giraud, 1853 ; *Les Peaux-Rouges, scènes de la vie des Indiens,* Giraud, 1854.

2. Emile-Henri CHEVALIER, *La Fille des Indiens rouges,* Michel Lévy, 1856 ; Paul DUPLESSIS, *La Sonora,* Cadot, 1858 ; Gustave AIMARD, *Les Trappeurs de l'Arkansas,* Amyot, 1858 ; *L'Eclaireur* (1859), Laffont, 2001.

3. Sur Gustave Aimard, voir le dossier établi par *Le Rocambole,* n° 13, 2000, p. 7-116. Cf. aussi l'ouvrage cité de S. VENAYRE et la préface de Matthieu LETOURNEUX aux *Trappeurs de l'Arkansas et autres romans de l'Ouest,* Laffont, 2001.

Pour ces hommes et leurs émules, l'équipée héroïque de la Sonora constitue une sorte de grand récit fondateur, dépositaire d'une large part de leur imaginaire. Auteur à succès de nombreux récits de Peaux-Rouges publiés jusqu'à la fin du XIXe siècle, le romancier Bénédict-Henri Revoil ne fut-il pas l'un des premiers historiographes de l'expédition de Raousset-Boulbon[1] ?

On ne s'étonnera donc pas que, davantage qu'aux Pieds-Noirs ou aux Sioux, ces récits fassent la part belle à ces Indiens du Sud qui rôdent dans le *no man's land* désertique séparant le Mexique des Etats-Unis. Au reste, c'est vers ces contrées que tend alors à se déplacer la dynamique de la frontière. A Paris, la vogue est aussi aux tribus du désert. En 1855, par exemple, est largement diffusé un canard relatant par le menu plusieurs récits de massacres et d'enlèvement au Texas par d'abominables Indiens comanches, pillards, violeurs et assassins[2]. Les romanciers participent largement de cette découverte, qui profite dans un premier temps surtout aux Comanches. Peu d'Apaches chez Eyma par exemple, qui s'étend en revanche longuement sur les tribus comanches. Mais un partage s'opère vite entre ces deux tribus, qui s'exprime dès les premiers romans de Gabriel Ferry. Ouvrage fondateur en ce qu'il explicite assez clairement le dernier grand rêve américain de la France (auquel s'emploie le héros, le trappeur canadien Bois-Rosé, qui essaie de tromper sa nostalgie dans ces espaces tropicaux), *Le Coureur des bois* met en scène un diptyque productif. Au Comanche, sauvage moral et assimilable, prototype du bon Indien avec lequel une certaine intelligence s'avère possible, s'oppose l'Apache, être cruel et sournois, renégat et maraudeur, obstacle absolu à toute solu-

---

1. Bénédict-Henri REVOIL, « La Sonora de M. de Raousset-Boulbon », *L'Illustration*, n° 520, 12 février 1853.

2. *Relation de la captivité de Mme Jane Adeline Wilson, parmi les Indiens camanches [sic], suivie de l'histoire de la dame Forrester et de sa famille surprise par les sauvages,* impr. Durand, 1855. Diverses rééditions suivent, dont une avec complainte (*Complainte sur l'histoire de Jane Adeline Wilson,* Durand, 1856), une contrefaite à Montpellier en 1860 (impr. Vve Julien, 1860) et une reprise par les *Veillées du foyer, bibliothèque morale et populaire* (Tarbes, impr. J.A. Fouga, 1862).

tion raisonnée. On retrouve le même tableau deux ans plus tard dans *Costal l'Indien*, où Ferry introduit quelques « diables rouges » apaches, hostiles à toute idée de civilisation[1].

Mais c'est surtout avec Gustave Aimard qu'une telle représentation prend toute sa dimension. Plus sûrement que Ferry, dont l'imaginaire circule des jungles tropicales aux déserts du Nord, Aimard ancre son inspiration dans la Sonora, cette « Apacheria » où il a plusieurs fois séjourné[2]. « Deux fois, il a été attaché par les Apaches au poteau de torture », affirme d'ailleurs l'avant-propos des *Trappeurs de l'Arkansas*. Faux, cruels, mauvais, les Apaches incarnent pour Aimard le dernier degré de la sauvagerie. Ne sont-ils pas, comme il le note dans *L'Eclaireur*, les parias du monde indien, ceux que l'on n'invite pas au grand conseil des tribus ? Sans doute faut-il leur reconnaître quelques qualités, comme la bravoure et la force, mais leurs tares sont innombrables : « Ils sont ivrognes, voleurs et pillards, sans foi ni loi [...] hautains, cauteleux, rusés, trompeurs, le regard chercheur [...] d'une saleté dégoûtante et même honteuse[3]. » Quelques années plus tard, il offre de ceux qui constituent « la nation la plus féroce et la plus barbare de toutes les savanes de l'Ouest » un portrait apocalyptique : « Ces tyrans du désert ne vivent que de meurtres, viols, pillages, tortures et incendies. Ils attaquent les blancs, les rouges et les métis, sans distinction, et sans autre raison que leur implacable haine contre tout ce qui est étranger. Et lorsqu'ils n'ont pas d'autres ennemis à combattre, ils s'égorgent et se massacrent entre eux, pour le seul plaisir de voir couler le sang[4]. »

Ces images terribles se diffusent rapidement dans la France du milieu du siècle. Ce sont elles qu'enregistre par exemple Pierre Larousse, dont le *Dictionnaire* décrit « la plus belliqueuse de toutes les tribus sauvages du Nouveau-

1. G. FERRY, *Costal l'Indien..., op. cit.*, p. 64-69.
2. Gustave AIMARD, *Valentin Guillois*, Amyot, 1862, p. 349.
3. G. AIMARD, *L'Eclaireur, op. cit.*, p. 802-803.
4. G. AIMARD, *Les Peaux-Rouges de Paris, op. cit.*, p. 312-313.

Mexique », ces bandes de maraudeurs cruels, gloutons, sales et polygames. « Toujours à cheval, toujours en mouvement, ils sont les cosaques du nouveau monde. » Pour Aimard cependant, la monstruosité de l'Apache ne fait sens qu'en regard de la grandeur du Comanche. Car tout n'est pas perdu chez le romancier des traditions du bon sauvage, loyal et courageux, qui perdure dans la « race magnifique » et malheureusement condamnée des Comanches. On perçoit dès lors la place tout à fait centrale qu'occupe l'Apache dans ce système de représentations : figure inqualifiable, archétype du sauvage féroce et sanguinaire, il permet de justifier la stratégie d'élimination menée au nom de la civilisation tout en témoignant sympathie et regrets à l'égard de ces bons Indiens que l'irresponsabilité des Apaches condamne malgré eux. Plus explicite qu'Aimard, Louis-Xavier Eyma tire rapidement les leçons de cette situation. Il ne fait aucun doute, écrit-il, que « le but forcé de la politique des Américains envers les Indiens est la destruction radicale de ces indigènes ». Dénonçant l'angélisme et les niaiseries sentimentales qui « ont contribué à fausser l'opinion publique sur le compte des Indiens et des sauvages », il invite à accepter cette solution au nom de la morale et de la civilisation. La cruauté de ces tribus, leurs « instincts féroces » et surtout leur refus de s'assimiler rendent en effet leur destruction nécessaire[1]. « Cette race est décidément bien condamnée à périr », conclut un voyageur qui rapporte quelques années plus tard certains récits atroces circulant sur les Indiens de la Sonora[2].

Les Indiens, la chasse à l'homme et les voyous

Tout est donc en place à la fin du second Empire pour l'importation des Apaches en France. Popularisée par ces

---

1. L.-X. Eyma, *Les Peaux-Rouges..., op. cit.* Citations p. 43, 63 et 307.
2. Paul Toutain, *Un Français en Amérique : Yankees, Indiens, mormons*, Plon, 1876, p. 104 et 93-98.

récits à grande diffusion, la figure de l'Apache comme rebut et obstacle à la civilisation s'accorde en effet assez bien aux nouvelles stratégies d'intégration des classes « inférieures » que l'Empire libéral, puis la jeune République, s'efforcent de promouvoir. Rien de tel en effet, pour décriminaliser la menace ouvrière, que de la fragmenter en isolant de l'ensemble, désormais moralisé et acquis aux valeurs et aux normes de la société moderne, ces tribus dissidentes et irrécupérables qu'il ne restera bientôt plus qu'à éliminer par le bagne et par la guillotine.

Une dernière série d'événements contribue enfin, dans les années 1880, à diffuser l'image de ces sauvages hostiles. De 1883 à 1886 se déroulent en effet les dernières guerres indiennes, précisément menées contre les tribus apaches de Geronimo, et l'événement est largement évoqué par les journaux et les périodiques du pays. Trois ans plus tard, en 1889, le *Wild West Show* de Buffalo Bill s'installe près de la porte Maillot, et consacre l'une de ses attractions à la reddition du chef apache. La culture indienne, relève un ethnographe, fait alors à tel point partie du savoir ordinaire des Français « qu'il est difficile d'en parler sans tomber dans des redites et des lieux communs[1] ». Les Apaches sont au cœur de ces représentations. Dans *Sapho* d'Alphonse Daudet (1888), l'on voit l'un des artistes invités à un bal masqué se déguiser en chef apache. Les textes de Ferry et d'Aimard sont régulièrement réédités ou démarqués dans des collections à grand tirage[2], et les Apaches abondent encore dans les romans ou les périodiques d'aventures comme *Le Journal des voyages*[3].

En 1885, l'ethnologue Elie Reclus, frère aîné du célèbre géographe anarchiste, fixe pour la science les traits de la

---

1. J. FORTESCUE, *Les Indiens Cris de l'Amérique du Nord*, Société d'ethnographie de Paris, 1884, p. 31.
2. Gabriel de BELLEMARRE, *Les Dernières Aventures de Bois-Rosé*, Hachette, 1899.
3. Marie PALEWSKA, « La partie récréative du *Journal des voyages* », *Le Rocambole*, n° 6, 1999, p. 30-33.

nation apache[1]. « C'est une belle bête féroce que l'Apache », écrit l'auteur en ouverture d'un portrait-charge qu'il convient de citer un peu plus longuement tant il préfigure par sa construction, ses motifs ou ses conclusions, le discours sans nuance qu'on tiendra quelques années plus tard sur les jeunes délinquants parisiens. Un physique difficile d'abord, et aisément identifiable : « Masque impassible, traits ridés et flétris ; figure large, nez aplati, pommettes saillantes, bouche trop fendue, lèvres minces [...] yeux légèrement obliques et dont l'éclat vitré rappelle ceux du coyote. » Un état d'indicible sauvagerie ensuite, que révèlent la saleté de ce peuple ou ses pratiques alimentaires : « Se jetant sur leurs proies, ils les dévorent encore vivantes : les uns coupent et taillent, les autres arrachent les membres et les déchiquettent, à force de bras, sans plus de souci des souffrances de la victime que le civilisé qui gobe une huître arrosée d'un filet de citron. Aussi les Apaches sont accusés d'anthropophagie. Le fait n'est pas prouvé. » Leur état social, très primitif, est dicté par la seule force brute. Dénués de toute moralité, ils maîtrisent à peine le langage et s'expriment plutôt par gestes. Ils « ne vivent guère que de rapines, leurs maraudages se compliquent de rapts et de meurtres ; leurs combats sont moins des luttes que des assassinats. Rapines, meurtres et massacres, ils en tirent gloire ». Lâches, sournois, cruels, ils n'attaquent que sûrs de tuer et « se délectent à faire subir aux prisonniers d'abominables supplices ». « Race errante, affamée, altérée, race traquée et poursuivie, race endurante, rusée et passionnée, indomptable à la fatigue et à la souffrance, l'Apache, peuple loup, aura le sort du loup », conclut le savant. Faut-il s'étonner dans ces conditions que ce texte ait été réédité en 1903 ?

Tandis que se consolident ainsi les représentations de l'Apache en rebut de la civilisation, voire de l'espèce

---

1. Elie RECLUS, *Les Primitifs. Etudes d'ethnologie comparée : hyperboréens orientaux et occidentaux, Apaches, monticoles des Nilgherris, Nairs, Khonds*, C. Chamerot, 1885, p. 144-167. Citations p. 145, 146, 151, 158 et 168.

humaine, on voit se multiplier les récits liant explicitement les Indiens et les voyous, ou jouant de la correspondance entre l'Amérique des tribus et le Paris des bas-fonds. Dès 1845, dans *Les Amours de Paris*, Paul Féval introduit dans une sordide affaire de succession le sachem Oguah, chef d'une tribu de Cherokees, qui se révèle au bout du compte être le marquis Jean de Maillepré, l'un des héritiers d'une vieille maison seigneuriale. Huit ans plus tard, le même Féval est le premier à forcer vraiment l'usage métaphorique en important Towah, authentique Pawnie pour sa part, dans les quartiers mal famés de la capitale. Pour accomplir sa vengeance et punir les assassins du « Mayor », l'Indien mène la traque dans les rues de Paris, jusqu'à ce qu'il retrouve et scalpe les bandits qu'il pourchasse depuis la Californie [1]. Mais c'est plus comme un coureur de pistes, dans la meilleure tradition de Cooper, que comme une figure des bas-fonds que Towah se présente. Vers le milieu du siècle pourtant, la correspondance devient générale entre l'Indien et le malfrat. En 1860, Alfred Delvau conduit un de ses amis étrangers « chez les Peaux-Rouges », du côté de la place Maubert, chez « ces sauvages de la civilisation, ces Peaux-Rouges du Paris moderne, qui sont comme les scories de la grande capitale en ébullition de progrès ». « J'ai écrit le mot, rajoute-t-il en se croyant original, et je ne le bifferai pas. Ces gens-là sont les Peaux-Rouges de Paris [2]. » L'usage du terme progresse également pour désigner tout individu menaçant ou hors norme. En 1871, note un lexicologue, il est fréquent de traiter les Communards de « Peaux-Rouges » [3]. Dix ans plus tard, c'est comme des « sauvageons indomptables » que les jeunes délinquants

---

1. Paul FÉVAL, *Les Amours de Paris*, Comptoir des Imprimeurs unis, 1845 ; *Les Couteaux d'or*, A. Cadot, 1857. Cette dernière référence n'avait pas échappé à la vigilance de Régis Messac, qui l'évoque dans *Le Detective Novel et l'influence de la pensée scientifique*, Champion, 1929.
2. Alfred DELVAU, *Les Dessous de Paris*, Poulet-Malassis, 1860, p. 113.
3. Jean DUBOIS, *Le Vocabulaire politique et social en France de 1869 à 1872 à travers les œuvres des écrivains, les revues, les journaux*, Larousse, 1962, p. 93-96.

sont présentés par un médecin parisien[1]. En 1884 encore, un homme accusé d'avoir tué son beau-frère est dépeint par un magistrat comme un « véritable Apache », car il était « tatoué des pieds à la tête comme un véritable sauvage »[2]. Si elle n'a pas encore contaminé le registre littéraire ou médiatique, la métaphore, on le voit, est largement à l'œuvre dans le discours social.

C'est à Gustave Aimard, ou à l'un de ses continuateurs (*Les Peaux-Rouges de Paris* paraît en 1888, cinq ans après la mort de l'auteur) qu'il revient donc d'assurer explicitement la jonction littéraire entre la Sonora et la pègre parisienne. Après une première partie très classique, où les héros affrontent diverses bandes d'Apaches dans la région de la Gila, Aimard transpose l'action en plein Paris, à un moment où l'haussmannisation bouleverse l'organisation de la ville. Plagiant le Féval des *Couteaux d'or*, il introduit le guerrier comanche Tahera dans une capitale en pleine effervescence. Mais la convergence est ici poussée à son paroxysme. Projeté dans les cloaques et les tapis-francs de la rue des Vertus ou de la place Maubert, l'Indien est bientôt confronté aux escarpes parisiens, que dirige le Loupeur, chef suprême de l'« armée roulante ». Par un classique processus d'inversion, ou de monde à l'envers, ce sont bientôt les rôdeurs et les repris de justice qui apparaissent comme les véritables *Peaux-Rouges de Paris*, ceux que le guerrier Tahera s'emploie à réduire. Le parallèle s'impose donc entre les pillards apaches de la première partie et les affidés du Loupeur, la Gouape, Caboulot, Fil-en-quatre ou la Marlouze. Aux innombrables vocables indiens, dont Aimard essaime tout le début du récit, succèdent les expressions des bas-fonds, portées par les mêmes italiques. Entre les voyous et les Apaches s'établissent d'elles-mêmes d'évi-

---

1. *Le National*, 13 septembre 1881, cité par Sophie DIEHL, *La Question sécuritaire à Paris, 1880-1885*, maîtrise d'histoire, université de Paris-VII, 1999, p. 46.

2. *La Gazette des tribunaux*, 28 juillet 1884, citée par Frédéric CHAUVAUD, *Les Experts du crime. La médecine légale en France au XIXe siècle*, Aubier, 2000, p. 84.

dentes correspondances : même immoralité, même sauvagerie, même exotisme de mœurs et de langage. « Bigre !
s'écria le Loupeur, voilà un peuple au milieu duquel je ne
voudrais pas vivre, par exemple ! » Il ignorait évidemment
qu'il était déjà l'un des leurs.

A ces corrélations de plus en plus transparentes se surajoutent les analogies, classiques elles aussi, entre le monde
de la forêt et de la chasse, dont l'Amérique offre une représentation actualisée, et les structures émergentes du roman
de détection. L'animalisation des actants, détective en
limier, criminel en bête fauve, est en effet un des éléments
constitutifs du roman policier[1]. Rarement cérébrale, l'enquête emprunte le plus souvent les voies de la poursuite, de
la traque, reliant toujours réflexion et action dans la pratique de l'événement. Dans le sillage de Cooper et de Sue,
la plupart des feuilletonistes ont ainsi convoqué l'imaginaire
de la chasse et le décor de la forêt, transplantés dans celui
de la grande ville. « Les forêts vierges de l'Amérique sont
moins dangereuses que les forêts vierges de Paris », avait
noté Dumas[2], et Féval intitule « La Forêt de Paris » un chapitre de ses *Habits noirs*. La métaphore est bientôt si
employée que Théodore de Banville la dénonce dès 1859
comme un insupportable lieu commun littéraire[3]. Elle
constitue pourtant cette voie par laquelle les formes plus
modernes et finalement très « intellectuelles » du *detective
novel*, dont on pressent les potentialités dès la décennie
1860, vont peu à peu se cheviller au roman criminel, jusqu'à
le transformer par un phénomène de dérivation progressive.
Qu'un sachem de l'Ontario se trouve mêlé à un crime au
pont de Chatou relève dans ces conditions de l'ordre du
vraisemblable[4]. Aux Indiens, omniprésents dans cette perspective, se surajoutent bientôt les trappeurs, autres figures
de chasseurs ou de pisteurs[5].

---

1. Jean-Claude VAREILLE, *Filatures. Itinéraire à travers les cycles de Lupin et Rouletabille*, Presses universitaires de Grenoble, 1980.
2. A. DUMAS, *Les Mohicans de Paris, op. cit.*, p. 2220.
3. Théodore de BANVILLE, *Petites études. Mes souvenirs,* Charpentier, 1882.
4. Charles JOLIET, *Le Crime du pont de Chatou*, Calmann-Lévy, 1886.
5. Pierre Léonce IMBERT, *Les Trappeurs parisiens au XIXᵉ siècle*, Sagnier, 1878.

Mais les auteurs comme Féval ou Aimard, qui poussent à bout la métaphore, sont aussi contraints d'en signaler les limites. Dans *Les Couteaux d'or,* l'Indien Towah, transplanté dans les quartiers nord de Paris, peine à s'y retrouver. « Il faut le désert pour la chasse à l'homme. Dès la première nuit de son séjour à Paris, Towah, qui avait pris jadis avec beaucoup de soin la mesure du pied de son ennemi, commença à chercher des pistes dans la neige battue le long des rues et des boulevards ; mauvais métier ; abondance de biens nuit : il y a trop de pistes, Towah rentra découragé[1]. » Et s'il finit par retrouver les bandits, ce n'est pas par les méthodes traditionnelles des coureurs des bois. Une trentaine d'années plus tard, *Les Peaux-Rouges de Paris* abordent de front cette question, dans un face-à-face exemplaire. D'un côté le Comanche Tahera et ses amis pisteurs, grands « découvreurs de traces » et admirateurs des *rastreadores,* bien décidés à utiliser les méthodes de la savane : « La forêt parisienne est peut-être plus dangereuse que celle de l'Arizona, mais nous saurons bien, quand il le faudra, y retrouver les traces de nos ennemis[2]. » De l'autre le policier Pascal Bonhomme, fin limier de la brigade de Sûreté, qui doute des méthodes des chasseurs (« Paris ne ressemble nullement aux déserts dont vous parlez ; les méthodes dont vous vous serviez seraient d'une exécution impossible en France »), rejoint dans ses convictions par les escarpes parisiens, qui se gaussent des Américains et ne craignent que la police et ses réseaux d'indicateurs. « Je suis fermement convaincu qu'un coureur des bois, si habile qu'il fût, serait très embarrassé s'il lui fallait mettre en pratique ses étranges talents dans les rues de Paris, où toute piste, à la mode des Peaux-Rouges, est impossible », expose le Loupart, chef des bandits parisiens. Extraordinaire confrontation, où le policier et le malfrat parisiens, dont les appréciations (réminiscences du style Vidocq ?) convergent momentanément sur

---

1. P. Féval, *Les Couteaux d'or, op. cit.,* p. 126.
2. G. Aimard, *Les Peaux-Rouges de Paris, op. cit.,* p. 343. Citations suivantes . p. 244, 288, 253.

ce point, récusent le modèle indien, et tout ce qui procède en lui du principe indiciaire et du raisonnement inductif. Durant tout un chapitre, « le lecteur assiste aux premiers tâtonnements de la piste de guerre dans la forêt parisienne et aux ébahissements du célèbre policier, complètement dérouté par l'emploi de procédés à lui inconnus ». Autant que deux méthodes, ce sont aussi deux récits qui s'affrontent. Et si l'enquêteur moderne démontre sa supériorité pour déchiffrer un cryptogramme, il doit aussi s'incliner face au très rigoureux relevé des traces des chasseurs, qui conduit au repaire des bandits. A sa manière un peu naïve, c'est tout un pan de l'imaginaire policier que met en scène Aimard dans cette confrontation, et le dosage subtil qui en résulte entre police sociale, police technique et chasse à l'homme. Les Indiens d'Amérique y ont leur part de responsabilité.

Tout est donc en place vers 1900 pour que l'Apache devienne le nouveau roi de Paris. La période correspond de surcroît à un regain de représentations indiennes, qui transitent à compter de 1907 par la très active édition en fascicules des maisons Eichler et consorts (*Sitting Bull, Rouges et Blancs, Buffalo Bill, Texas Jack, Les Chefs indiens célèbres, Jim Kannah, Les Mystères du Far West,* etc.[1]). On aurait tort cependant de ne voir en l'Apache qu'un Indien parmi d'autres, une simple figure exotique qu'on mobilise alors parce que l'Amérique est à la mode. Forts d'une solide culture indienne, les Français de la Belle Epoque savent fort bien ce qui différencie un Iroquois d'un Cheyenne et un Sioux d'un Comanche. Le choix de l'Apache répond donc à des motivations précises. Pour les jeunes délinquants, il traduit assez bien les logiques de rupture dans lesquelles ils vivaient. Au contraire des autres prolétaires, Peaux-Rouges pacifiés et désormais parqués dans des réserves en marge du front de colonisation sociale, eux refusaient de rendre

---

1. Cf. Philippe MELLOT, *Les Maîtres de l'aventure, 1907-1959,* Michèle Trinckvel, 1997.

les armes. Exclus des avancées d'une civilisation de plus en plus normative, refusant le travail et les mirages de l'ère industrielle, soucieux avant tout de jouir d'un plaisir qu'on leur mesurait, ils aspiraient à une liberté altière et sans entrave. Guerriers farouches et insoumis, ils lançaient des raids vengeurs contre les défenseurs du procès de civilisation, mais savaient, dans leur lucidité désespérée, leur combat sans lendemain. Quant à leurs adversaires, ils avaient eux aussi bien des raisons de les traiter d'Apaches. La guérilla incessante menée par ces bandes rebelles venait rappeler à juste titre la fragilité du progrès, le caractère pionnier des avancées sociales. Mais le terme valait surtout pour le destin qu'il promettait. Rebut du monde indien, figure honnie et inassimilable, l'Apache ne pouvait espérer le sort des autres sauvages, ces prolétaires assagis que la République, peu à peu, avait incorporés à son jeu. Contre cette tribu résiduelle, on ne pouvait mener qu'une stratégie d'élimination radicale, exécutant ses chefs à chaque belle prise et reléguant les autres dans les réserves lointaines.

3

Les mémoires de policiers :
l'émergence d'un genre ?

« A vous, criminalistes, historiens, physiologistes,
moralistes, philanthropes, médecins, je livre ces
études. Elles vous appartiennent de plein droit.
Quelles conséquences, quelles lois, quels remèdes en
pourrez-vous tirer[1] ? »

Ainsi Gustave Macé, chef de la Sûreté parisienne de 1879
à 1884, dédiait-il aux futurs savants l'un des nombreux
ouvrages qu'il composa à partir de ses souvenirs. On ne prit
guère son appel au sérieux. A tort sans doute, car il attirait
l'attention sur cette étrange propension qu'avaient alors les
policiers à publier leurs mémoires ou leurs confidences.
Macé ne constitue en effet pas un cas isolé. Depuis la parution en 1828 des *Mémoires* de Vidocq, les policiers ont fréquemment pris la plume pour retracer leurs expériences.
Une forme, un style, un « genre » en ont résulté, aux
sources d'une imposante bibliothèque, toujours vivante
aujourd'hui comme en témoignent les ouvrages publiés par
quelques gloires récentes de la police, comme Charles

---

1. Gustave MACÉ, *Mes lundis en prison*, p. 3. Pour ne pas alourdir le texte,
les références complètes des mémoires utilisés sont rassemblées dans la bibliographie en fin de chapitre.

Chenevier, Roger Borniche ou Robert Broussard[1]. Les historiens, bien sûr, connaissent de longue date ces récits, dont ils apprécient les ressources documentaires, les anecdotes ou les « révélations ». Le grand public goûte parfois encore le charme de Vidocq, régulièrement réédité, de Goron ou de quelques autres « limiers » célèbres. La majeure partie d'entre eux ne quitte cependant pas l'intimité des bibliothèques ou des catalogues de collectionneurs. Mais s'ils sont souvent sollicités comme « documents », ces mémoires et souvenirs n'ont jamais été envisagés pour eux-mêmes, en tant qu'objets d'histoire. C'est comme tels qu'on voudrait les prendre ici, non pour ce qu'ils pourraient éventuellement nous dire sur le monde, mais pour ce qu'ils nous disent effectivement sur eux-mêmes. Retour aux sources en quelque sorte, comme y invite à juste titre une partie de l'histoire culturelle. Considérés ainsi, en eux-mêmes et en série (puisque série ils forment), ces récits transmis par plusieurs générations de policiers viennent nous raconter de tout autres histoires. Celle de leur écriture d'abord, et de leur édition, singulières opérations qui transformèrent en auteurs, parfois même à succès, de modestes ou obscurs fonctionnaires. Celle d'une profession ensuite, longtemps désavouée, mais engagée dans un lent et difficile processus de légitimation. Celle d'un imaginaire enfin, qui, en dépit des diverses intentions qui traversent ces mémoires, s'impose peu à peu comme le principal instrument de reconnaissance et de réévaluation symbolique du métier de policier.

---

1. Charles CHENEVIER a réuni ses souvenirs dans *De la Combe aux fées à Lurs. Souvenirs et révélations* (Flammarion, 1962) et *La Grande Maison* (Presses de la Cité, 1976). Avant d'être l'auteur et scénariste que l'on connaît, Roger BORNICHE appartint à la PJ de 1944 à 1956. Quant aux *Mémoires* de Robert BROUSSARD, ils ont paru chez Plon en 1997 et 1998.

Identification d'un « genre »

Publiés en 1828 chez l'éditeur Tenon, les *Mémoires de Vidocq, chef de la police de Sûreté jusqu'en 1827*, ont souvent été considérés comme fondateurs du genre : un policier y donne à lire le récit de sa vie, croisé de celui de ses expériences professionnelles, institués l'un et l'autre en document historique. On ne peut cependant oublier que le mémoire, au singulier, constitue un classique de l'expression administrative, pratiquée avant 1828 par nombre de policiers. Evidemment, le pluriel affiché par Vidocq entendait bien spécifier la dimension à la fois personnelle, littéraire et historique d'un texte qui se distingue par tous ces aspects du *factum* ou du traditionnel traité de police. La limite, cependant, est souvent fort étroite entre les deux acceptions du terme. Du célèbre *Traité de police* de Delamarre aux *Mémoires* de Lenoir, lieutenant général de police de 1776 à 1785, en passant par ceux de Guillauté ou de Lemaire, bien des mémoires administratifs, nombreux au XVIIIᵉ siècle, engagent leurs auteurs à défendre personnellement leurs projets[1]. Inhérente à leur écriture, culminant dans le genre du mémoire en justice, la dimension justificatrice rapproche également les deux formes. Se défendre, c'est toujours se raconter. A l'inverse, bien des souvenirs de policiers sont emplis de digressions techniques, d'arides exposés détaillant l'organisation des services, les rouages de l'administration ou l'ampleur des dysfonctionnements, voire de projets de réforme. C'est donc avec prudence, et en signalant les plages de chevauchement, qu'il convient d'appréhender la novation du texte de Vidocq. Et si on peut néanmoins le considérer comme fondateur, c'est moins en

---

1. N. DELAMARRE, *Traité de la Police*, 1708-1734 ; GUILLAUTÉ, *Mémoire sur la réformation de la police de France*, 1749 (rééd. Hermann, 1974) ; J.-B. LEMAIRE, *La Police de Paris en 1770* ; J.-C. LENOIR, *Mémoires* et manuscrits inédits. Voir Vincent MILLIOT, « Les mémoires policiers au XVIIIᵉ siècle : autour du cas français », dans P. LABORIER *et alii* (dir.), *Les Sciences camérales*, PUF, 2005.

raison de son très classique *incipit* mémorialiste («Je suis né à Arras... ») que par la fonction de référent (plus négatif que positif d'ailleurs) que lui reconnaissent ses suiveurs.

Des dernières années de la Restauration à 1940, qui marque le terme de cette étude, près d'une centaine de textes se présentant comme des mémoires de policiers furent publiés. Tous ne constituent pas d'authentiques souvenirs, et l'on peut distinguer sommairement trois ensembles : les véritables mémoires de fonctionnaires, souvent retraités, qui opèrent un retour plus ou moins critique sur leur expérience professionnelle ; les mémoires dérivés ou « prolongés », dans lesquels ces mêmes auteurs, exploitant le succès, versent peu à peu vers des récits semi-fictionnels ; les faux mémoires, c'est-à-dire les romans se donnant, indûment donc, comme des mémoires de policiers. Mais ces limites elles-mêmes sont constamment brouillées, à commencer par le texte de Vidocq, apocryphe, œuvre de deux « nègres » (on disait alors « teinturiers »), renforcé çà et là de quelques pièces de fiction, mais finalement assumé par un auteur qui s'y adosse pour lui donner lui-même des prolongements romancés. Mieux vaut donc, tout en spécifiant bien sûr la nature propre de chaque récit, considérer ensemble cette centaine d'ouvrages, dont la convergence narrative et éditoriale dessine finalement un espace original. Trois temps accompagnent sa mise en place.

• Emergence

Le premier, qui s'étend de la fin de la Restauration au second Empire, est celui de l'avènement de ce type de littérature. A compter du milieu des années 1820 s'ouvre en effet une séquence particulièrement favorable aux affaires de police, une « vogue », écrit Antoine Année, surtout auprès des libraires qui « voient de bonnes spéculations à faire là-dessus »[1]. Très commentée, la publication des

---

1. AN, F7 9868, mémoire à M. de Blossac, secrétaire général de la Préfecture, 14 avril 1829.

Mémoires de Fouché inaugure le mouvement en 1824. Sans doute le personnage est-il davantage perçu comme un « politique » que comme un policier, ce que confirme la lecture de ses *Mémoires*, mais nul n'ignore qu'il est aussi l'inventeur de cette institution moderne. Ces années sont surtout celles d'un intense règlement de comptes à l'intérieur même de l'appareil policier. Nommés à la tête de la police parisienne en décembre 1821, le préfet Delavau et son subordonné Franchet, directeur général de la police, tous deux très proches de la Congrégation, ont suscité contre leurs conceptions et usages très répressifs de la police une hostilité croissante. En 1826 paraît ainsi la célèbre *Biographie des commissaires de police et des officiers de paix de la Ville de Paris*, de Louis Guyon, texte de combat qui entend « signaler les abus » d'une institution honnie en dressant le portrait au vitriol de quarante-cinq des quarante-huit commissaires de la ville de Paris (dont un commissaire Maigret, au quartier du Combat !). L'existence d'une police de Sûreté dirigée par un ancien bagnard, « monstruosité qui pèse énormément sur la police » (p. 229), alourdit encore la charge. Les critiques s'alourdissent surtout au lendemain de la destitution de Franchet et Delavau en janvier 1828, encouragées par le nouveau préfet Louis Debeyllème qui entend ainsi signaler l'ouverture d'une nouvelle ère policière, plus « moderne », professionnelle et libérale[1]. C'est dans ce contexte de recomposition que paraissent en 1829 des ouvrages comme *La Police dévoilée depuis la Restauration* de Froment (rédigé en réalité par Louis Guyon) ou *Le Livre noir de MM. Delavau et Franchet* d'Antoine Année, clairement destinés à dénoncer la « police occulte, secrète, inquisitoriale » menée sous le « ministère déplorable » du préfet Delavau. Aucun de ces ouvrages ne constitue bien

---

1. Outre la création des sergents de ville, ce souci se traduit par la volonté de légitimer une police politique plus acceptable. Cf. D'AUBIGNOSC, *La Haute Police ou police d'Etat sous le régime constitutionnel*, impr. de Rignoux, 1832, et, dans une perspective plus générale, la thèse de Pierre KARILA-COHEN, *L'Etat des esprits. L'administration et l'observation de l'opinion départementale en France sous la monarchie constitutionnelle*, Paris-I, 2003, p. 110-142.

sûr de mémoire, sinon au sens administratif du terme, et l'on y cherchera en vain la trace d'un quelconque pacte autobiographique. Tous jouent pourtant sur la trame biographique, qu'il s'agisse d'y dénoncer les mouchards et les provocateurs (« faire apparaître les espions dans toute leur hideuse réalité », Année, p. LXX), ou de « faire connaître à nos lecteurs les victimes des persécutions de la police » (Froment). Adossés à des « dossiers de police », aux sources d'un conflit récurrent avec l'institution qui n'acceptera jamais de voir ses fonctionnaires utiliser à des fins privées ou commerciales des données recueillies dans l'exercice de leurs fonctions publiques, ils débordent le strict registre administratif pour peindre « le tableau le plus pittoresque des basses intrigues, des mystérieuses iniquités, des odieuses perfidies, des trahisons atroces et autres scènes, ou scandaleuses, ou tragiques, qui ne pouvaient être jouées que sur le théâtre de la Police » (Année).

En achetant pour la somme fabuleuse de vingt mille francs le manuscrit de Vidocq (que le préfet Delavau avait congédié en 1827), le libraire Jacques André Tenon, qui traversait depuis deux ans une passe difficile, espérait donc profiter d'un contexte très porteur[1]. Situé lui aussi à la croisée du biographique et du narratif, l'ouvrage offre cependant plusieurs traits qui le rendent effectivement original. Outre la dimension autobiographique, d'emblée attestée, il s'ouvre explicitement au registre judiciaire, enquête et investigation criminelles, pensé comme instrument de justification à la fois personnelle et professionnelle. Cette irruption, qui affecte dans les mêmes années l'écriture romanesque, accentue le brouillage et la porosité du texte, où l'autobiographique, le « policier » et le littéraire tendent à se recouvrir. D'autres facteurs concourent à cette confusion. On sait en effet que Vidocq n'est pas l'auteur de son texte, confié à deux polygraphes professionnels, Emile

---

1. Louis RABAN ET Marco SAINT-HILAIRE, *Mémoires d'un forçat ou Vidocq dévoilé*, Langlois, 1828-1829, p. 280. Sur les difficultés du libraire Tenon, voir les registres de faillites conservés aux Archives de Paris (D 10 U3 ; D 11 U1).

Morice et Louis-François L'Héritier, qui le fictionnalisent d'emblée, allant jusqu'à y inscrire en force l'épisode d'Adèle d'Escars, long roman de L'Héritier paru chez Tenon en 1827 ! A peine mis en vente, l'ouvrage est aussitôt détourné ou plagié, par Louis Raban et Marco Saint-Hilaire, qui publient dès 1828 les *Mémoires d'un forçat ou Vidocq dévoilé*, puis par L'Héritier qui compose en 1830 un *Supplément aux Mémoires de Vidocq*. Dépossédé de son manuscrit, Vidocq l'est donc aussi de sa personne, devenue personnage et figure romanesque, bientôt exploitée par d'autres auteurs, Balzac bien sûr, puis Dumas et Hugo. Vidocq lui-même entretient l'équivoque en signant dans la foulée des récits de fiction, *Les Chauffeurs du Nord*, *Les Vrais Mystères de Paris,* mais nourris de souvenirs ou d'expériences personnels. Et sans doute est-ce dans l'extrême ambiguïté de ce statut, et la troublante intimité qui le lie à la littérature, que réside l'un des principaux aspects fondateurs de ces *Mémoires*.

Le cycle ouvert en 1826-1829 se poursuit sans obstacle dans les années qui suivent, facilité par l'engouement public pour les récits de crimes et l'enracinement romanesque et social de la figure du policier. La publication en 1840 des *Mémoires* du préfet Gisquet inaugure un sous-genre, souvent plus politique et « historique », mais promis lui aussi à un bel avenir. Qu'un policier célèbre prenne la plume, à l'issue de sa carrière, pour retracer son expérience apparaît peu à peu comme un réflexe légitime. Ainsi Pierre Canler, chef de la Sûreté parisienne de 1849 à 1851, publie-t-il en 1862 ses *Mémoires*. Critiquant Vidocq, mais s'inscrivant dans le même registre discursif que lui, il achève de borner un genre désormais clairement attesté. La littérature ne s'y trompe pas, qui l'investit dans ces mêmes années pour produire d'authentiques vrais-faux mémoires. Dès 1856, Charles Barbara avait intitulé « Extrait des rapports d'un agent de police » une courte nouvelle mettant en scène les états d'âme désabusés d'un policier en surveillance. C'est surtout au très prolixe feuilletoniste Jules Beaujoint que l'on doit la complète fictionnalisation du genre. Publiées en

1868 chez Fayard, les quatre-vingt-une livraisons illustrées qui composent ses *Mémoires d'un agent de police* donnent à lire de très alambiquées aventures policières, censées avoir été mises en forme à partir des notes transmises à l'auteur par un certain « M. de V. ». Réels ou imaginaires, les souvenirs de policiers sont donc devenus, en cette fin de second Empire, d'une lecture ordinaire.

• Epanouissement

Les années 1880-1914 marquent la seconde étape. Une cinquantaine d'ouvrages y sont publiés, faisant de ce moment le cœur même du phénomène. Trois séries de raisons convergent pour expliquer cet essor. Fort d'un horizon d'attente à la fois éditorial, public et professionnel, le genre apparaît désormais si établi que toute grande figure de la police se doit d'y sacrifier. S'y soustraire pourrait même paraître suspect. On voit donc se multiplier les souvenirs de préfets de police (Marc Caussidière, Ernest Cresson, Albert Gigot, Louis Andrieux, Louis Lépine), de hauts fonctionnaires de la Préfecture comme le directeur de la police municipale Jean-Marie Caubet, de chefs de la Sûreté (Philippe Cattelain, Antoine Claude, Gustave Macé, François Goron) ou d'inspecteurs réputés comme Jaume ou Rossignol. Lorsqu'un policier jugé important ne rédige pas lui-même ses souvenirs, on le sollicite ou l'on publie des mémoires apocryphes. Ainsi ceux de M. Claude, chef de la Sûreté sous le second Empire, qui avait signifié qu'en dépit des propositions éditoriales, il ne rédigerait pas de mémoires, sont-ils dus au feuilletoniste Théodore Labourieu. « On a publié d'après ses notes un ouvrage de peu de foi », note le Larousse de 1883. Apocryphes également, les *Souvenirs* de Caubet furent mis en forme par son frère en maçonnerie, le philosophe Grégoire Wirouboff. Faute des mémoires du préfet Camescasse, on pourra se satisfaire de ceux de son épouse, grande mondaine qui fréquente tous les salons fin de siècle. Le rôle des journalistes est souvent déterminant dans cette prolifération. Voici comment l'inspecteur Rossignol explique sa décision d'écrire ses mémoires : « Un journaliste est venu causer avec moi. Je crois que c'est lui qui m'a "travaillé" comme jadis je travaillais les escarpes dans mon bureau de la Préfecture ou les arrière-boutiques de mastroquets. J'ai cédé, j'écris mon dernier rapport. » L'importance que revêtent alors les affaires de crimes et la littérature policière favorise évidemment ces pratiques. Les journaux à grand tirage n'hésitent pas à solliciter et pré-publier les souvenirs de « limiers » de la Sûreté. C'est le cas de ceux de Goron dans *Le Journal* en 1897 ou de ceux de Rossignol dans *Le Matin*. Les éditeurs, principalement ceux du pôle de grande diffusion (Dentu, Charpentier, Rouff, Juven, Fayard, Offenstad...) qui publient la plupart des textes de policier, n'hésitent pas à solliciter des auteurs souvent assimilés à des romanciers populaires. Les faux se multiplient également, à l'image des *Mémoires d'un commissaire de police* du prolifique Pierre Zaconne, ou des *Mémoires d'un agent de la Sûreté* d'Henri Demesse, spécialisé jusque-là dans les drames familiaux, ou des *Registres de l'agent Motar* d'Henri Morel. Signe de cet intérêt, des éditeurs exhument des textes anciens ou oubliés. Déjà Dentu avait publié en 1863 le *Journal des inspecteurs de M. de Sartine*, « documents inédits sur le règne de Louis XV ». D'autres récidivent à la fin du siècle en proposant le *Journal inédit* (1744) du lieutenant général de police Feydau de Marville ou les souvenirs inédits de « l'appariteur ou sergent de ville François Dieusset », destitué en 1815.

Une seconde raison de cet accroissement réside dans la prise d'écriture de fonctionnaires plus modestes, ou subalternes. « Jusqu'à présent, ce sont les grands premiers rôles qui ont écrit leurs mémoires, écrit l'inspecteur Rossignol en ouverture des siens. Cette fois, un agent qui est sorti du rang, qui a débuté par le plus modeste emploi, racontera ce qu'il a vu, entendu. Son récit n'aura de valeur que par les détails vécus, les péripéties dramatiques exigées par le métier. » Si Rossignol, policier de renom, diminue quelque peu son mérite et son rôle, la période voit en effet de plus obscurs professionnels prendre la plume. De simples commissaires de quartier comme Emile Archer, D. B., Louis Hamon ou Charles Péchard, des inspecteurs, officiers de paix ou secrétaires (Albert Bizouard, Emile Dufrêne), voire de simples figurants comme William Le Queux, qui fit un bref passage à la Sûreté au temps de Goron avant de faire carrière dans les casinos de Monaco, comme « chef de la surveillance de la principauté ». En 1907, c'est un gardien de la paix, Eugène Corsy, qui rédige un récit demeuré toutefois inédit [1]. Autant que le souci de promotion et de distinction, cette banalisation dit aussi clairement l'existence, autour de 1900, d'un espace désormais convenu de production et de représentation. Les récits, en revanche, se standardisent de plus en plus, codes et stéréotypes se font envahissants.

Une dernière raison de cet essor tient à l'attitude de deux mémorialistes, Macé et Goron, dont la production pléthorique pèse considérablement sur l'ensemble. Chef de la Sûreté de 1879 à 1884, Gustace Macé publie ses *Mémoires* aussitôt après son départ à la retraite. Mais il n'en reste pas là, et récidive l'année suivante avec le récit de sa première enquête. Sous contrat avec Charpentier (puis Fasquelle), il publie alors très régulièrement des souvenirs, faits divers romancés ou descriptions des bas-fonds, qui mêlent littérature et fragments d'expérience (douze livres au total entre 1884 et 1909). L'éditeur lui consacre même une collection, « La Police parisienne », et des tirages souvent élevés, compris entre dix mille et vingt mille exemplaires. A quelques années de distance, Goron suit un parcours analogue. Chef de la Sûreté de 1887 à 1894, il publie ses *Mémoires* trois ans après son départ de la Préfecture (mais il les avait auparavant donnés en feuilleton). Seize ouvrages suivent, régulièrement publiés chez Flammarion, des « études policières » versant de plus en plus explicitement dans la fiction. Sa dernière œuvre est un roman pour enfants, *Mémoires de Poum, chien de police*, qui, volontairement ou non, fait basculer le genre dans le pastiche.

---

1. Il a été exhumé par Quentin Deluermoz, qui en prépare l'édition et l'analyse.

• Banalisation

Un certain tassement est sensible durant l'entre-deux-guerres, où une trentaine de textes a été recensée. Publier ses souvenirs demeure pourtant un exercice obligé pour les célébrités policières (préfets, hauts fonctionnaires ou enquêteurs de renom), tandis que la pratique continue de s'étendre chez les fonctionnaires plus modestes, notamment en province (les commissaires César et Degoutte à Lyon, Stellet à Toulouse). Elle touche également des fonctions latérales, médecins de la Préfecture comme Léon Bizard, criminalistes comme Edmond Locard, détectives privés comme Eugène Villiod. Mais l'épuisement du filon proprement littéraire est patent. Le seul à en maintenir la flamme est Edmond Locard, directeur du Laboratoire de police technique de Lyon qui, outre ses souvenirs et ses livres de criminalistique, publie dans les années 1930 bon nombre de « causes célèbres » (Fualdès, Lacenaire, Lafarge, Orsini, Caserio, etc.), de « Crimes de sang et d'amour », de faits divers romancés et autres *Mystères de Lyon*. Les causes de ce retrait relatif sur la scène littéraire tiennent bien sûr à la très forte concurrence exercée désormais par les collections de romans policiers, traductions anglo-saxonnes qui se multiplient à la fin des années 1920 ou séries françaises de « petits livres » publiés à un rythme soutenu par des maisons comme Ferenczi ou Tallandier. Le cadre éditorial tend donc à se dégrader peu à peu. De nombreux policiers sont contraints d'offrir leur prose à des maisons secondaires ou provinciales (Editions de France, Editions latines – qui publient les souvenirs d'André Benoist dans une collection intitulée « Maîtres chanteurs et rats d'hôtels » –, La Renaissance du Livre, Lugdunum, Editions du Fleuve). D'autres peinent à trouver un débouché, et doivent en rester à la publication en périodiques. A l'exception de quelques gloires de la profession, les souvenirs de policiers sont de plus en plus pensés comme un sous-genre.

Prendre la plume

Occupant des fonctions et des positions distinctes dans l'institution policière (du préfet à l'inspecteur ou à l'officier de paix), obéissant à des désirs, des motifs ou des stratégies souvent fort hétérogènes, ces auteurs et leurs textes semblent s'éparpiller en autant de postures et d'intentions différentes. Sans doute procèdent-ils tous d'un même souci de distinction et de reconnaissance sociale, auquel vient s'ajouter, pour la plupart de ces fonctionnaires aux salaires et aux pensions médiocres, l'espoir d'une compensation financière. Mais les ressorts personnels sont souvent plus complexes, et rarement assignables à un registre unique. Trois fils au moins s'entrecroisent dans leurs œuvres.

• L'appel de l'histoire

Offrir une « contribution utile à l'histoire de notre temps », comme l'écrit en 1912 le commissaire Paoli, constitue l'un des desseins majeurs de l'écriture de mémoires, qui n'échappe évidemment pas à celle des policiers. Comme bien d'autres mémorialistes, ceux-ci se posent donc volontiers en « témoins » de leur époque. Ce penchant est particulièrement net chez les préfets de police, hommes de pouvoir ou d'Etat souvent plus que de police. Leurs souvenirs se plaisent à brosser de vastes fresques, nourries d'informations ou de « révélations » que leur fonction d'observateur et d'acteur politique privilégié est censée rendre particulièrement intéressantes. Certains, comme Caussidière, rédigent de véritables traités historiques, où la dimension policière s'efface presque entièrement. « Il a été écrit pour jeter quelque lumière sur cette histoire curieuse et rapide d'une Révolution déjà presque effacée », note-t-il en introduction. Le souci est le même chez Ernest Cresson, qui dresse le tableau de son action durant le siège de Paris, ou chez Louis Andrieux, dont le texte s'attache à rendre compte des principales crises et affaires politiques observées depuis son poste de préfet. Les motivations sont analogues chez les plus « politiques » des fonctionnaires de police, à l'instar de Xavier Paoli, responsable de la sécurité des souverains étrangers à la Belle Epoque, ou de Jean France, commissaire de la Sûreté générale, qui se présente comme « un survivant des journées homériques » de l'affaire Dreyfus, la mémoire encore fraîche de « tant de choses [...] tant d'événements [...] tant d'hommes considérables ». Au vrai, cette volonté très historique de témoigner traverse à un moment ou à un autre la plupart de ces récits, même lorsque là n'est pas leur motif principal. Ainsi Canler relate-t-il sa version des obsèques du général Lamarque ou des journées de 1848, Bizouard celle de l'affaire Blanqui en 1848, et M. Claude celles de l'attentat d'Orsini ou du meurtre de Victor Noir. Le réflexe est le même chez les simples commissaires comme Charles Péchard, « témoin des grandes crises sociales de son temps », ou Ernest Reynaud, qui s'appliquent à rendre compte des événements auxquels ils ont été mêlés. Pour Gaston Faralicq, alors inspecteur principal dans le IIIe arrondissement, ce sera par exemple la catastrophe du métro d'août 1903, les inondations de 1910 ou l'exécution de Mata Hari.

Ce désir d'histoire s'accentue bien sûr lorsqu'il se double du dessein, familier chez tout mémorialiste, de justification de son œuvre ou de soi. « Le but de cet ouvrage est de faire connaître les actes de mon Administration, les principes politiques qui l'ont dirigée, de combattre les préventions mal fondées contre la Police et d'éclairer le pays sur la cause et la nature des imputations fâcheuses dont elle a été l'objet depuis 1830 », écrit ainsi le préfet Gisquet en ouverture de ses mémoires. Il s'agit surtout d'y démentir la « plume trempée de fiel » des journaux, « inspirés par la haine ou ignorants des faits », pour restituer le sens de son action à la tête de la Préfecture. L'histoire de l'institution tend alors à se substituer à l'histoire nationale, recouvrement légitime pour des hommes qui considèrent souvent la police comme un acteur décisif de la vie du pays. Tous ou presque livrent ainsi de longs passages d'histoire de la police, par lesquels leurs souvenirs rejoignent les traditionnels mémoires administratifs. Il peut s'agir de dénoncer une conception jugée néfaste ou dégradante de la police, comme dans les textes fondateurs des années 1826-1829, de réprouver et de charger l'administration de son prédécesseur, réflexe fréquent chez les préfets ou les chefs de la Sûreté. La rivalité entre les différents services (et les conceptions de la police qu'ils incarnent) constitue également un ressort très puissant. L'antagonisme majeur et presque matriciel, sur lequel on reviendra, est bien sûr celui qui oppose police judiciaire et police politique. Mais dans son sillage viennent se loger de multiples conflits, Préfecture de police contre Sûreté générale notamment, puissante rivalité qui traverse bien des mémoires comme ceux d'Ernest Raynaud, emplis de ressentiment à l'encontre de l'« autre police ». A l'intérieur même de la police parisienne, l'hostilité est grande entre les services. Celle qui oppose la brigade de la Sûreté à la police municipale commande ainsi une large part des mémoires de Gustave Macé : il y pourfend son directeur, Caubet, « plus puissant que le Préfet lui-même et se mêlant trop de politique au détriment des services », et y présente son idéal d'un service de la Sûreté enfin débarrassé de cette tutelle encombrante. Les affrontements politiques constituent également un motif d'intervention. Aux *Paroles d'ordre* du préfet Chiappe (mises en forme par le polygraphe de Joannis) répondent les violentes accusations proférées contre « ce nouveau Fouché » par l'ancien directeur de la Police judiciaire André Benoist (« Je suis assoiffé de vérité. Je me suis juré de tout dire »), ou, en sens inverse, les souvenirs de Lucien Zimmer, ex-chef de cabinet du préfet, désireux de défendre « un chef prestigieux, Jean Chiappe, préfet de police, dont je m'honore d'avoir été le collaborateur et l'ami ».

Une version plus triviale de ce souci du témoignage et de l'histoire consiste à livrer au public quelques « révélations », à lever le voile sur les secrets ou les rouages obscurs d'une institution censée en détenir beaucoup. C'est là un motif fréquent de ces récits, encouragés par les éditeurs, surtout en période de crise politique : les dernières années de la Restauration, les débuts de la IIIe République, l'entre-deux-guerres. L'histoire, enfin, peut se faire plus personnelle, et n'être qu'une simple défense de soi, ou de ses intérêts. Les mémoires renouent ici avec le *factum*, pour présenter sa cause ou obtenir réparation : ainsi le commissaire Cessac, du quartier du Val-de-Grâce, réclame-t-il justice après sa destitution au lendemain du 4 septembre 1870 ; ainsi encore, quelques années plus tard, le secrétaire Dufrène à Périgueux ou le commissaire Darasse à Tarascon revisitent-ils leur existence pour récuser les accusations de « mœurs légères » qui pèsent sur eux. Au pire, il peut s'agir d'un instrument de chantage, comme chez Antoine Année, officier de paix révoqué en 1824 et qui menace de prendre la plume si on ne le réintègre pas. « Si le Préfet me laisse sans place, je ne dis pas que je ne profiterai pas de la vogue qu'ont en ce moment les livres sur la Police. » Mais de telles dérives sont exceptionnelles. Défendre le métier et le ramener à sa juste valeur, loin des fantasmes ou des accusations infondées, demeure le sentiment le plus fréquent. Marcel Guillaume, commissaire à Paris au début du XXe siècle, résume très bien ce souci « historique » lui aussi : « Réhabiliter une fonction que j'ai choisie et aimée, où j'ai connu tant de braves gens, qui furent aussi tout simplement des braves. »

• L'appel du pittoresque

A ce souci de l'histoire s'articule étroitement celui du pittoresque, qui oriente une bonne part de l'intérêt narratif de ces textes et en éclaire la fortune éditoriale. Omniprésente, cette veine se décline cependant sur différents registres. Le premier, très prisé, concerne la vie quotidienne des commissariats, les réalités simples et les dessous ordinaires d'un monde qu'on s'imagine trop volontiers extra-ordinaire. Il prend la forme d'une chronique anodine, faite d'anecdotes, de petits événements, de conseils paternels qui disent tous la vie « telle qu'elle est ». Une sorte de main courante imprimée, au ton de procès-verbal, dont le pittoresque se dessine à l'envers ou en creux, et dont l'intrigue légère tisse les fils d'une poétique ordinaire de la police. C'est ce que Louis Hamon, longtemps commissaire au quartier Saint-Ambroise, ou le commissaire-poète Ernest Reynaud, appellent la « vie intime des commissariats ». Certains, comme Faralicq, la corsent de quelques commentaires plus techniques ou professionnels, expliquant au profane à quoi sert la tournée des garnis ou la pratique du « condé ». Chez d'autres, comme Claude ou Macé, le récit tend parfois à verser dans un assemblage sans grande structure ni cohérence, collection d'anecdotes, de faits divers, de ragots ou d'obsessions personnelles, dont l'origine et la facture « policière » constituent la seule unité.

Le second ressort pittoresque est celui, plus inattendu, du vaudeville. Nombreux sont en effet, à compter de la fin du XIXe siècle, les récits qui adoptent un ton plaisant, piquant, parfois même légèrement égrillard. Commissaire à Paris à la Belle Epoque, Emile Archer fait le choix de relater, avec bonne humeur et bon esprit, les nombreux constats d'adultère ou affaires de cocuage qui rendent selon lui les « commissariats comiques ». Il n'est alors pas le seul à cultiver une telle inspiration. Les souvenirs de Péchard, de Goron, de César, de Locard recèlent également des anecdotes ou des saynètes cocasses qui mettent en scène ce que le commissaire lyonnais Paul César appelle les « braconniers de l'alcôve » ou les « déséquilibrés de l'amour » (séducteurs, suborneurs, voyeurs, exhibitionnistes, satyres). « Une espèce de procès-verbal, purgé de ses formes administratives et traduit en belle humeur », écrit le commissaire Péchard dans *Les Zigzags de l'amour*, où s'esquisse une autre image de la police, dépositaire d'un autre esprit, d'une « philosophie souriante, légèrement sceptique ».

Mais le pittoresque dominant reste bien sûr celui des bas-fonds, auquel ces textes servent à la fois de mise en scène et de guide. Explorer « le monde des coquins », même si la chose n'est que rarement avouée, constitue depuis Vidocq l'un des horizons majeurs de ces récits. « Je présenterai les traits originaux de plusieurs classes de la société qui se dérobent encore à la civilisation », écrit Vidocq au chapitre XLV de ses *Mémoires*[1], « je reproduirai avec fidélité la physionomie de ces castes de parias ». En résultent un objet, mais surtout un principe commun d'exposition, dont Vidocq là aussi fixe les règles. « Je classerai les différentes espèces de malfaiteurs, depuis l'assassin jusqu'au filou, et les formerai en catégories plus utiles que les catégories de La Bourdonnais, à l'usage des prescripteurs de 1815. » Il s'agit d'établir une subtile taxinomie des bas-fonds : individus bien sûr, mais aussi activités, manière d'être, langage, lieux, etc., le tout réparti dans de savantes nomenclatures. Car ces classifications fonctionnent explicitement sur le modèle naturaliste, alors rayonnant, et mobilisent les références à Linné, Cuvier, Gall ou Spurzheim. Vidocq se vante d'avoir adopté « la méthode de Linné » pour donner une classification aux voleurs : « Par cette série de rapprochements, auxquels sans doute le lecteur ne s'attendait pas, je suis parvenu aux confins de l'histoire naturelle. » Il songe même, en évoquant le traité des monstruosités de Geoffroy-Saint-Hilaire, à pourvoir ses entrées de terminologies plus savantes, faisant des cambrioleurs des « sulodomates » et des floueurs des « balantiotomistes ». Mais y renonce finalement en expliquant : « J'ai trouvé les voleurs baptisés ; je ne serai point leur parrain, c'est assez d'être leur historiographe. »

Proches des *Physiologies* ou d'une littérature panoramique alors très à la mode, ces taxinomies déroulent de longues « galeries » où s'exhibent les principaux « types » de criminels : Les cambrioleurs – Les chevaliers grimpants – Les boucardiers – Les careurs – Les rouletiers – Les tireurs – Les floueurs – Les emporteurs – Les emprunteurs – Les grèces ou soulasses – Les ramastiques – Les escarpes – Les riffaudeurs, pour reprendre les titres des derniers

---

1. Aux p. 506-512 de la dernière édition disponible (Laffont, 1998) auxquelles renvoient les citations qui suivent.

chapitres (LXIV à LXXVII) des *Mémoires* de Vidocq. Assorties de leur lot de détails techniques, ces typologies traversent toute la littérature des policiers, reprises avec plus ou moins d'inventivité par Canler, Claude, Macé, Goron, Villiod, Belin, et bien d'autres. Aux types, on associe des comportements professionnels ou sociaux, voire des attributs raciaux, préparant policiers et magistrats à recevoir les propositions de l'anthropologie criminelle. Le procédé permet aussi de légitimer le recours à l'argot, langage naturel des espèces présentées, et dont tous les auteurs se font les professeurs, voire les lexicologues comme Vidocq ou Rossignol. Reprises de livre en livre, ces taxinomies composent une interminable litanie, qui hésite entre le passage obligé et le morceau de bravoure mais constitue une véritable marque de fabrique générique. D'autant que leur haute productivité narrative engage les auteurs les plus prolixes (Gustave Macé notamment) à leur donner des prolongements, interminables eux aussi : typologie des viveurs et des hétaïres, des bouges et des tripots, des mauvais lieux et des coupe-gorge, des prisons et des bagnes.

Des raisons plus profondes justifient aussi une telle faveur. Ces nomenclatures procèdent en effet de l'habitus ordinaire du fonctionnaire de police, pour qui elles constituent souvent les catégories usuelles de saisie et d'interprétation des transgressions. Comme l'explique longuement Canler, le bon policier est celui qui parvient à identifier le type de méfait, donc la population, le groupe, puis l'individu qui l'a commis. Par-delà ces impératifs techniques, elles témoignent également d'un souci de mise en ordre du monde, d'une distribution rationnelle des rôles sociaux où chacun doit rejoindre la case qui lui est assignée. Constituant autant de mises en garde contre les procédés des malfaiteurs et des « truqueurs », elles confèrent au labeur policier une évidente utilité publique et rehaussent leurs récits d'une note scientifique et « criminologique ». Elles permettent ainsi aux auteurs, sans encourir le désaveu moral qui frappe les romanciers, d'explorer le monde du « vice » et de livrer des descriptions souvent complaisantes des diverses « plaies sociales ». « Je me suis imposé la tâche de dévoiler autant que possible les secrets les plus honteux de la turpitude humaine », affirme Canler (p. 340). « Il met l'horrible à la portée des salons », écrit Paul Ginisty des mémoires de Macé[1]. Dans ce cadre déjà très porté à l'exotisme social peuvent en effet venir s'inscrire de multiples récits singuliers, petits délits, hauts faits de la pègre parisienne ou « causes célèbres », qui inscrivent ces textes au cœur d'une littérature du crime en plein essor au XIXe siècle. Lacenaire, Troppmann, Pranzini, Bonnot, Landru et bien d'autres viennent peupler un florilège de causes célèbres que ces récits entretiennent, même lorsqu'ils s'en défendent. Ainsi Caubet, directeur de la police municipale parisienne, et tenu à ce titre d'assister à ces « nuits épouvantables » d'exécutions capitales (p. 250), met à profit l'occasion pour offrir une énième version du destin criminel des suppliciés.

• L'appel de la littérature

Reste enfin l'écriture, et le désir personnel de faire œuvre littéraire, motif inavoué mais souvent décisif dans la voie difficile qui mène à prendre la plume. Ce souci de la littérature peut prendre deux directions différentes. Le premier est celui des belles-lettres, qu'on ne s'attend pourtant pas à trouver là. Mais la chose n'est pas si extravagante. « Le commissaire de police est toujours plus ou moins l'ami des lettres et des arts », écrit Alexandre Dufaï en 1840 dans *Les Français peints par eux-mêmes*[2]. Et l'exercice de la police est, fondamentalement, un travail d'écritures, dont les archives nous rappellent la densité et l'exemplaire calligraphie. L'activité pouvait surtout offrir un refuge pour littérateur à la recherche d'un emploi acceptable. Nombreux sont en effet, à la fin du XIXe siècle, les jeunes naturalistes qui se résignent à gagner leur vie dans « les usines à papier noirci » de la bureaucratie républicaine, pour reprendre l'expression

---

1. *Le Siècle*, 15 février 1887.
2. Curmer, 1840, t. 3, p. 348.

d'Oscar Méténier, fils de policier, lui-même « chien de commissaire », mais aussi homme de théâtre, fondateur du Grand-Guignol, collaborateur d'Antoine au Théâtre-Libre, peintre des bas-fonds et parolier de Bruant[1]. Plusieurs de nos mémorialistes entretiennent une relation privilégiée à la littérature. Le plus bel exemple est celui d'Ernest Raynaud, auteur de trois volumes de *Souvenirs de police*, mais surtout de trente-cinq recueils de poésie publiés entre 1887 et 1936, dont *La Mêlée symboliste,* et de plusieurs essais consacrés à Baudelaire, Moréas et Verlaine. Raynaud, qu'on appelait le « commissaire poète », est donc d'abord un homme de lettres, qui fréquente les cercles symbolistes et collabore au *Mercure de France*, à *Vers et Prose* ou à *La Grive*, dont il est un temps le rédacteur en chef. Et son parcours n'est pas isolé. Louis Hamon, dont le père était écrivain et universitaire, complète ses *Impressions d'un vieux policier* de deux volumes de contes et de légendes. Charles Péchard, commissaire à Paris, publie également des recueils de nouvelles, des poèmes, des « études » et des œuvres théâtrales, dont quatre comédies. René Faralicq, lui aussi surnommé le « commissaire-poète », publie trois ouvrages de poésie, dont l'un en hommage à Hugo.

Mais plus que la poésie, ce sont surtout les gros tirages qu'ambitionnaient d'atteindre les lettres policières. Inaugurée par Vidocq, dont *Les Vrais Mystères de Paris* entendaient rivaliser avec Sue, la veine feuilletonesque est évidemment très présente. La vogue grandissante des romans criminels, judiciaires, puis policiers, ne pouvait qu'accentuer ces penchants. Lié à l'éditeur Charpentier, Gustave Macé fut sans doute le premier à exploiter ces convergences. Outre de forts tirages, souvent supérieurs à dix mille, l'éditeur lui offrit des collections : « La Police parisienne », « Les Crimes impunis », « Les Crimes passionnels » (« dont la plupart n'ont pas été portés à la connaissance du public »), qui inscrivaient clairement ses écrits

---

1. Sandrine BOURGEOIS, *Oscar Méténier (1859-1913)*, maîtrise d'histoire, université Paris VII, 1999.

dans le genre criminel. Macé, qu'on appelait à la Préfecture
« le romancier », adhéra à la Société des gens de lettres aussitôt après son premier livre et, parrainé par Hector Malot
et Eugène Moret, en devint sociétaire en octobre 1887[1].
Il écrivit aussi pour les journaux de nombreuses nouvelles
« judiciaires », qui ne furent pas reprises en volumes, tandis
que plusieurs de ses livres étaient également publiés en fascicules hebdomadaires à dix centimes. Son exemple fut
rapidement suivi. Sous contrat chez Flammarion, mais très
lié également à la presse populaire, notamment au *Matin*,
Goron offre, on l'a vu, un itinéraire similaire, peut-être plus
clairement encore versé dans le feuilleton et la littérature.
Jaume, qui n'était pas parvenu à éditer en volume ses souvenirs, publia en revanche plusieurs faits divers romancés,
Emile Archer rédigea pour Fayard un roman policier, et
Edmond Locard se spécialisa après la Grande Guerre dans
les causes célèbres. Même si ces activités ne semblent pas
avoir été très rémunératrices (après la mort de son mari, la
veuve de Macé sollicite un bureau de tabac[2]), il faut évidemment les lier à la modicité des pensions et retraites des
fonctionnaires de police. D'autant que les éditeurs, au
moins jusqu'en 1914, se montrèrent très preneurs. « Il y a
dans ces aventures de quoi intéresser les lecteurs, écrit
quelques années plus tard le commissaire Guillaume (p. II).
La recherche et la poursuite de bandits et de meurtriers
dangereux – et non imaginaires – peuvent être aussi pas-
sionnantes que les péripéties d'un roman policier. »

La gloire de l'enquêteur

Par-delà la pluralité des auteurs, de leurs desseins, de leurs
positions, des stratégies personnelles ou professionnelles
déployées, cette production policière fait-elle sens ? Quelle
portée lui attribuer, en dehors de celle que lui donnent, un

---

1. AN, 464 AP 263.
2. APP, dossier n° 31 900. Cf. aussi B/A 1165 et EA 89.

peu artificiellement peut-être, un marché éditorial ou une réception publique obsédée par les affaires de police et de crime ? Deux principes émergent de sa lecture groupée.

• L'invention d'une figure

C'est peu de dire que le policier constitue, au XIXe siècle, un personnage honni, méprisé, récusé. Oscillant de la silhouette froide et perverse de l'Espion à celle, moins retorse mais autant dépréciée, du fonctionnaire incapable et obtus, englué dans la routine et perclus de suffisance, le policier n'est pas une figure honorable, ni même un acteur social recevable. Son origine est trouble et son destin boueux. Aux sources du phénomène se trouve bien sûr la dimension très politique d'une profession réinventée et pratiquée par Fouché comme un instrument de renseignement et de répression politiques. Maintenue par tous les régimes postérieurs, jusqu'à devenir outre-Manche le symbole de la *french policing*, cette figure du mouchard nourrit très largement l'imaginaire romantique. Que l'on songe par exemple aux deux figures synchrones de Jackal ou Javert. Voici comment, en 1840, Armand Durantin décrit l'« agent de la rue de Jérusalem » dans cette étonnante « encyclopédie morale du XIXe siècle » que sont *Les Français peints par eux-mêmes* : « La honte et l'infamie l'enserrent de toutes parts, la société le chasse de son sein, l'isole comme un paria, lui crache son mépris avec sa paie, sans remords, sans regrets, sans pitié : c'est un agent de police, c'est un mouchard, tout est dit avec ce seul mot, et la carte de police qu'il porte dans sa poche est encore un brevet d'ignominie. Chacun se croit en droit de lui jeter de la boue au visage[1]. » Si l'auteur force évidemment le trait pour édifier son « type », bien d'autres observateurs partagent alors ce jugement, y compris parmi les policiers. Il s'agit, explique M. Claude, d'une « profession occulte qui, par le préjugé attaché à la police, n'est pas une recommandation dans le monde »

---

1. *Op. cit.*, t. 2, p. 281.

(p. 90). Toujours synonyme de basse politique, la police ne peut produire que des mouchards, êtres abjects qui inspirent la répugnance et le rejet. L'espionnage est un « acte infâme » et la police un métier indigne. Etablie au XVIIIe siècle, cette certitude est toujours de mise au XIXe[1]. Et si certains parviennent à échapper à cette image, c'est pour récupérer aussitôt celle de bandit, de malfaiteur, de « mouchard à voleurs », que Vidocq et ses hommes ont surimprimée sur celle de l'espion de police.

Reconstruire la légitimité du métier supposait donc l'expression d'une conscience et d'une rhétorique de soi capables de définir une identité professionnelle et sociale acceptable. En un temps où la littérature demeurait le principal pourvoyeur d'identités et le lieu où se formulait l'expérience, la construction du policier comme figure littéraire pouvait seule constituer un recours. Sortir de l'infâme exigeait d'exister comme personnage, comme acteur, comme auteur, dans un espace textuel clairement reconnaissable. D'autres, à commencer par les romanciers (Balzac en tête), participent également à cette construction. Mais qu'un mouvement d'écriture policière s'affirme dans les mêmes années est significatif de ce souci. L'héroïsation de soi, qui n'est évidemment pas spécifique de l'activité policière et se renforce tout au long du XIXe siècle, y croise le plus classique processus de professionnalisation, mettant le singulier au service du collectif, l'archive de soi au profit de l'identité de groupe. La prise d'écriture menant à l'autobiographie émerge ainsi comme un acte social, qui tend à inscrire l'individu singulier dans une biographie collective, les souvenirs personnels dans une communauté de textes où l'acteur et le groupe s'éprouvent mutuellement, dans une relation de validation réciproque[2]. Ainsi la plupart de ces récits s'efforcent-ils

---

1. Sur l'infamie qui colle à la police politique, voir Alain DEWERPE, *Espion. Une anthropologie historique du secret d'Etat contemporain*, Gallimard, 1994, et Hélène L'HEUILLET, *Basse politique, haute police. Une approche historique et philosophique de la police*, Fayard, 2001.
2. Sur ces questions, voir Philippe ARTIÈRES et Dominique KALIFA, « L'historien et les archives personnelles », *Sociétés & Représentations*, 13, 2002, p. 7-15.

de donner une vigoureuse identité, textuelle autant que professionnelle, à la figure du policier, œuvrant à la fois pour eux-mêmes et pour l'existence du groupe.

On conviendra cependant que cette identité renouvelée se devait d'occuper un espace neuf et valorisant. Contre la police politique abhorrée, ou contre l'insignifiante police administrative, seul le judiciaire pouvait servir d'instrument de légitimation. Et c'est bien sûr cette dimension que les mémoires, à l'exception de ceux des préfets, mettent en scène et en relief. Exister comme acteur, c'est exister comme enquêteur, ne cessent de dire ces récits. C'est se présenter comme celui qui est capable d'explorer et d'élucider le monde social (d'où l'importance des taxinomies et des nomenclatures), capable d'en apaiser les maux, puis, une fois remis en ordre, de le donner à lire. L'invention de la figure du policier coïncide donc nécessairement avec celle de l'investigateur. C'est aussi pourquoi Vidocq est matriciel. Premier en charge d'une police de Sûreté, il est aussi le premier, en dépit de son passé de bagnard, à offrir à la profession une alternative acceptable. D'où le double *incipit* de ses *Mémoires*. Au premier, qui ouvre le volume (« Je suis né à Arras... »), succède quelques centaines de pages plus loin le second, et vrai début de son ouvrage : « C'est à partir de la formation de la brigade de Sûreté qu'aura commencé véritablement l'intérêt de ces *Mémoires*. Peut-être trouvera-t-on que j'ai trop longtemps entretenu le public de ce qui ne m'était que personnel, mais il fallait bien que l'on sût par quelles vicissitudes j'ai dû passer pour devenir cet Hercule à qui il était réservé de purger la terre d'épouvantables monstres et de balayer l'étable d'Augias[1]. » Tout le livre s'efforce dès lors de convaincre, contre toute vraisemblance d'ailleurs, que Vidocq abandonna alors la police politique pour ne se charger que de « police de sûreté, la seule nécessaire, celle qui devrait absorber la majeure partie des fonds accordés par le budget ».

Les auteurs qui le suivent adoptent tous une stratégie

---

1. *Mémoires de Vidocq*, p. 337. Citations suivantes p. 334.

similaire, compliquée cependant par la nécessité de condamner à la fois la police politique et la façon, jugée immorale et scandaleuse, dont Vidocq exerçait la police judiciaire. Après avoir rappelé son hostilité à l'espionnage politique, Canler signale ainsi que Vidocq s'y livra sans relâche (à compter de 1814, explique-t-il, « Vidocq ne regarda plus la police de sûreté que comme accessoire, et se livra presque exclusivement à la politique »), alors qu'il consacra pour sa part toute son énergie à la police judiciaire[1]. Même justification chez M. Claude, qui note en ouverture de ses *Mémoires* : « c'est surtout dans mon rôle de la police secrète, qui commença en juin 1859, que je me ferai voir sous mon jour véritable ». Gustave Macé est encore plus explicite, qui clame à longueur de pages son hostilité à l'encontre d'une police politique incarnée par un Caubet détesté. *Mon premier crime*, publié en 1885, offre une lumineuse et très symbolique transposition de ce principe. Au fil du récit d'une enquête exemplaire, Macé y raconte comment il parvint à identifier et à arrêter, en 1869, un dénommé Voirbo, assassin et dépeceur d'un tapissier de la rue Dauphine. Mais l'individu avait émargé aux fonds secrets, et rendu des services comme mouchard. « On » l'aida donc à se suicider dans sa cellule, volant à Macé son succès. « On lui a payé, par une lame de rasoir, les services politiques qu'il a pu rendre, écrit-il en conclusion de son récit. La justice serait-elle toujours obligée de se plier devant les résistances secrètes de la Police politique[2] ? »

• Et d'un principe de représentation

De Vidocq à Guillaume, en passant par Canler, Claude, Macé, Goron, Rossignol, Belin ou Faralicq, les plus visibles des textes qui édifient le « genre » mémoires de policiers sont donc aussi ceux qui inventent et mettent en scène la figure du limier de police. Construits sans grande subtilité,

---

1. CANLER, p. 111.
2. Gustave MACÉ, *Mon premier crime*, p. 111.

leurs récits suivent généralement une architecture élémentaire : succession de récits d'enquêtes, grandes ou petites, juxtaposition d'intrigues simples et réalistes, plus fréquemment encore d'anecdotes ou de faits divers, le tout parsemé de commentaires techniques, professionnels ou moraux, qui adoptent volontiers le ton de la sentence ou celui du fabliau. Mais la pratique de l'enquête emporte toujours la dynamique du récit. *Sur les pas sanglants* par exemple, les mémoires du commissaire Faralicq publiés en 1933, s'efforce de conclure chacun des récits qui le composent par l'énoncé d'une loi ou d'un principe illustrant la marche de l'investigation policière. Mais l'exercice n'est pas simple. Il s'agit en effet d'attester de la spécificité d'une pratique professionnelle, l'enquête, d'en célébrer les héros ordinaires, tout en se gardant de ses effets ou représentations trop communs, notamment ceux hérités de la littérature policière.

« Je ne suis pas un Sherlock Holmes », écrit Marcel Sicot en ouverture de ses mémoires, et la formule résume assez bien le sentiment général. Tous les mémorialistes entendent en effet se distinguer des « fantaisies » de la littérature, y compris ceux qui en empruntent pourtant les voies. Vidocq lui-même, dont les *Mémoires* précèdent de quelques années la vogue du roman criminel, éprouve rapidement le besoin de marquer la différence. A Eugène Sue qu'il accuse d'invraisemblance et d'invention, il répond par *Les Vrais Mystères de Paris* (suivis l'année suivante par *Les Chauffeurs du Nord*), contre-version qui se veut enracinée dans l'authenticité absolue. Mais la réponse, paradoxe absolu, passe elle aussi par la littérature, signalant par là même la très faible latitude dont dispose l'écriture policière. L'immense succès que rencontre par la suite le roman criminel complique encore la donne. La professionnalisation du métier exige bien sûr de se démarquer des « policiers de romans[1] », ce

---

1. Edmond Locard, *Policiers de romans et de laboratoire*, Payot, 1924 ; Jean-Marc Berlière, « Police réelle et police fictive », *Romantisme*, n° 79, 1993, p. 73-90.

que facilite la stéréotypisation croissante du genre, mais il n'est pas possible de s'affranchir entièrement d'un horizon éditorial et public aussi favorable. Une des voies les plus simples consiste à récuser un style, celui du logicien façon Sherlock Holmes, de l'investigation mathématique et cérébrale, au profit des pratiques plus « authentiques » et rugueuses de l'enquêteur de terrain. On s'efforce également de limiter les représentations héroïques. Mais la chose n'est pas simple, car tous les auteurs, on l'a vu, sont animés d'un farouche désir de mise en scène de soi. Aucun texte, sans doute, n'égale l'ego colossal et surdimensionné qui déborde à chaque page des *Mémoires* de Vidocq. « Les confessions d'un fat ! » avait titré *Le Corsaire* du 18 novembre 1829. Mais tous font un usage immodéré du « je », se construisent comme acteur, édifient leur vie comme une intrigue, engageant de fait leur récit dans une dynamique littéraire qu'ils peuvent toujours récuser par ailleurs. En dépit de l'existence de passages techniques, administratifs ou professionnels censés dresser une barrière contre la fiction, l'accueil réservé à ces textes, y compris par les gens du métier, montre une réception brouillée. Goron évoque les « romanesques aventures » de son prédécesseur Antoine Claude, qui lui-même achevait ses *Mémoires* en écrivant : « Ma carrière d'aventures était bien terminée. » Gaston Faralicq parle de l'« ivresse des poursuites », et Guillaume, on l'a vu, de « péripéties » dignes d'un roman policier. « M. Macé ferait un nouvelliste original et un auteur dramatique habile aux coups de théâtre », écrit Jules Claretie dans *Le Temps* le 18 septembre 1883. Et l'on sait qu'Emile Gaboriau, fondateur avec *L'Affaire Lerouge* du roman judiciaire, en fait explicitement l'une des sources d'inspiration de son héros Tabaret : « En lisant les mémoires des policiers célèbres, attachants à l'égard des fables les mieux ourdies, je m'enthousiasmais pour ces hommes au flair subtil, plus déliés que la soie, souples comme l'acier, pénétrants et rusés, fertiles en ressources inattendues, qui suivent le crime à la piste, le code à la main, à travers les broussailles de la légalité comme les sauvages de Cooper poursuivent leur ennemi au milieu des forêts de l'Amérique[1]. »

Simple, modeste, archaïque même, l'univers de l'enquête selon les policiers sera donc celui de la chasse, qui désigne à la fois un imaginaire et un principe de représentation. Piste, traces, empreintes, affût, gibier, traque, tanière, etc. : le lexique cynégétique impose sa présence, surtout à compter de la seconde moitié du XIXe siècle, tandis que progresse également l'association de la ville et de la forêt. Fréquemment usitée, la figure de la « chasse à l'homme » suscite la rapide animalisation des personnages. La métaphore du flair est particulièrement prégnante, et trouve chez M. Claude son meilleur interprète : « Je jouis d'un flair qui, malgré mon tempérament, excite ou plutôt excitait mon énergie qui s'est rarement démentie dans mes nombreuses chasses à l'homme. Un bandit, un assassin que la Préfecture me désignait devenait pour moi une proie dont je devinais aussitôt la trace ! Car le plus faible indice de son passage stimulait mon ardeur et me dotait d'une seconde vue [...] je suis né policier comme la bête naît chien de chasse. Je ne puis pas plus expliquer ce qui m'a mis sur les traces d'un Troppmann que l'on ne s'explique le flair de la meute sur la piste d'un fauve [...] Une piste m'attire, je la suis. » L'enquête achevée, il n'était plus que « le chien harassé qui rentrait au gîte ».

Au flair peut se substituer l'œil, le regard, l'observation, à l'instar de celui de Canler, prompt à « reconnaître » un criminel entr'aperçu plusieurs années auparavant, de celui de Péchard surnommé l'Ophtalmo, ou encore de celui de Goron, décrit par son préfacier Emile Gautier comme « l'éclair aigu de ce regard en vrille, pénétrant, inquisitorial, "roentgêneur" ». Chez les policiers plus « modernes » comme Edmond Locard, l'accent est davantage porté sur la dimension technique et scientifique de l'enquête. Mais l'inflexion n'affecte guère l'imaginaire de la chasse, où la capture du gibier demeure le but ultime. En résulte égale-

---

1. (1866), Le Livre de poche, 1961, p. 49.

ment une posture à l'égard de ce même gibier, que l'on traque, l'on arrête, l'on tue parfois, mais, sauf exception, que l'on ne méprise pas, sauf à dévaloriser la quête que l'on mène. « J'ai toujours estimé que les individus arrêtés sont des vaincus, pour lesquels on doit avoir de l'indulgence », écrit Goron. « Ces assassins, je l'affirme, je ne les ai jamais haïs », surenchérit Belin à propos des quarante-deux criminels qu'il a menés à l'échafaud[1].

Comme toute enquête, celle des policiers suppose la mise en œuvre d'un savoir empirique et pragmatique, fondé sur l'observation, le principe indiciaire et la pratique de l'induction. « L'événement le plus ordinaire a toujours une cause. Pour la découvrir, il ne faut pas dédaigner les petites particularités qui ont précédé l'effet produit ; il faut en analyser les motifs probables, les conséquences possibles pour arriver à la vérité par induction raisonnée », explique Canler[2]. Analogues en cela aux romans policiers, les plus belles investigations sont toujours celles qui partent du détail négligé. Mais elles s'en distinguent en réinscrivant le cheminement de l'enquête dans son contexte professionnel, et dans la trivialité d'un labeur quotidien. Ni l'observation ni l'induction ne peuvent en effet suffire, nous disent ces récits. Il faut leur adjoindre le long et souvent ingrat *travail de police* : les renseignements fournis par les indicateurs, toujours indispensables, la tournée des garnis, le témoignage du concierge ou de la blanchisseuse, le hasard surtout, acteur souvent décisif de l'investigation. Il faut leur ajouter encore les attentes, les planques interminables, les filatures ratées, les échecs. « C'est ça, la police, écrit le commissaire Belin : un exercice d'observation et de patience », dont il ne faut dissimuler ni les failles, ni les faiblesses (« certains dessous de la police ne sont pas glorieux »)[3]. L'essentiel réside alors dans le recours à un savoir professionnel, qui demeure le principal instrument de résolution.

---

1. BELIN, p. 125.
2. CANLER, p. 290.
3 BELIN, p. 9, 26.

D'où l'importance donnée à la taxinomie des bas-fonds, élément clé de cette culture. Laissons Canler en expliquer l'importance : « Je m'étais appliqué d'une manière toute particulière à classer autant que possible dans ma mémoire le nom et le signalement de chaque voleur ainsi que le genre de méfait auquel il se livrait ; j'en tenais en outre moi-même une liste très détaillée, et lorsqu'un vol était commis et que l'auteur de la soustraction avait été aperçu et signalé ; je recherchais dans ma tête ou sur la liste quel était le coutumier quel appartenait le signalement qui m'avait été donné, et aussitôt je faisais arrêter l'individu que je soupçonnais ; je le plaçais alors au milieu de plusieurs agents, de manière que tous ensemble parussent être des prévenus, puis je faisais introduire le plaignant et je l'engageais à me dire s'il reconnaissait son voleur ; presque toujours j'avais visé juste[1]. »

Sans doute cette histoire que nous disent les mémoires de policiers n'est-elle pas vraiment originale. Elle recoupe en un sens celle de tous les métiers, engagés à l'ère contemporaine dans un classique procès de professionnalisation. Sans doute aussi n'est-elle pas non plus spécifique à la France. En Angleterre, où l'émergence d'une force de police dut surmonter de plus profondes résistances encore, des récits analogues apparurent. Dès 1827 sont publiées les *Scenes in the Life of a Bow Street Runner* (by Richmond), et les *Mémoires* de Vidocq y sont immédiatement traduits[2]. L'intrication littéraire y est également comparable. En 1852 paraissent ainsi les célèbres *Recollections of a Detective Polices-Officer* qu'écrit, sous le pseudonyme de Water, le romancier victorien William Russel[3]. Au même moment,

---

1. CANLER, p. 147.
2. *Memoirs of Vidocq, Principal Agent of the French Police until 1827*, London, Hunt and Clarke, 1828. Une seconde édition paraît l'année suivante chez Whittaker, Treacher and Arnot.
3. *Recollections of a Detective Police-Officer*, by WATERS, London, Dabton & Hodge, 1852. Ils seront suivis en 1861 des *Experiences of a French Detective Officer* et l'année suivante des *Experiences of a Real Detective*.

Dickens met en forme pour *Household Words* les pérégrinations urbaines de son ami l'inspecteur Fields, de Scotland Yard[1]. Comme en France, le mouvement s'accélère à la fin du siècle, où sont publiés, entre autres, les souvenirs du chief constable Chadwick, des superintendants Bent ou Jervis[2]. Si tous entendent profiter du courant de succès que suscitent les histoires de police, tous veulent aussi, en exhibant ces « rough sketches of police experience » (Waters), justifier et défendre une profession critiquée. Le contexte est bien sûr différent en France, mais le principe y est analogue. En dépit de leur grande hétérogénéité, ces récits ont poursuivi un objectif commun : débarrasser la profession d'une image haïssable, celle du mouchard ou de l'espion de police, la présenter comme une activité honorable et utile. L'écriture de mémoires constitua l'un des moyens de cette reconquête identitaire, et la mise en scène de l'enquête son meilleur instrument. Moderne, active, efficace, clairement mise au service du bien et de la sécurité de tous, cette dernière œuvra sans ambiguïté à la réévaluation symbolique et sociale du métier de policier.

Références des mémoires et souvenirs de policiers

Cette bibliographie a été réunie par un groupe de stagiaires du DEPAES de l'université Paris VII (N. Bauchard, R. Cachelou, E. Delame, D. Grimont, A. Mot, C. Rolland), qui en préparent une anthologie commentée.

ANDRIEUX (Louis), *Souvenirs d'un préfet de police*, J. Rouff, 1885.
ANDRIEUX (Louis), *À travers la République (mémoires)*, Payot, 1926.

---

1. « Three Detective Anecdotes » et « On Duty with Inspector Field », *Household Words*, 14 juin 1851.
2. Superintendent J. BENT, *Criminal Life : Reminiscences of Forty-Two Years as a Police Officer*, Manchester, 1891 ; W. CHADWICK, *Reminiscences of a Chief Constable,* Manchester, 1900 ; R. JERVIS, *Lancashire's Crime and Criminal. With some Characteristics of the County*, Southport, 1908. Plus tardifs : Sergeant B. LEESON, *Lost London. The Memoirs of an East End Detective*, London, 1931, et F. WENSLEY, *Detective Days. The Record of Forty Two Years Service in the CID*, London, 1931. Sur ces textes, voir Paul LAWRENCE, « Images of Poverty and

ANDRIEUX (Louis), *Le Poste de la Gaîté*, Dentu, 1863.

ANNÉE (Antoine), *Le Livre noir de MM. Delavau et Franchet, ou répertoire alphabétique de la police politique sous le ministère déplorable*, Moutardier, 1829.

ANNÉE (Antoine), *Mémoires d'un officier de police*, manuscrit, AN, F7 9868.

ARCHER (Emile), *Les Masques rouges*, Fayard, 1927.

ARCHER (Emile), *Les Commissariats comiques*, Paris, 1909.

ARCHER (Emile), *Mes constats d'adultère*, Juven, 1911.

BARBARA (Charles), « Extrait des rapports d'un agent de police », dans *Histoires émouvantes*, M. Lévy, 1856, p. 121-177.

BEAUJOINT (Jules), *Mémoires d'un agent de police. Drames, mystères, révélations*, Fayard, 1868.

BELIN (Jules, dit Jean), *Trente ans de Sûreté nationale*, France-Soir Editions, 1950.

BENOIST (André), *Au nom de la loi, ouvrez !* Éditions Atlantic, 1961.

BENOIST (André), *Les Mystères de la police. Révélations par son ancien directeur*, Nouvelles Editions latines, 1934.

BIZARD (Léon), *Souvenirs d'un médecin de la préfecture de police et des prisons de Paris (1914-1918)*, Grasset, 1925.

BIZOUARD (Albert), *Vingt ans de police. Souvenirs et anecdotes d'un ancien officier de paix*, Dentu, 1881.

CAMESCASSE (Valentine), *Souvenirs de Mme Camescasse*, Plon, 1924.

CANLER (Pierre), *Mémoires de Canler, ancien chef du service de la Sûreté,* Hetzel, 1862.

CATTELAIN (Philippe), *Mémoires inédits du chef de la Sûreté sous la Commune*, Juven, 1909.

CAUBET (Jean-Marie), *Mes souvenirs (1860-1883)*, Le Cerf, 1893.

CAUSSIDIÈRE (Marc), *Mémoires de Caussidière, ex-préfet de police et représentant du peuple*, Lévy Frères, 1849.

CÉSAR (Paul), *Souvenirs d'un détective*, Lyon, Les Editions du Fleuve, 1926.

CESSAC (J.-B.), *Mémoire à M. le Ministre de l'Intérieur*, Impr. Lefèvre, 1872.

CHIAPPE (Jean), *Paroles d'ordre,* Figuière,1930.

Crime. Police Memoirs in England and France at the end of the Nineteenth Century », *Crime, History & Societies*, vol. 4, n° 1, 2000, p. 63-82.

CLAUDE (Antoine François), *Mémoires de M. Claude*, J. Rouff, 1881-1885.

CORSY (Eugène), *La Médaille du mort. Le récit dramatique de la mort du gardien de la paix stagiaire Besse Joseph*, manuscrit inédit, APP, s.d., *circa* 1907.

CRESSON (Ernest), *Cent jours de siège à la Préfecture de police*, Plon, Nourrit et Cie, 1901.

DARASSE (Adrien), *A mes chefs. Ma vie, mes secrets, mes déboires après douze ans de mariage*, La Rochelle, Impr. Texier, 1897.

D.B., *Causeries sur la police, par D.B., commissaire de police*, Marescq, 1885.

DEGOUTTE (A.), *Lyon-la-ténébreuse. Mémoires d'un policier*, Villefranche-en Beaujolais, Ed. du Cuvier, 1945.

DEMESSE (Henri), *L'Affaire Lebel. Mémoires d'un agent de la Sûreté*, Dentu, 1892.

DESMARET (Pierre), *Témoignages historiques ou quinze ans de haute police sous Napoléon*, Levavasseur, 1833.

DIEUSET (François), *Les Tribulations d'un sergent de ville sous la seconde Restauration*, Douai, Delattre et Goulois, 1895.

DUFRÊNE (E.), *Les Révélations d'un ex-secrétaire de police*, Périgueux, Impr. J. Bounet, 1886.

FARALICQ (Gaston), *Trente ans dans les rues de Paris,* Perrin, 1934.

FARALICQ (René), *Sur les pas sanglants*, Editions de France, 1933.

FOUCHÉ (Joseph), *Mémoires de Joseph Fouché, duc d'Otrante*, Le Rouge, 1824, 2 vol.

FRANCE (Jean), *Ligues et complots. Trente ans à la rue des Saussaies,* Gallimard, 1931.

FRANCE (Jean), *Souvenirs de la Sûreté générale. Autour de l'affaire Dreyfus*, Rieder, 1936.

FROMENT, *La Police dévoilée depuis la Restauration et notamment sous MM. Franchet et Delavau*, Lemonnier, 1829.

GIGOT (Albert), « The Prefecture de police of Paris », *The Fornightly Review,* mars 1883.

GISQUET (Henri Joseph), *Mémoires de M. Gisquet, ancien préfet de police, écrits par lui-même*, Marchant, 1840.

GORON (Marie-François), *Les Mémoires de Goron, ancien chef de la Sûreté*, Flammarion, 1897-1898.

GORON (Marie-François), *L'Amour à Paris :* 1. *L'Amour criminel* ; 2. *Les Industries de l'amour* ; 3. *Les Parias de l'amour ;* 4. *Le Marché aux femmes,* Flammarion, 1899.

GORON (Marie-François), *Les Antres de Paris. Le crime de la rue de Javel, roman d'études criminelles,* Flammarion, 1901.

GORON (Marie-François), *Les Mystères de la Tour pointue : études policières,* 1. *L'Affaire Joizel* ; 2. *Le Calvaire d'Eugénie Valort.* 3. *Un beau crime,* Flammarion, 1901.

GORON (Marie-François), *Fleurs de bagne, roman contemporain* (avec Emile Gautier), 3 t. : 1. *De Cayenne à la place Vendôme ;* 2. *Pirates cosmopolites ;* 3. *Détectives et bandits scientifiques,* Flammarion, 1902.

GORON (Marie-François), *Le Crime de la rue de Chantilly,* Flammarion, 1906.

GORON (Marie-François), *Coco, ou les Monte-en-l'air,* Flammarion, 1906.

GORON (Marie-François), *Les Nuits rouges : 1. Coup double ; 2. Policiers et rastas,* Flammarion, 1911.

GORON (Marie-François), *Mémoires de Poum, chien de police,* Flammarion, 1913.

GUILLAUME (Marcel-Ludovic), *Trente-sept ans avec la pègre,* Editions de France, 1938.

GUYON Louis, *Biographie des commissaires de police et des officiers de paix de la Ville de Paris,* Goullet, 1826.

HAMON (Louis), *Police et criminalité. Impressions d'un vieux policier,* Flammarion,1900.

JAUME (Paul), *L'Homme nu. Souvenirs d'un détective,* Le Matin, août-octobre 1908.

JAUME (Paul), *Procès Bompart-Eyraud,* Strauss, 1890,

JAUME (Paul), *L'Affaire Gouffé,* Ollendorf, 1909.

KÉRATRY (Emile de), *Le Quatre Septembre et le gouvernement de la défense nationale,* Librairie internationale, 1872.

LÉPINE (Louis), *Mes souvenirs,* Payot, 1929.

LE QUEUX (William), *Mémoires d'un policier de Monte-Carlo,* Juven, 1907.

LEROUX (Aristide), *Un commissaire de police de Paris,* slnd (*circa* 1860).

Les exploits d'un commissaire de police, Impr. Médard, 1886.

L'HÉRITIER (Louis-François), *Supplément aux Mémoires de Vidocq, ou dernières révélations par le rédacteur des 2e, 3e et 4e volumes des Mémoires,* Bouilland, 1830.

LOCARD (Edmond), *Confidences. Souvenirs d'un policier,* Lyon, Éditions Lugdunum, 1942.

LOCARD (Edmond), *Contes apaches (souvenirs d'un policier)*, Lyon, Éditions Lugdunum, 1933.

LOCARD (Edmond), *Le Crime et les criminels*, La Renaissance du livre, 1927.

LOCARD (Edmond), *Mémoires d'un criminologiste*, Fayard, 1957.

MACÉ (Gustave), *Le Service de la Sûreté par son ancien chef*, Charpentier, 1884.

MACÉ (Gustave), *Mon premier crime*, Charpentier, 1885.

MACÉ (Gustave), *Un joli monde*, Collection La Police parisienne, Charpentier, 1887.

MACÉ (Gustave), *La Police parisienne. Le vilain monde. Les dépeceurs de cadavres. Gibier de Saint-Lazare,* Charpentier, 1888.

MACÉ (Gustave), *Mes lundis en prison*, Collection La Police parisienne, Charpentier, 1889.

MACÉ (Gustave), *Mon musée criminel,* Charpentier, 1890.

MACÉ (Gustave), *Lazarette,* Charpentier, 1891.

MACÉ (Gustave), *Crimes passionnels*, *Un cent-garde,* Charpentier et Fasquelle, 1893.

MACÉ (Gustave), *Crimes impunis*, Fasquelle, 1897.

MACÉ (Gustave), *Aventuriers de génie*, Charpentier, 1902.

MACÉ (Gustave), *Femmes criminelles*, Charpentier, 1904.

MACÉ (Gustave), *L'Organisation municipale de police*, Paris, 1909.

MANGIN, *Indiscrétions 1798-1830. Souvenirs... d'un fonctionnaire de l'Empire*, s.d., 2 vol.

Mémoires de M. Lagrange, chef de la Police secrète sous Napoléon III, Le Radical, 20 mars 1893.

Mémoires d'un agent de la Sûreté, L'Estafette, juin-juillet 1893.

MORAIN (Alfred), *The Underworld of Paris. Secrets of The Sûreté*, Londres, 1928.

MOREL (H.), *Registres de l'agent Motar, ex-inspecteur de la Sûreté, Le Petit Moniteur universel,* 21 mars-mai 1878.

MORTIER (Alfred), *Les Enquêtes de l'inspecteur Mic. Mémoires d'un policier*, Courtrai, impr. Vermaut, 1937.

PAOLI (Xavier), *Leurs majestés,* Ollendorf, 1912.

PAULET (Georges), pseud. de Dominique PAOLI, *Autour de l'assassinat d'Alexandre Ier. Souvenirs et révélations d'un policier, contribution à l'étude de l'histoire contemporaine*, Lyon, Editions du Coq, 1949.

PÉCHARD (Charles), *Les Jeux de l'amour et de la police. Souvenirs d'un commissaire de police*, Juven, 1908.

PÉCHARD (Charles), *Les Zigzags de l'amour. Souvenirs d'un commissaire de police*, Editions du Monde moderne, 1927.

PÉCHARD (Charles), *Figures et choses de mon temps : souvenirs d'un commissaire de police*, Paris, 1928.

PEUCHET Jacques, *Mémoires tirés des archives de la police de Paris, pour servir à l'histoire de la morale et de la police depuis Louis XIV jusqu'à nos jours*, Levavasseur, 1838, 6 vol.

RABAN (Louis) et SAINT-HILAIRE (Marco), *Mémoires d'un forçat ou Vidocq dévoilé*, Langlois, 1828-1829.

RAYNAUD (Ernest), *Souvenirs de police : au temps de Félix Faure*, Payot, 1925.

RAYNAUD (Ernest), *Souvenirs de police : au temps de Ravachol*, Payot, 1923.

RAYNAUD (Ernest), *Souvenirs de police : la vie intime des commissariats*, Payot, 1926.

ROSSIGNOL (Gustave), *Mémoires de Rossignol, ex-inspecteur principal de la Sûreté*, Ollendorf, 1900.

SICOT (Marcel), *Servitudes et grandeurs policières. Quarante ans à la Sûreté*, Paris, 1959.

STELLET (F.-M.), *Haut les mains. Souvenirs vécus d'un détective français*, Toulouse, Impr. J. Bonnet, 1927.

TOUCHATOUT (Léon Charles Bienvenu), *Mémoires d'un préfet de police*, Marpon et Flammarion, 1885.

VIDOCQ (Francois-Eugène), *Les Chauffeurs du Nord. Souvenirs de l'an IV à l'an VI*, Comptoir des imprimeurs réunis, 1845.

VIDOCQ (Francois-Eugène), *Les Voleurs. Physiologie de leurs mœurs et de leur langage*, Chez l'auteur, 1837.

VIDOCQ (Francois-Eugène), *Les Vrais Mystères de Paris*, Cadot, 1844.

VIDOCQ (Francois-Eugène), *Mémoires de Vidocq, chef de la police de sûreté jusqu'en 1827*, Tenon, 1828.

VILLIOD (Eugène), *Mémoires de Villiod, détective privé*, Editions du livre national, 1921.

ZACCONE (Pierre), *Mémoires d'un commissaire de police*, Dentu, 1875.

ZIMMER (Lucien), *Un septennat policier. Dessous et dessus de la police républicaine (1927-1934)*, Fayard, 1967.

4

Javert enquêteur

Tour à tour adjudant garde-chiourme au bagne de Toulon, officier de paix à Montreuil-sur-Mer, puis inspecteur de première classe au commissariat de la rue de Pontoise, quartier Saint-Marceau à Paris, Javert (1775-1832, sans prénom apparent) est un personnage de fiction. On conviendra donc qu'il n'est guère compréhensible hors du système des personnages et de la sociologie romanesque dans lesquels Victor Hugo lui a fait prendre place[1]. Il occupe dans ce système une fonction complexe et au moins triple. Véritable type, à la manière des *Physiologies*, il est d'abord une « abstraction vivante » selon la formule de Baudelaire[2], incarnation absolue de l'autorité, « concrétion métonymique de toute l'Administration[3] », dont il symbolise la rigueur autant que la logique de classe. Son physique, sa raideur, sa

---

1. Voir notamment Pierre ANGRAND, « Javert jaugé, jugé », *Mercure de France*, n° 1184, avril 1962, p. 815-838 ; Jean-Pierre RICHARD, « Petite lecture de Javert », *Revue des sciences humaines*, n° 156, 1974, p. 597-611 ; Josette ARCHER, « L'*ananké* des lois », dans Anne UBERSFELD et Guy ROSA (dir.), *Lire Les Misérables*, José Corti, 1985, p. 151-171 ; José-Luis DIAZ (dir.), *Victor Hugo, Les Misérables. La preuve par les abîmes*, Sedes, 1994 ; Jacques DUBOIS, « Le crime de Valjean et le châtiment de Javert », dans *Crime et Châtiment dans le roman populaire de langue française du XIXᵉ siècle*, Presses universitaires de Limoges, 1994, p. 321-333.
2. Cité par P. ANGRAND, art. cité.
3. Guy ROSA, « Histoire sociale et roman de la misère, *Les Misérables* de V. Hugo », *Revue d'histoire du XIXᵉ siècle*, n° 11, 1995 p. 101.

redingote râpée et scrupuleusement boutonnée jusqu'au col marquent pour longtemps la figure et l'iconographie du policier. Il peut de ce fait se poser en double inversé de Jean Valjean, son envers noir et légal, tout en entretenant des relations d'antithèse et de complémentarité avec d'autres personnages du roman, notamment Thénardier ou Marius. Il est enfin, à l'instar de Valjean là aussi, un de ces hauts « lieux » hugoliens où se joue une tension psychologique majeure, à la fois interne et externe, individuelle et sociale, porteuse d'une large part de la dynamique du récit. On pourrait bien sûr en rester là, dans le strict champ du roman hors duquel les personnages ni n'existent, ni ne font sens. Mais les historiens, pourtant de plus en plus sensibles au fonctionnement et au régime propres du texte, aiment aussi à le penser en relation avec ses différents contextes, ou plutôt avec ce que Claude Duchet appelle son co-texte[1].

On s'autorisera donc ici, au titre d'une expérimentation que l'on souhaite heuristique, cette opération hétérodoxe qui consiste à dissocier temporairement Javert de la sociologie fictionnelle à laquelle il appartient, à l'extraire de son monde textuel pour l'exporter dans un autre univers, que Hugo ne pouvait pas ignorer : celui des enquêteurs et des pratiques de l'enquête qui prospèrent en ce milieu du XIXe siècle. On délaissera de même la psychologie propre du personnage, ou sa fonction spécifique dans l'économie du récit, pour examiner seulement quelques-unes de ses façons de faire, de ses gestes, de ses pratiques de professionnel de la police. La démarche semble pouvoir se justifier, ne serait-ce qu'au regard de la chronologie autour de laquelle se trame le roman. Entre juin 1832, son point d'orgue interne, et juin 1862, son point d'aboutissement externe, se dessine en effet une séquence qui peut assez facilement être envisagée comme celle de l'affirmation du pouvoir de l'enquête. Le phénomène est assez net en ce

---

1. Qu'il définit comme « tout ce qui s'écrit *avec* le texte mais sans être nécessairement textualisé, tout ce qui est lu avec le texte sans être pourtant concrétisé, sans être littéralement exprimé ». Claude DUCHET, « Sociocritique et génétique », *Genesis*, n° 6, 1994.

qui concerne l'enquête sociale, pratique évidemment plus ancienne, mais que les événements politiques, sociaux et surtout démographiques (l'épidémie de choléra, les anxiétés et les réflexes nouveaux qu'elle suscite) des premières années de la monarchie de Juillet portent à un premier paroxysme[1]. C'est alors que sont publiées les principales enquêtes et observations sociales : Bigot de Morogue en 1832, Guépin et Bonamy en 1835, Parent-Duchâtelet en 1836, Buret, Frégier et Villermé en 1840, Ducpétiaux en 1843, Blanqui en 1848, sans oublier cette grande consultation nationale manquée que constitua l'enquête sur le travail de 1848, ou les premières séries de monographies leplaysiennes qui aboutirent à la publication des *Ouvriers européens* en 1855.

La vigueur de ce mouvement d'investigation sociale tient d'ailleurs autant à cette prolifération d'enquêtes qu'aux débordements qu'elle suscite dans des genres « périphériques » : littérature « panoramique » des *Tableaux* et des *Physiologies*, projets romanesques d'élucidation du social, maturation d'une écriture de presse qui prend peu à peu en charge cette dynamique exploratoire. C'est le cas de la presse ouvrière des années 1840, mais aussi de certaines formes prises par l'enquête sociale dans des pays proches comme la Grande-Bretagne, dont l'évolution est à cet égard difficilement dissociable de celle de la France. A une grande enquête comme celle de James Kay-Shuttelworth en 1832, qui inaugure également un train continu d'observations et d'investigations (P. Gaskell, Andrew Ure, Michael Sadler ou Edwin Chadwick)[2], répondent rapidement des formes plus « médiatiques », comme celle du journaliste Henry Mayhew dont les reportages sociaux commencent à paraître

---

1. Voir Hilde RIGAUDIAS-WEISS, *Les Enquêtes ouvrières en France entre 1830 et 1848*, Alcan, 1936 ; Michelle PERROT, *Enquêtes sur la condition ouvrière en France au XIXᵉ siècle*, Hachette, 1972, et Gérard LECLERC, *L'Observation de l'homme. Une histoire des enquêtes sociales*, Le Seuil, 1979.
2. Voir Judith B. WILLIAMS, *A Guide to the Printed Materials for English Social and Economic History (1750-1850)*, New York, Columbia University Press, 1926.

en 1849 dans le *Morning Chronicle* avant d'être augmentés quelques années plus tard en fascicules et en volumes. La version complète de *London Labor and the London Poor* est précisément disponible en 1862.

A ces diverses investigations sociales répond, dans une étroite synchronie, le vif essor d'enquêtes policières mieux assurées, et bénéficiant surtout de formes renouvelées de représentation. Trois séries d'événements concourent à cette progressive maturation. La première concerne, on l'a vu, l'émergence des mémoires de policiers comme « genre ». En 1862, la même année que *Les Misérables,* paraissent les *Mémoires* de Canler, ancien inspecteur devenu chef de la Sûreté en 1849, tandis que son successeur Antoine Claude commence à consigner les notes à partir desquelles ses propres souvenirs seront rédigés quelques années plus tard[1]. Contestant de façon explicite la forme alors dominante de l'activité policière (la police comme instrument de renseignement, de répression et donc de « basse politique[2] »), ces textes s'efforcent de promouvoir des pratiques plus neuves et légitimes, centrées sur l'opération judiciaire, la primauté de l'investigation et la « chasse à l'homme » criminel. Le second type d'événement renvoie à l'immense écho et la profonde influence littéraire que rencontre à la même période (fin de la Restauration et monarchie de Juillet) l'imaginaire de la piste et de la chasse tel que le renouvelle alors l'Américain Fenimore Cooper. Le troisième phénomène, largement convergent lui aussi, concerne le continu procès de fictionnalisation du personnel policier, principalement sous les traits de l'enquêteur, sensible dès le milieu des années 1830 (le terme « limier de police » est ainsi enregistré par le *Dictionnaire* de l'Académie en 1835[3]), mais plus particulièrement encore dans la période où Hugo conçoit et écrit *Les Misérables*. Adossées à l'expérience multiforme de Vidocq, les figures de Coren-

---

1. Cf. *supra*, chapitre 3.
2. H. L'Heuillet, *Basse politique, haute police, op. cit.*
3. Cité par J.-C. Vareille, *L'Homme masqué..., op. cit.*, p. 108.

tin et Peyrade de Balzac (*Splendeurs et Misères des courtisanes*, 1843-1847) constituent des prototypes très marquants. Le mouvement s'accélère dans la décennie 1850, notamment en Grande-Bretagne où Dickens donne naissance, dans *Bleak House* (1852-1853), à l'inspecteur Bucket, premier rôle d'enquêteur de police véritablement consistant de la littérature. Entré par petites touches dans le roman, il en devient bientôt le grand ordonnateur, qui en relie tous les fils et en apaise finalement les tensions.

Le phénomène est moins assuré en France, où l'emprise politique de la « haute police » demeure beaucoup plus forte, mais il progresse également. Le Jackal des *Mohicans de Paris* d'Alexandre Dumas (1854-1859) constitue à cet égard une étape significative. « Ancien commissaire de police que ses aptitudes merveilleuses avaient fait monter, d'étage en étage, jusqu'à ce faîte suprême de chef de la police de sûreté », Jackal emprunte encore largement au modèle de l'ancienne police (il utilise et recrute des forçats, infiltre « le pandémonium boueux de la vieille Lutèce » et se prête aux machinations politiques les plus basses), mais il sait aussi mener à l'occasion de saisissantes investigations empiriques, déchiffrant les indices et les traces, et construisant à leur aune de subtiles hypothèses [1]. Ces diverses initiatives aboutissent au tout début des années 1860, c'est-à-dire lorsque Hugo reprend et achève la rédaction des *Misérables*. C'est le cas des *sensation novels* de Wilkie Collins, ancien secrétaire de Dickens, dont le premier grand texte (*The Woman in White*) paraît en 1861. En France, Paul Féval lance en 1862 son journal-roman *Le Jean-Diable*, ainsi que le roman homonyme, qui met en scène le très cérébral Gregory Temple, intendant supérieur au bureau central de Scotland Yard. Célèbre pour ses « calculs déductionnistes », auteur d'un *Art de découvrir les coupables* et d'une surprenante « machine détective », ce policier moderne couvre de chiffres, d'hypothèses et de probabilités, tous

---

1. A. DUMAS, *Les Mohicans de Paris, op. cit.,* p. 250. Voir le chapitre « La visite domiciliaire ».

nécessaires au déroulement de son enquête, un immense tableau à multiples entrées[1]. L'année suivante, Emile Gaboriau, qui avait été le secrétaire de Féval durant l'aventure du *Jean-Diable*, entame la rédaction de ses romans judiciaires qui vont peu à peu accoucher de la figure de Lecoq, incarnation cette fois-ci tout à fait achevée du limier de police.

Ces diverses acceptions de l'enquête et de l'enquêteur procèdent évidemment d'intentions, de procédures et d'enjeux différents, et pour partie spécifiques. Elles se rejoignent cependant à deux égards. Quels que soient leur origine ou leur objet, elles se présentent toutes comme les modes privilégiés de production et de diffusion du « vrai » dans la société nouvelle, individuelle, industrielle, urbaine, qui se précise alors. Mais toutes s'adossent surtout à une procédure analogue, qui associe en principe trois moments essentiels : une opération exploratoire d'abord, sorte de pratique et d'expérience de terrain fondée sur l'observation directe et la collecte des indices, une opération intellectuelle ensuite, pour partie fondée sur l'interprétation rationnelle et inductive des traces relevées, une opération narrative enfin qui, rompant avec les logiques du dévoilement ou de la révélation, offre un récit rétrospectif dont les enchaînements construisent la vérité pour la donner à lire. En dépit de nuances, et souvent de ratés, c'est bien autour de ce régime idéal que se retrouvent les meilleurs des enquêteurs, qu'ils soient observateurs sociaux, journalistes ou policiers.

L'attention portée au parcours et aux pratiques de Javert montre assez rapidement qu'il ne suit en rien une pareille procédure. L'observation sociale lui est totalement étrangère. Ce qui le motive, c'est la loi, jamais la justice ou la vérité ; la philanthropie et la charité sont des valeurs qu'il ne sert pas et auxquelles il demeure parfaitement insensible. Sa conscience sociale est solidement rivée à la défense d'un ordre perçu comme immanent. On sait d'ailleurs ce qu'il

---

1. Paul Féval, *Jean-Diable*, Dentu, 1863.

advient quand il se met à douter de ce principe. Au reste, la perspective de l'enquête sociale est aux antipodes du roman de Hugo. L'auteur, qui n'ignorait évidemment rien de ces enquêtes proliférantes, et qui avait estimé insuffisante la documentation réunie pour *Les Derniers Jours d'un condamné*, n'hésita pas à procéder lui-même à quelques explorations personnelles des bas-fonds. Il visite ainsi les bagnes de Brest et de Toulon à la fin des années 1830, inspecte la Conciergerie en 1846, puis la Petite et la Grande Roquette l'année suivante[1]. Mais rien de cela ne transpire véritablement dans le texte qui fonctionne précisément en sens inverse, comme une critique de la posture et de la raison enquêtrice, comme le démontage de toute démarche réaliste dans la saisie de la misère, réalité proprement irreprésentable[2].

Il demeure cependant étonnant que Javert, cette parfaite « incarnation du génie de la police » selon les termes de l'avocat Desmarets[3], ne mobilise pas dans sa pratique d'inspecteur de première classe davantage de moyens liés aux conceptions modernes de l'enquête. Au vrai, il témoigne même à leur égard d'un parfait mépris. Sans doute ne récuse-t-il pas complètement l'art du déguisement, que tous les enquêteurs de police, depuis Vidocq à tout le moins, s'efforcent de constituer en instrument majeur de l'investigation. Ainsi voit-on Javert se grimer en mendiant pour prendre la place du vieux bedeau assis sur la margelle tout près de Saint-Médard, et surprendre Jean Valjean. Le policier pratique aussi la filature, ou « industrie du *fileur* » selon la formule de Ponson du Terrail[4], érigée depuis peu par les maîtres policiers comme Vidocq ou Canler en art du métier.

---

1. P. SAVEY-CASARD, *Le Crime et la peine dans l'œuvre de Victor Hugo*, PUF, 1956, p. 285-293.
2. Je suis sur ce point les analyses de A. UBERSFELD et G. ROSA, *Lire Les Misérables, op. cit.* Cette analyse est bien résumée dans G. ROSA, « Histoire sociale et roman de la misère... », article cité.
3. *La Critique française*, juin 1862, cité par P. ANGRAND, « Javert jaugé, jugé », article cité, p. 818.
4. Alexis PONSON DU TERRAIL, *Les Nouveaux Drames de Paris : La Résurrection de Rocambole* (1866), R. Laffont, 1992, p. 273.

La longue et minutieuse traque de Jean Valjean sur la rive droite de la Seine, entre Invalides et Champs-Elysées, constitue une belle opération de police, et l'on se souvient qu'une de ses ultimes « Observations pour le bienfait du service » concerne la filature, et les moyens d'en améliorer l'exercice.

Mais cela ne suffit pas à faire de Javert un véritable enquêteur. Il voit rarement les indices d'ailleurs, et peine à les lire ou à les interpréter. Ainsi de la corde coupée du réverbère, qu'il découvre lorsqu'il poursuit Jean Valjean et Cosette dans le cul-de-sac Genrot, et dont il ne parvient pas à déchiffrer d'emblée la signification. Rechercher ou recouper l'information lui réussit un peu mieux, mais ce sont là des opérations sans intérêt que le récit ne met jamais en scène. Soupçonnant le maire de Montreuil-sur-Mer d'être un ancien forçat, Javert réunit ainsi « toutes les traces antérieures que le père Madeleine avait pu laisser ailleurs » (p. 138)[1]. De même un peu plus tard, à Montfermeil et à Paris, lorsqu'il compulse les journaux et les notes de police relatifs à l'enlèvement de Cosette, ou encore quand il mène « l'enquête judiciaire, à laquelle le guet-apens de la masure Gorbeau donna lieu par la suite... » (p. 640). Mais ce sont là des bruits de fond, que le texte n'enregistre qu'incidemment, hors récit et hors champ. Les pratiques de Javert, manifestement, sont d'une autre nature. A l'équation moderne de l'enquêteur (explorer/ interpréter/identifier), il préfère les formules traditionnelles : espionner, reconnaître, dénoncer. La police qu'il pratique est d'abord une police de la reconnaissance. Javert n'identifie pas Valjean en la personne de Madeleine, il le reconnaît. Cela lui suffit, car nul dispositif indiciaire ou expertal ne prévaut sur la reconnaissance. « Je n'ai pas même besoin des présomptions morales et des preuves matérielles qui démentent les dénégations de l'accusé. Je le reconnais parfaitement... Je répète que je le reconnais parfaitement », déclare-t-il au procès

---

1. Mes références renvoient à l'édition présentée et annotée par Guy et Annette ROSA, Robert Laffont, « Bouquins », 1985.

Champmathieu (p. 217). Ses manières sont celles des guichetiers de prison, qui dévisagent et enregistrent à jamais la physionomie des détenus, celles des mouchards, des moutons ou des « reconnaisseurs » évoqués par Vallès dans son *Tableau de Paris*[1].

L'instrument de cette reconnaissance, c'est l'œil bien sûr, métaphore et emblème absolu de l'opération policière[2]. Mais il est de multiples façons de décliner ce regard. L'œil de Javert n'est pas celui de l'inspection ou de la détection, qui déchiffre l'inconnu pour le rendre intelligible, il n'est pas non plus cet œil révolutionnaire qui symbolise l'opinion assemblée, la vigilance critique et la souveraineté du peuple[3]. C'est un « œil de faucon » (p. 140), « un œil plein de soupçon » (p. 137), « une vrille, cela était froid et cela perçait... » (p. 137). C'est l'œil de l'ombre, de la surveillance et de la vigilance, ces deux mots qui accompagnent la mission de l'« espion de police ». Aux logiques de l'enquête et de l'identification se substituent ici celles de la reconnaissance, qui renvoie à une sorte d'ancien régime policier, à ses vices et à ses insuffisances. Car reconnaître, c'est confondre, avec tous les risques que cela comporte (ainsi Brevet, Chenildieu et Cochepaille reconnaissent Valjean en Champmathieu). Mais reconnaître suppose surtout la connaissance initiale, et l'enfermement du dispositif de police dans un environnement clos. Javert, par exemple, sait tout de Patron-Minette, dont il « entrevoit » les affidés dans la tiédeur du bureau de la rue de Pontoise où il reçoit Marius. Le crime est un monde clos, singulier, circonscrit, à peine agité par la grande marée sociale ou par les remous urbains, et qu'il suffit donc de savoir infiltrer pour parvenir à réduire. De Vidocq, dont il récuse certaines « combinaisons » (celles qu'il appelle les « secrets de la préfecture », p. 685), Javert retient au moins cette perception du monde du crime, et le principe de l'immersion qu'elle induit.

---

1. Jules VALLÈS, *Tableau de Paris* (1882-1883), Messidor, 1989, p. 188-189.
2. Cf. la mise au point de H. L'HEUILLET, *Basse politique, haute police, op. cit.*, p. 225-239.
3. Pierre ROSANVALLON, *La Démocratie inachevée. Histoire de la souveraineté du peuple en France*, Gallimard, 2000, p. 43-48.

En résulte également une conception souvent très militaire de la police, proche des usages qu'en fait le second
Empire dans les années 1850, mais très éloignée des pratiques cérébrales et individuelles de l'investigation. Surveillance, traque et ratissage des lieux l'emportent largement
sur les pratiques de l'enquête. Entre l'Epée-de-Bois et le
Petit-Picpus, c'est beaucoup moins une filature qu'une opération militaire que conduit Javert, un quadrillage mené par
« sept ou huit soldats disposés en peloton », qui « explo-
raient tous les recoins des murs et toutes les embrasures des
portes et d'allées » (p. 361). La scène s'achève d'ailleurs
dans le « bruit tumultueux de la patrouille qui fouillait le
cul-de-sac et la rue, les coups de crosse contre les pierres »
(p. 364). De même à la masure Gorbeau, qui est littéralement investie par les hommes de la Préfecture : « une
escouade de sergents de ville l'épée au poing et d'agents
armés de casse-tête et de gourdins » (p. 644). Sans doute le
lexique de la chasse et la métaphore cynégétique demeu-
rent-ils fort prégnants dans le roman, mais c'est une chasse
particulière, moins centrée sur l'indice ou sur la piste que
sur la battue ou l'hallali. Ce que Javert flaire, ce sont moins
les traces ou la piste de la bête que la bête elle-même. La
concurrence du vocabulaire militaire est du reste constante.
Au Petit-Picpus, Javert « établit des guets, il organisa des
souricières et des embuscades et battit le quartier toute la
nuit » (p. 377). Les figures de l'animalisation qui se portent
sur le personnage traduisent assez bien ce brouillage :
davantage qu'un limier, Javert est une araignée, une fouine,
un faucon, un rapace, un loup, un tigre. Et lorsque se précise la silhouette du chien, c'est un dogue que Hugo
convoque, en rappelant de surcroît que « le dogue quelquefois n'est pas moins inquiétant que le loup » (p. 611).

Cette absence, ou plutôt ce refus de l'enquête chez Hugo,
peut apparaître porteur d'une double signification politique. A l'égard de l'institution policière tout d'abord, qui,
en dépit de ses prétentions, continue d'apparaître comme
un instrument de basse politique. A maints égards, Javert
est archaïque en 1862, à tout le moins un peu désuet,

comme le notent de nombreux contemporains. « Cet agent de police dont M. Victor Hugo a voulu faire le type de la vieille organisation sociale », écrit le critique Léon Gautier [1]. Il est, selon l'expression de Ponson du Terrail, « l'homme de l'ancienne police [2] », qu'il incarne dans presque tous ses vices : un réseau obscur et souterrain, peuplé d'espions et de mouchards, et qui forme, selon les mots de Claude, « une chaîne invisible et indissoluble, qui allait des bouges les plus ignobles jusqu'au salon des Tuileries [3] » ; une stratégie de l'infiltration et de la reconnaissance, qui porte en elle le danger d'une police effectuée par les coquins et les bandits, comme Claquesous, dont on apprend un peu plus tard qu'il émarge au budget de la Préfecture (sans parler de Javert lui-même, né en prison d'une mère tireuse de cartes et d'un père galérien) ; une pratique permanente de la surveillance, de la répression ou de la provocation politique. Le lecteur n'éprouve aucune surprise à retrouver le persécuteur de Jean Valjean sous les traits du provocateur « de la rue des Billettes ». En refusant de privilégier cet instrument de rationalité et de modernisation qu'est l'enquête judiciaire, le « mouchard Javert » (p. 231) dit la continuité d'une police qui ne peut être autre chose que la part maudite de la politique ou de l'intelligence d'Etat, un nœud d'intrigues et de machinations ou, pour le dire avec Dumas, une « tortueuse et ténébreuse déesse qui ne s'avance que par des voies obscures et souterraines : vers quel but ? nul ne le sait qu'elle-même, quand elle le sait [4] ».

C'est peut-être davantage encore sur le plan symbolique que ce refus de l'enquête peut apparaître sensible. Travail de la raison expérimentale dans la matière sombre et inquiétante du judiciaire, l'enquête est en effet porteuse d'une forte aspiration démocratique. Contre les logiques internes de la surveillance et de la reconnaissance, elle prône la lec-

---

1. *Le Monde*, 16 août 1862, cité par P. ANGRAND, « Javert jaugé, jugé », article cité, p. 832.
2. A. PONSON DU TERRAIL, *La Résurrection de Rocambole, op. cit.,* p. 277.
3. *Mémoires de Monsieur Claude..., op. cit.,* p. 139.
4. *Les Mohicans de Paris, op. cit.,* p. 2090.

ture rationnelle des indices et des traces, et la libre interprétation du monde. Elle incarne ce droit offert à chaque individu doué de raison de participer à la recherche de la vérité, de produire sa propre observation, de discuter celles des autres. Traduisant le règne des publics et des opinions, elle dit donc l'éparpillement du vrai, mais aussi le nécessaire repli sur les avis majoritaires, les vérités partagées, le consensus rationnel et négocié. Elle signale ainsi l'entrée dans un espace démocratique, apaisé et participatif, donc elle incarne symboliquement le fonctionnement. Au regard de l'institution policière, l'enjeu peut apparaître de taille. L'enquête est en effet la seule voie possible qui permette de réhabiliter les hommes de police, de les laver de leur passé honteux et retors de mouchard, de leur refaire une virginité politique. Ce n'est pas un hasard si toute la littérature autobiographique de police, qui fleurit à compter du milieu du siècle, s'évertue à mettre en scène le limier de police. Toujours issu des nouvelles couches sociales, cet homme simple, mais efficace, démontre à longueur de pages ce que peut l'enquête de police : réduire la déchirure criminelle, réordonner le social à partir d'un usage rationnel du monde qui concoure *in fine* à la sécurité de tous et à la paix publique. C'est, on l'a dit, la fonction de Bucket dans le très subtil *Bleak House* de Dickens[1]. La requalification symbolique de la police est à ce prix, que tout le procès de représentation s'efforce alors de réaliser. En récusant cette figure qu'il voyait pourtant à l'œuvre tout autour de lui, Hugo signifiait également sa défiance à l'égard de ces images et de ces stratégies neuves. Le suicide de Javert peut cependant prendre, dans cette perspective, une signification elle aussi politique. A condition d'en déplacer la date de 1832 à 1862, opération somme toute légitime, il vient signaler la mort volontaire ou prophétique d'une forme et d'un style de police, et annoncer l'avènement d'une autre figure, fondée sur l'enquête et l'entrée dans l'âge démocratique.

---

1. Voir l'analyse qu'en propose Ronald R. Thomas, *Detective Fiction and the Rise of Forensic Science*, Cambridge University Press, 1999, p. 131-149.

5

La fin des « classes dangereuses » ?
Ouvriers et délinquants dans la série des « Fantômas » (1911-1913)

On sait combien la première moitié du XIXe siècle, et plus précisément les années 1825-1845, constituèrent une étape décisive dans la perception et la description des menaces criminelles. On y observe notamment l'achèvement du processus de transfert de la dangerosité des zones rurales ou des « grands chemins » vers les villes et leurs faubourgs, qui cristallisent désormais les frayeurs. A l'exception du vagabondage, dont la crainte persiste jusque vers la fin du siècle[1], du nomadisme ou de quelques activités résiduelles, le risque est maintenant clairement urbain et s'incarne dans les diverses figures du « rôdeur », jeune délinquant issu des marges déclassées du monde ouvrier, *escarpe*, *gouapeur* ou *apache*, pour reprendre quelques-uns des termes forgés pour les désigner par le XIXe siècle. Ce basculement précipite l'identification de la menace criminelle sous les traits des nouvelles couches de migrants prolétarisés et entassés dans les quartiers paupérisés des cités. Soumis à une communauté de condition et de destin, « classes laborieu-

---

1. M. PERROT, « La fin des vagabonds », dans *Les Ombres de l'histoire, op. cit.*, p. 317-336, et Jean-François WAGNIART, *Le Vagabond à la fin du XIXe siècle*, Belin, 1999.

ses » et « classes dangereuses » sont alors confondues dans leur recrutement, et le crime présenté comme le propre des « populations flottantes des grandes villes »[1]. En parallèle se réordonnent les conceptions et les représentations de l'univers délinquant. D'un monde clos, pittoresque, pensé en termes de destin singulier ou de morale individuelle, et donc fondé sur l'idée d'une criminalité d'exception qu'infiltrer ou circonscrire pouvait suffire à neutraliser, on passe à la perception d'un danger beaucoup plus diffus, sourd, lancinant, d'une « plaie sociale », en étroite relation avec les mutations que connaît alors la société. Statisticiens, enquêteurs sociaux et romanciers imposent un nouveau paradigme de description, en prise sur l'imaginaire romantique : adossé au postulat de l'association de la misère et du crime, il propose une acception désormais sociale de la criminalité. Quittant le registre du singulier, de l'exotique ou du contrenature, le crime devient l'aboutissement du processus social de la déchéance, l'univers à la fois sordide et pathétique des « misérables ». Dans ce marécage social que constitue le monde du travail, l'ouvrier, soumis aux affres d'une misère effroyable, risque à tout moment de sombrer dans le crime. La portée de ces descriptions est d'autant plus grande qu'elles sont alors prises en charge par de nouveaux et puissants moyens de diffusion. La période correspond à la grande mutation du roman, qui devient réaliste, donc social, et s'impose comme la forme privilégiée de l'expression littéraire. Cette expansion est accentuée par l'invention synchrone de la librairie industrielle, l'amélioration des modes de diffusion et, bien sûr, la révolution du roman-feuilleton. Que l'on songe à l'immense écho des *Mystères de Paris* d'Eugène Sue, publiés dans *Le Journal des débats* en 1842 et 1843, dans la fixation de cet imaginaire.

---

1. Je renvoie bien sûr ici à l'ouvrage fondateur de L. CHEVALIER, *Classes laborieuses et classes dangereuses..., op. cit.* Si certains aspects de l'ouvrage ont été à juste titre discutés (voir notamment Barrie M. RATCLIFFE, « The Chevalier Thesis Reexamined », *French Historical Studies,* 1991, p. 542-574 ; Paul-André ROSENTAL et Isabelle COUZON, « Le Paris de Louis Chevalier : un projet d'histoire utile », dans B. Lepetit et C. Topalov, dir., *La Ville des sciences sociales*, Belin, 2001, p. 191-226), le constat principal, centré sur la mise au jour d'un imaginaire social, reste un acquis majeur de cette étude.

Mais à la fin du XIXᵉ siècle, ces représentations tendent à s'infléchir, notamment sous l'effet des évolutions politiques (la République). Le monde du travail, en voie d'intégration, y est progressivement décriminalisé au profit de malfaiteurs plus autonomes et professionnalisés. A l'ouvrier, honnête et vertueux, s'oppose désormais le voyou, l'apache, le criminel, dont les liens avec lui sont de plus en plus ténus. Une nouvelle géographie de l'opinion s'esquisse qui, à l'équation traditionnelle « classes laborieuses/classes dangereuses », substitue d'autres rapprochements, fondés sur la mise en évidence d'une « nature » criminelle, d'une « profession » du vice, ou sur l'association du crime et de la dissidence.

Tant par l'ampleur de son volume (32 tomes de plus 380 pages chacun, soit plus de 12 000 pages au total, d'une typographie fine et serrée), son caractère étroitement synchronique (février 1911-septembre 1913) ou par les méthodes de ses auteurs Pierre Souvestre et Marcel Allain (des récits « parlés » au dictaphone, sorte d'enregistrement « automatique » de la *doxa* populaire et du discours journalistique), la série des *Fantômas*, dont on sait le succès foudroyant lors de son lancement, offre un observatoire privilégié pour évaluer l'ampleur de ces mutations.

Un monde sans producteurs

L'imaginaire géographique de la série se caractérise d'abord par une absence quasi totale de références à l'univers de la production, qui lui est pourtant contemporain et consubstantiel. Etrange lacune quand on connaît par ailleurs l'étonnante précision « documentaire » des auteurs, qui émaillèrent leur récit de nombreux « tableaux parisiens » décrivant, avec le réalisme pointilliste et pittoresque de la chronique de faits divers, le spectacle de la rue et de ses petits métiers : marchands de serpents, ramasseurs de mégots, chiffonniers, camelots, biffins et autres zoniers. « Fantômas est, par excellence, le roman vrai des débuts de la IIIᵉ République française », écrivait à cet égard Hubert

Juin [1]. Mais, tout en se situant dans la société industrielle et urbaine (l'isolement topographique est rare hors de quelques lieux « noirs » traditionnels, comme le château de Langrunes ou la lande bretonne), le roman ne semble fonctionner qu'en occultant l'espace économique et ses agents. Si surgissent parfois quelques lieux ou paysages industriels : une usine, une imprimerie, une menuiserie, le quai de Javel, le bassin de Crimée, divers ateliers et entrepôts, c'est toujours à un moment où l'activité y a cessé (Juve affronte ainsi les apaches dans les entrepôts de Bercy déserts, II), ou dans de courtes et fugaces notations, un peu à la manière de repérages cinématographiques :

> Derrière eux des hommes passaient portant de longues poutres de fer qu'ils chargeaient sur des péniches avec un grand vacarme dans le sifflement des grues, le halètement des machines à vapeur, les grognements des contremaîtres (IX, p. 146 [2]).

> Des usines importantes s'élevaient à proximité, c'est le quartier démocratique et prolétaire par excellence, véritable ruche d'activité, de fièvre perpétuelle, de lutte pour la vie, ce qui lui donne d'ailleurs un aspect d'entrain et de gaieté tout à fait pittoresque (VI, p. 39).

Différenciant radicalement sphère socio-économique et sphère de l'enquête, l'intrigue criminelle ne semble pouvoir s'épanouir que en dehors du monde du travail. Ainsi, lorsque Fantômas pénètre dans l'usine métallurgique Grandjeard à Saint-Denis, c'est pour s'introduire aussitôt dans les appartements de l'industriel, situés au-dessus d'elle (XV). Réduite à l'état d'assises, de soubassement, l'usine n'est qu'un lieu vide et désincarné, au-dessus duquel repose l'action, comme s'il s'agissait de l'ancrer, artificiellement, dans la société industrielle.

---

1. *Europe*, n° 590-591, juin-juillet 1978, p. 13.
2. Nos références au roman de P. SOUVESTRE et M. ALLAIN renvoient aux différentes éditions actuellement disponibles : t. I, III-IV, puis XI à XX, Fayard, 1911-1913 ; t. II, puis V à X, Presses-Pocket, 1972-1973 ; t. XXI à XXXII, R. Laffont, Coll. « Bouquins », 1986-1989.

Dans ces conditions, le monde du travail ne peut affleurer à la surface du texte qu'à l'occasion de pauses ou d'entractes éphémères. Les ouvriers, peu nombreux (moins de 1 % du personnel romanesque, contre près de 5 % par exemple pour les gens de maison), y sont réduits à l'état de rouages seulement utiles à la maintenance du récit, ou de figurants perçus fugitivement, à la sortie des ateliers ou à la descente du train. Ils perdent toute spécificité sociale dès lors qu'ils entrent en scène. Très conventionnelles, les rares descriptions se font à l'aide des stéréotypes usuels qui associent pauvreté, probité et joie de vivre. Ainsi lady Beltham, un moment trésorière de *L'Œuvre des loyers*, a-t-elle affaire à « un défilé loquace et cordial des femmes d'ouvriers, d'épouses de petits employés, procédant aux emplettes avec l'insouciante gaieté qui caractérise les Parisiens et aussi cette économie extrême qui synthétise la femme des villes obligée de se livrer à des calculs terribles pour parvenir à joindre les deux bouts » (XIII, p. 33). Marginalisé, le monde du travail ne parvient donc jamais à constituer un groupe autonome, il ne s'incarne jamais en tant que tel. Si l'univers dans lequel évolue Fantômas est à l'évidence celui de la société industrielle, c'est un monde où la production fonctionne sans producteurs, où le social est rarement problématique.

A cette sous-représentation du monde ouvrier répond une évidente sur-représentation du monde de la délinquance, désormais autonome et concentré dans l'univers de la pègre parisienne, celui des apaches et des « pierreuses ». On en dénombre une soixantaine, 7, 5 % des personnages, l'essentiel des délinquants du roman. Apparaissant par vagues successives (on peut repérer trois générations, articulées autour de quelques « grands » seconds rôles qui traversent toute la série), ils constituent un groupe homogène, indispensable à l'économie générale du récit et présent dans tous les épisodes à compter du second. Même lorsque l'action se déroule hors de Paris (par exemple à Monte-Carlo – X –, ou en Bretagne – XI), voire hors de France (au Natal – VIII), les auteurs introduisent quelques apaches, comme si leur présence était indispensable à toute mise en scène criminelle. Portant « tous les stigmates du vice, du cynisme et de la cruauté » (II, p. 7), ils répondent, de façon à peine plus marquée, au portrait charge que la presse à grand tirage a inventé en 1900 et qu'elle diffuse mécaniquement jusqu'à la Grande Guerre, voire au-delà. Dans un climat de redondance généralisée, *Fantômas* agite tous les fantasmes à la mode de ce « Paris apache » marginal et interdit, version actualisée de la cour des miracles ou du tapis-franc qui associe répulsion et terreur à un attrait exotique pour ces bas-fonds très parisiens :

> Les hommes étaient coiffés de casquettes avachies, leurs vestons avaient une coupe étrange, leurs chemises de flanelle étaient déboutonnées au col, et leur seule élégance résidait en leurs bottines d'un jaune criard, aux tiges extravagantes, à la pointe des plus fines. Les femmes qui les accompagnaient étaient pires qu'eux. Il y avait là deux ou trois brunettes dont le col s'ornait d'un ruban rouge, dont les jupons dégrafés tombaient perpétuellement, dont la gorge, dépourvue de tout corset, avait des houles inquiétantes et vraiment révélatrices (XXVIII, p. 1055).

Vicieux, paresseux, alcoolique et brutal par nature, l'apache se trouve projeté au cœur de toutes les actions criminelles de la série. Dessinant un véritable kaléidoscope des obsessions de la décennie, *Fantômas* fait de l'« apacherie[1] », indispensable pour donner au roman son pittoresque de bazar, sa dose d'exotisme social et ses relents grand-guignolesques, le symbole absolu de la délinquance nouvelle.

Les nouveaux « conscrits du crime »

Marginalisé, assigné dans une frange réduite et de plus en plus coupée des milieux populaires, ce délinquant est devenu un professionnel du crime. Si elles demeurent

---

1. Le terme a fait son apparition en 1908, au sens de « réunion d'individus sans moralité », *Larousse mensuel illustré*, n° 14, avril 1908.

complexes et parfois fluctuantes, les relations entre Fantômas et les apaches donnent assez bien la mesure de ces
mutations. Rarement capables d'opérer pour leur propre
compte, les apaches n'existent vraiment qu'au service de
Fantômas, qui a fait d'eux « ses collaborateurs, voire même
ses amis » (XVI, p. 72), et les emploie au gré de ses besoins.
Car Fantômas, protéiforme et insaisissable, est bien une
allégorie du Crime, comme il l'avoue sans détour : « Je suis
celui que le monde entier recherche, que nul n'a jamais vu,
que nul ne peut reconnaître ! Je suis le Crime ! – IV,
p. 320). De fait, il s'impose comme l'employeur mystérieux
et souvent inconnu, « un chef, un chef de bande quelconque, un de ces chefs mystérieux, comme il en est, qui
donnent des ordres, qui paient, et que l'on voit rarement »
(XI, p. 66), qui embauche et licencie au coup par coup, qui
paie... ou ne paie pas. Besogneux de la délinquance, sans
solidarité ni cohésion, les apaches ne constituent qu'une
masse de déclassés obéissants, de manœuvres et d'hommes
de main, les « salariés de Fantômas » (VI, p. 337). Avant de
tous les liquider dans une séquence apocalyptique du dernier épisode, Fantômas aura fait d'eux « une véritable
troupe, une armée, que ce général du crime tenait sous sa
direction » (XXXII, p. 930), cette même « armée du
crime » que moralistes, romanciers et journalistes dénonçaient avec effroi depuis quelques années[1].

Tels quels, ces conscrits du crime ont largement perdu
leurs racines ouvrières. Parmi les épithètes les plus fréquemment employés à leur égard figure le terme « équivoque »,
qui dit aussi la difficulté de toute identification sociale trop
précise. Au reste, les auteurs ne cherchent guère à préciser
leurs origines, et les descriptions sont rares hors des clichés
qu'impose le traditionnel exotisme des bas-fonds. Çà et là
pourtant, quelques notations fugitives permettent de mieux

---

1. Par exemple, et parmi une littérature très abondante, Alexis Bouvier,
L'Armée du crime, Marpon et Flammarion, 1886 ; Camille Dayre, *L'Armée du
crime. Les exploits de la rousse*, Librairie Continentale, 1888 ; Félix Platel,
L'Armée du crime, Havard, 1890 ; ou encore « Les conscrits du crime », *Lectures pour tous*, juillet 1908, p. 831-840.

cerner leur itinéraire. Ainsi la prostituée Ernestine est-elle une ancienne brunisseuse de Belleville (II, p. 55) ; le jeune élève du père Grelot, professeur de vol, est un « jeune ouvrier débauché, exerçant le triste métier de souteneur » (XI, p. 278) ; Bec-de-Gaz, l'un des principaux apaches de la saga, « se rappelait avoir appris la profession de plombier, mais c'était vague dans sa mémoire » (IX, p. 56), et sa compagne la Panthère est une « ancienne domestique tombée par paresse au louche métier du trottoir » (IX, p. 56-58). Plus traditionnelle encore est la présentation du couple Paulet/Nini sur lequel, ce qui est rare, les auteurs s'attardent durant quelques pages. Nini Guinon est la très jeune fille d'une honorable ouvrière et d'un employé de chemin de fer, Paulet le fils d'une brave concierge de la Goutte-d'Or. Et Fantômas lui-même sait à l'occasion se fondre dans le peuple. Alors que, dans une scène violente largement inspirée par l'assaut final livré par la police contre Bonnot et ses complices, les apaches succombent un à un, Fantômas, lui, s'évanouit dans la foule : « Le peuple, comme une mer, l'avait en quelque sorte englouti » (XXXII, p. 1007).

Tous les ponts ne sont donc pas coupés entre le monde ouvrier et celui des bas-fonds, et le texte se soumet encore par endroit aux schèmes et motifs hérités de la tradition feuilletonesque. Mais la déchéance n'est plus l'affaire de la misère. L'« apacherie » est un état, désormais immuable, qui ne résulte plus de facteurs sociaux, mais bien de la paresse, de mœurs épouvantables ou d'un choix délibéré.

L'élimination des couches intermédiaires apparaît bien sûr comme une contrainte générique, à l'œuvre dans l'ensemble de la littérature de grande diffusion. Son « contrat de lecture » exclut en effet, autant que faire se peut, tous les éléments parasites ou non fonctionnels au strict plan narratif. Ainsi le mélodrame ou le roman-feuilleton du début du XIXᵉ siècle présentaient-ils déjà un univers social fortement polarisé aux extrêmes (monde ouvrier/délinquant *vs* aristocratie) qui, par souci de pathétique et de contrastes dramatiques, escamotait des classes intermédiaires (artisans, commerçants, boutiquiers) inutiles à la dynamique du récit[1]. Mais la rhétorique criminelle et son exigence d'opposition manichéenne accentuent encore cette division mécanique des personnages en deux camps opposés. Classes vertueuses et classes criminelles ont progressivement changé de nature, et aux impératifs romanesques se joignent des exigences politiques et sociales.

Décriminalisée, la fonction d'ouvrier s'impose désormais comme un gage d'honnêteté : « Une ouvrière, une ouvrière honnête qui rentre chez elle après un travail pressé... Bon ! je me serai trompé... » (VI, p. 25), s'exclame Fandor au cours d'une filature. « Ce n'était pas un ouvrier !... » s'écrie-t-il encore en reconnaissant tout à coup un apache qu'il prenait pour un brave homme (VI, p. 27). Et lorsque prévaut encore la vieille idée qui fait du pauvre un suspect par nature, c'est pour être battue en brèche. Ainsi ce brave pandore, pour lequel « tout homme qui n'était pas riche, était [...], comme il l'eût été aux yeux de tous les gendarmes – car l'esprit de corps de la gendarmerie est une chose merveilleuse –, un misérable dangereux !... » (XI, p. 122), apparaît-il comme une figure ridicule et archaïque. À l'inverse, le personnage de Bouzille, archétype du chemineau, de « l'honnête rôdeur [...] dont la conduite frôlait toujours la correctionnelle, mais qui avait la sagesse de ne jamais participer aux vols » (VI, p. 111), illustre tout au long de la série l'existence du misérable inoffensif. Quant à l'ouvrier, désormais inutile à la mécanique narrative, il est exclu de la sphère du romanesque comme l'étaient autrefois l'artisan ou le commerçant. Paradoxalement, cette éviction rend compte de la progressive intégration de classes populaires urbaines devenues, massivement, lecteurs ou spectateurs des nouvelles mises en scène de la criminalité et promues au cœur d'une littérature « légitime » qui œuvre à leur réévaluation symbolique[2]. En dehors de l'âge critique de l'adolescence, le monde ouvrier n'offre, il est vrai, plus

---

1. Sur ce sujet, voir Daniel COUÉGNAS, *Introduction à la paralittérature*, Le Seuil, 1992, p. 107-120, ainsi que J.-C. VAREILLE, « Le Paris de Fantômas... », article cité.
2. Nelly WOLF, *Le Peuple dans le roman français de Zola à Céline*, PUF, 1990.

guère de prise à une délinquance devenue surtout objet de consommation culturelle. Même si la mobilité sociale reste faible et que demeure le « bagne industriel », la scolarisation, la lente progression du pouvoir d'achat et les effets de la législation sociale estompent les inégalités les plus criantes, et les cinq millions et demi d'ouvriers que compte le pays en 1914 s'intègrent peu à peu. Dans une IIIᵉ République soucieuse d'apaisement et de réconciliation sociale, l'heure est au « solidarisme » de Léon Bourgeois ou aux projets de « participation » d'Aristide Briand.

Nouvelles équations de la subversion

Ainsi assiste-t-on à un spectaculaire retournement des modes traditionnels de représentation, au profit d'une nouvelle mise en scène. Le délinquant, ce n'est plus le prolétaire, mais à l'inverse, celui qui refuse d'être ouvrier, le rebelle au travail, de plus en plus rejeté dans la sphère de l'infra ou du non-social. C'est l'apache qui, par définition, récuse le travail, les valeurs et la discipline du monde industriel : « S'escrimer, suer, se démolir les mains et s'aplatir le ventre, [...] ah, non, vrai ! ça n'est pas mon blot... », déclare Bec-de-Gaz, qui ne se souvenait de son lointain passé de plombier que « pour se rappeler les bonnes siestes faites alors, étendu sur les toits, aux replis des ardoises et du zinc, chauffé par le soleil » (IX, p. 56-58). Autre voyou, Paulet reconnaît avoir sombré dans l' « apacherie » parce qu'il avait « un poil dans la main » et que le travail n'était pas son fort (VI, p. 9-10). C'est aussi la prostituée, compagne de l'apache, et qui, généralement « indépendante et fantasque, éprise d'aventure et d'une nature vicieuse » (VI, p. 9), ne peut s'accommoder du moindre labeur régulier. Pire, au cœur du danger vénérien et moral, elle est une véritable plaie sociale qui détourne l'ouvrier des vertus du travail. C'est, aussi, de façon plus nuancée, le militant, le gréviste ou l'anarchiste, eux aussi réfractaires au travail.

Particulièrement combatif (on sort d'une période de grandes grèves qui a culminé entre 1906 et 1908), guidé par une CGT qui prône un syndicalisme d'action directe porteur de perspectives révolutionnaires (les *Réflexions sur la violence* de Georges Sorel datent de 1908), et encore fortement marqué par les mots d'ordre anarchistes, en particulier pour toute une jeunesse rebelle aux rigueurs de l'usine, aux rythmes et aux disciplines qu'elle impose, le mouvement ouvrier continue d'alimenter la terreur des possédants. Jamais le 1er mai, la grève générale ou les espérances du « Grand Soir » ne suscitèrent tant de « grandes peurs » bourgeoises. Le 1er mai 1906 par exemple, le préfet Lépine crut bon de mettre Paris en état de « petit siège ». Même si les « années Fantômas », années d'immédiat avant guerre, furent marquées par une relative accalmie du front social et si l'on note l'amorce d'un déclin du syndicalisme révolutionnaire, l'agitation ouvrière restait une composante essentielle de la vie politique[1]. Surtout, l'antimilitarisme militant que suscite l'approche de la guerre et l'activisme d'un illégalisme anarchiste particulièrement violent (Bonnot et ses « bandits tragiques » sont les exacts contemporains de Fantômas) favorisent l'émergence d'une scénographie de l'ordre social en péril, menacé par la terrifiante alliance de tous les réfractaires : socialistes, grévistes, anarchistes, apaches et autres pieds nickelés.

Outre l'évidente complicité entre Fantômas et Bonnot qui célèbrent, chacun à sa manière, les noces du crime et de la subversion, le roman, qui enregistre sous l'angle du fait divers quelques luttes ouvrières, rend assez bien compte de ces nouvelles mises en scène. En parfait accord avec les représentations de la presse populaire, le syndicat y est présenté comme un organe malfaisant d'agitation et de trouble social. Ainsi, dès le premier épisode, une grève éclate sur un

---

1. Je renvoie sur ces points aux travaux de Jacques JULLIARD, *Clemenceau briseur de grèves*, Julliard, 1965, et *Fernand Pelloutier et les origines du syndicalisme d'action directe*, Le Seuil, 1971.

chantier de chemin de fer, en dépit, précisent les auteurs, de salaires élevés. Aussitôt, « les syndicalistes, désireux d'obtenir mieux encore et sachant combien leur concours était nécessaire à ce moment, avaient fait venir de Paris un agitateur appointé dont la mission avait été de déterminer les enthousiasmes abstentionnistes dans la plus grande proportion possible » (I, p. 59). Rapidement mis en échec devant « l'influence travailleuse du parti jaune », ce professionnel de la subversion abandonne alors le chantier pour activer une autre grève qui s'annonçait dans une région voisine. Au reste, les cheminots, s'ils se donnent du camarade et discutent amplement « de la question des retraites pour le personnel de la Cie des chemins de fer » (p. 60), forment une masse de tire-au-flanc résignés, incrédules et largement manipulables. Dans *Le Train perdu*, c'est la grève générale des ports de 1912 qui bloque plusieurs personnages entre l'Angleterre et Anvers. Le mouvement y est présenté de façon plus contrastée : si l'on admet que les grévistes « ne se livraient à aucune déprédation, demeuraient absolument calmes, nullement agressifs » (XXI, p. 67), qu'ils sont « des gens sérieux qui savent ce qu'ils veulent... ils ne font point de tapage, ne se livrent à aucune excentricité... lorsqu'ils crient, c'est qu'ils revendiquent quelque chose, et lorsqu'ils ont fait connaître leurs revendications, ils vont paisiblement se coucher et attendre qu'on leur apporte la réponse » (p. 75), on note par ailleurs que « sur les quais, des hommes, matelots, chauffeurs, mécaniciens, se réunissaient en groupes mystérieux et compacts » (p. 67), que les dockers sont « des brutes [...] des gens qui vont faire la noce toute la nuit » dans des cabarets où l'alcool coule à flots (p. 69), que « les grèves servent surtout aux pickpockets » (p. 68), et que « dans toute cette racaille, c'est rempli de malfaiteurs » (p. 71). Ailleurs, on voit les apaches profiter d'une grève de terrassiers pour se réunir dans une carrière abandonnée (VI, p. 337). Dans *La Guêpe rouge*, les auteurs poussent un plus loin encore l'association entre syndicaliste et délinquant. Prisonnier à la Santé, Fantômas fait appel au « Gréviste », un apache « ainsi surnommé dans le monde de la pègre en raison de l'ardeur avec laquelle il défendait toujours les grèves de tous les métiers possibles, et cela sans avoir jamais lui-même bien régulièrement travaillé » (XIX, p. 74). Singulier raccourci qui, s'il renoue avec la vocation traditionnelle de la grève, dit bien la complicité nouvelle qui unit monde ouvrier et monde délinquant.

Si Fantômas débarrasse le roman populaire de son moralisme larmoyant au profit d'une formulation plus brute et fonctionnelle, d'une cruauté réaliste, voire surréaliste, c'est aussi au prix d'une dissociation radicale de la misère et du crime. A ce titre, la série participe pleinement des nouvelles représentations du délinquant qui émergent au début du XXe siècle. Alors que l'immense majorité d'entre eux sont des ouvriers que l'évolution économique a marginalisés ou qui refusent, souvent de façon confuse, les nouvelles disciplines industrielles, tout est fait pour détacher l'apache de ses racines prolétaires et l'assigner dans le monde clos des « malfaiteurs de profession » et des individus « vicieux ». A l'inverse du processus de dilution sociale repéré dans les années 1825-1845, les représentations fin de siècle tendent à réinscrire la société délinquante dans un cadre plus circonscrit et professionnalisé (la fameuse « armée du crime »), passible d'une exploration, d'une saisie et d'un traitement méthodiques. Perçu comme un état, le crime est désormais traité, dans le sillage de la « science criminelle », au travers d'un discours médical qui interprète comme pathologie ce qui est inadaptation à la norme, et fait du délinquant un sujet morbide contre lequel on brandit le concept à la mode de « dangerosité »[1]. Mais ce phénomène est d'autant plus net qu'il recoupe aussi le souci républicain d'intégration, et donc de décriminalisation, du monde ouvrier. Tandis que l'on dissuade, en les responsabilisant, la plus grande partie des travailleurs de rallier ce qui est présenté comme une contre-société, la répression s'alourdit contre les groupes à risque, frange instable des multirécidivistes, des nomades

---

1. Voir sur ce point le chapitre 12 de ce livre.

ou des « incorrigibles », ou frange active des militants révolutionnaires et des syndicaliste. La ligne de partage entre
honnêtes gens et fauteurs de troubles ne recouvre plus celle
qui sépare classes possédantes et classes laborieuses ; elle
parcourt, et divise désormais les classes dominées[1]. La série
des *Fantômas* n'est, bien sûr, qu'un point d'ancrage où ces
mutations, partout à l'œuvre dans le dernier tiers du
XIXe siècle, sont particulièrement lisibles. Mais elle formule
la chose avec cette transparence à la fois naïve et lumineuse
dont est souvent porteur le roman populaire : à l'ouvrier,
honnête, vertueux et travailleur, s'oppose désormais
l'apache, Autre chargé de tous les maux, et d'autant plus
redoutable qu'il vient lui parler d'une partie de lui-même
qu'il s'agit désormais d'oublier.

---

1. Je suis ici les remarques de Christophe CHARLE, *Histoire sociale de la
France au XIXe siècle*, Le Seuil, 1990, p. 323-329.

DEUXIÈME PARTIE

AU CŒUR DE LA CULTURE DE MASSE

6

Faits divers et romans criminels au XIXᵉ siècle

Observateur attentif des notoriétés de son temps, le critique Victor Fournel notait en 1883 que les deux écrivains les plus lus du second Empire étaient Léo Lespès et Ponson du Terrail[1]. Véritable homme-orchestre du *Petit Journal*, le premier fut, sous le pseudonyme de Thimothée Trimm, l'auteur de ces fameuses « Chroniques » de première page auxquelles le journal dut une bonne partie de son succès initial, mais il publia aussi de très nombreux récits et faits divers romancés, ce qui lui valut d'exercer diverses responsabilités à la Société des gens de lettres. Le second fut, avec Dumas, le feuilletoniste le plus prolixe du XIXᵉ siècle, et l'auteur de ces interminables *Drames de Paris* (1858-1870) que domine rapidement la figure de Rocambole[2]. Tenus par les contemporains pour des formes spécifiques de leur modernité culturelle, fait divers et roman criminel[3] sont

---

1. Victor FOURNEL, *Figures d'hier et d'aujourd'hui*, Calmann-Lévy, 1883, p. 225-243.
2. Sur Lespès, voir son dossier SGDL, AN, 454 AP. Sur Ponson du Terrail, l'éclairage le plus complet est celui de Klaus-Peter WALTER, *Die Rocambole-Romane von Ponson du Terrail. Studien zur Geschichte des Französischen Feuilletonromans*, Berne, Peter Lang, 1986.
3. Utilisée par les contemporains, l'expression « roman criminel », qui regroupe à la fois les grands cycles feuilletonesques du milieu du siècle (Sue, Dumas, Féval, Ponson du Terrail...), le roman judiciaire (Gaboriau et ses suiveurs) et les prémices du roman de détection, permet d'éviter les querelles génériques sur la « naissance » du roman policier, et met l'accent sur la spécifi-

ainsi désignés comme les deux types privilégiés de récits signalant l'entrée progressive du pays dans l'ère « médiatique ». Car, si l'on signalait des distinctions entre leurs régimes narratifs, ne serait-ce que celles engendrées par une position, un volume et des structures différents, elles ont toujours semblé moins significatives que la dynamique de leur convergence : même mode de production, imposé par les exigences de l'« industrie culturelle » (périodicité, rationalisation et division du travail, standardisation et sérialisation), mêmes supports de diffusion de large circulation (journal surtout, mais aussi livraisons et volumes à bon marché), mêmes auteurs également, qui bénéficiaient souvent d'une promotion des étages au « rez-de-chaussée »[1]. Un système analogue de représentations semblait surtout les réunir, incitant souvent rédactions et auteurs à jouer de la confusion entre les deux registres[2]. La fiction s'imposait à leurs yeux comme une forme achevée de fait divers, ce que confirme le genre très prolixe des « faits divers romancés » publiés en fascicules ou en feuilleton. A ces caractères objectifs s'ajoute la double illégitimité qui s'abattit d'emblée sur ces récits. Pensés comme de simples effets du productivisme, au moment même où se structuraient sur une base plus restreinte champ journalistique et institution littéraire, ils furent très tôt frappés d'indignité culturelle, et relégués à ce titre dans les dessous honteux du journalisme et de la littérature. Tenus pour dénués de qualités esthétiques, éthiques ou simplement techniques, ils furent aussi considérés comme « pernicieux » et « démoralisateurs » par l'en-

---

cité alors reconnue à ces textes : des récits d'aventures où la rupture criminelle donne lieu à une exploration plus ou moins méthodique du monde social.

1. Sur ces points, voir A.-M. THIESSE, *Le Roman du quotidien. Lecteurs et lectures populaires à la Belle Epoque,* Le Chemin vert, 1984, p. 105-113, ainsi que D. KALIFA, *L'Encre et le Sang, op. cit.,* p. 97-104.

2. Le 11 janvier 1894, par exemple, *Le Petit Parisien* publie dans la rubrique « Faits divers » et sous le titre « Vengeance de femme : Toujours le revolver ! Une femme vient de tirer sur son amant », les quelques lignes suivantes : « Les détails de ce drame émouvant sont donnés dans *Vengeance de femme,* par Guillaume Launey. Ce nouveau roman est mis en vente chez tous les marchands de journaux en livraisons illustrées à dix centimes [...] On peut le réclamer partout. » De telles pratiques étaient fréquentes dans le dernier tiers du siècle.

semble des élites culturelles et sociales, de quelque bord politique qu'elles proviennent.

A cette illégitimité originelle s'est ajoutée celle émanant de sciences sociales qui soulignèrent la faible opérativité sociologique ou historique d'un tel matériau. Longtemps enveloppé par la seule critique structuraliste, le fait divers a été défini comme un invariant de nature transhistorique, sorte de « thème fixé » seulement capable de renvoyer à quelques interrogations de nature universelle et intemporelle[1]. Si plusieurs historiens contestèrent vigoureusement cette approche[2] et, en insistant sur la forte historicité des énoncés de la chronique, permirent à une riche historiographie de s'adosser au fait divers, c'est en le considérant davantage comme une brèche ouverte sur le fourmillement du social, « la vie fragile » ou la « geste des obscurs »[3], que comme une catégorie de récit journalistique. Quant au roman criminel, il n'a été investi que d'une très faible validité heuristique. A la méfiance longtemps régnante à l'égard du matériau littéraire s'est ajoutée, dans son cas, la disqualification née de la position « dominée » de ses auteurs dans le champ littéraire, et du statut esthétique de textes jugés incapables, dans leur platitude, de dire la dynamique et la complexité du monde social. Si de telles résistances ont moins pesé sur la production d'Ancien Régime, qui fit assez tôt l'objet d'inventaires et d'analyses[4], elles demeurent en

---

1. Voir notamment Roland BARTHES, « Structure du fait divers » (1962), dans *Essais critiques*, Le Seuil, 1981, p. 196-197, et Georges AUCLAIR, *Le Mana quotidien. Structure et fonction de la chronique des faits divers*, Anthropos, 1970. Dans le même sens, Alain MONESTIER, *Le Fait divers*, catalogue du Musée des ATP, Editions de la RMN, 1982.

2. « Fait divers, fait d'histoire », *Annales ESC*, 38-4, juillet-août 1983, notamment Marc FERRO (« présentation ») et Michelle PERROT « Fait divers et histoire au XIXe siècle »).

3. Arlette FARGE, *La Vie fragile. Violence, pouvoirs et solidarités à Paris au XVIIIe siècle*, Hachette, 1986 ; M. PERROT, article cité.

4. Voir par exemple, outre l'ouvrage fondateur de Robert Mandrou (*De la culture populaire aux XVIIe et XVIIIe siècles : la Bibliothèque bleue de Troyes* (1964), Imago 1985), les éditions de textes présentés par Roger CHARTIER (*Figures de la gueuserie*, Arthaud/Montalba, 1982) et Hans-Jürgen LÜSEBRINK (*Histoire curieuses et véritables de Cartouche et Mandrin*, Arthaud/Montalba, 1984).

revanche très vives s'agissant des textes contemporains, comme si l'indignité culturelle recouvrant ces objets était proportionnelle à leur plus ou moins grand éloignement temporel (ce que confirme assez bien la rareté des travaux sur la production, très dépréciée, du second XXe siècle). Situation difficilement acceptable quand on sait combien ces textes, qu'il n'est plus possible de considérer comme le simple rebut de la production canonique, constituèrent l'un des principaux accès à l'imprimé pour un lectorat massif et désormais alphabétisé.

C'est l'immense intertexte que constituent au XIXe siècle ces récits, inscrits d'emblée dans une série de catégories disqualifiantes (des récits indignes et illégitimes, factices et inessentiels, inopérants et finalement faux), qu'on se propose de questionner dans une perspective historienne. Limitant ici l'analyse au seul registre criminel, thème largement dominant dans le cas du fait divers[1], hégémonique également – et appelé à le rester – dans les fictions de large circulation, on cherchera à signaler les usages et les enseignements d'un tel matériau pour l'histoire. Non pas au regard de son économie matérielle, que l'historiographie de la presse et celle de l'édition ont bien mis au jour, mais à celui de ses contenus, manifestes ou latents, et qui peuvent également « informer » l'historien. Que faire de ces millions de caractères imprimés, diffusés et lus au quotidien par un public de plus en plus nombreux et diversifié ? Au prix de quels ajustements ce discours de l'artefact et du faux peut-il servir à une historiographie soucieuse de dire le « vrai » du monde social ?

---

1. Les faits divers criminels représentent plus de 50 % de l'ensemble de la chronique selon les comptages effectués par Anne-Claude AMBROISE-RENDU, *Les Faits divers dans la presse française de la fin du XIXe siècle. Etude de la mise en récits d'une réalité quotidienne (1870-1910)*, thèse d'histoire, université de Paris I, 1997 (p. 47). Ils sont de surcroît engagés après 1880 dans un processus très rapide de prolifération (Dominique KALIFA, *Récits de crimes dans la France de la « Belle Epoque »*, thèse d'histoire, université de Paris VII, 1994, p. 32-60.

La confusion des référents

« Le fait divers est-il autre chose, sinon qu'un roman, du moins qu'une nouvelle due à la brillante imagination des reporters ? Si les reporters devaient attendre que le fait divers existât, leur journal paraîtrait le surlendemain[1]. » Relayant les appréciations analogues portées de longue date sur les canards (« Nous appelons canard... un fait qui a l'air d'être vrai, mais qu'on invente pour relever les Faits-Paris quand ils sont pâles », note Balzac dans *Illusions perdues*[2]), un tel constat est récurrent depuis l'apparition du terme « fait divers » dans la presse de la monarchie de Juillet[3]. S'il a le mérite de rappeler que le fait divers n'est rien d'autre qu'une forme de récit, et non un type d'événement qui existerait indépendamment du discours qui le porte et lui donne sens, ce type d'approche, prolongé et amplifié par l'analyse structuraliste, conduisit à dénier à la chronique toute fonction référentielle, et donc toute portée « informative ». Simple expression du *muthos,* sans articulation réelle au social, celle-ci fut ainsi clairement localisée aux antipodes de la « vérité des faits », et disqualifiée à ce titre comme matériau historique.

De telles appréciations me semblent cependant procéder d'une erreur d'optique initiale. En s'efforçant de mettre au jour les structures et les schèmes qui organisent le fait divers (paradoxes d'une causalité aberrante, inexplicable ou scandaleuse, du type « je t'aime je te tue », coïncidence de la

---

1. Alfred JARRY, *Le Canard sauvage*, 1903, repris dans *Œuvres complètes*, t. 2, Gallimard, 1987, p. 513.

2. Cité par Jean-Pierre SEGUIN, *Nouvelles à sensations, les canards du XIXe siècle*, Colin, 1959, p. 22.

3. Contrairement à ce que signalent les instruments lexicographiques, qui datent ses premières occurrences de 1859 (Paul IMBS (dir.), *Trésor de la langue française,* Éditions du CNRS, 1979, p. 343), le pluriel « faits divers » est attesté dès la monarchie de Juillet. Il existe dès 1837 une rubrique « Faits divers » dans *Le Tocsin, journal des renseignements mutuels*, et sans doute dans beaucoup d'autres. En 1843, *La Presse* dispose d'une rubrique régulière titrée « Nouvelles et faits divers ».

répétition ou de l'antithèse, type l'« arroseur arrosé »), l'analyse proposée par Roland Barthes prenait le risque d'escamoter la plus grande part de la chronique au profit que quelques types exemplaires et standards. Toute approche empirique de la presse au XIXe siècle montre en effet que la masse des faits divers n'est alors constituée ni de « bouchers assassins », ni de malles sanglantes ou de parricides monstrueux[1]. Face à ces quelques « beaux crimes » s'agite dans les journaux une multitude d'occurrences atones, de petits faits sans relief et d'événements insignifiants : rixes et altercations, vols à la tire ou escroqueries, conflits minuscules et souvent ordinaires. Une sorte d'infiniment petit du fait divers, qui ne trouve de raison d'être que dans l'accumulation et la répétition. Dispositif complexe, la chronique des faits divers résulte en fait de l'imbrication et de la circulation de trois niveaux de récits : celui, largement dominant, d'un tout-venant informatif, constitué de brèves, d'entrefilets ou de « nouvelles en trois lignes » relégués en rubrique ; celui, beaucoup plus souple et mobile, de quelques relations (agressions, cambriolages, « drames » familiaux) capables de transiter, selon les besoins rédactionnels, de la rubrique à l'article ; celui, enfin, du « beau crime » ou de l'affaire retentissante, dont les modalités correspondent effectivement à l'analyse de Roland Barthes, mais dont le nombre et la fréquence demeurent limités dans la presse du XIXe siècle.

Une telle remise en perspective invite également à nuancer les filiations traditionnellement retenues par l'historiographie, qui voit dans le canard ou dans l'« occasionnel » l'ancêtre immédiat du fait divers, le basculement s'opérant vers le milieu du milieu du second Empire sous l'effet conjoint de la répression du colportage et du lancement d'une presse bon marché dynamisée par le développement du réseau ferroviaire et des kiosques de gare. Exacte pour

---

1. Cf. D. KALIFA et A.-C. AMBROISE-RENDU, *Les Faits divers...* et *Récits de crimes...*, thèses citées ; Marine M'SILI, *Le Fait divers en République. Histoire sociale de 1870 à nos jours*, Editions du CNRS, 2000.

partie, cette généalogie ne peut cependant être tenue pour exclusive. Loin d'être une invention du *Petit Journal* (1863), le fait divers fait son apparition dans la presse de la monarchie de Juillet, et s'inscrit alors dans une tradition qui doit moins aux canards qu'aux « Variétés » des gazettes du XVIIIe siècle. Celles-ci avaient en effet développé dans leurs colonnes des rubriques de nouvelles diverses ou « anecdotes du jour », qui détaillaient en dernière page, ou en fin de bulletin, les petits « faits intéressants », curieux, singuliers, ou seulement « avérés »[1]. Si certains de ces récits relevaient de la fable ou du divertissement, occupant de ce fait un espace original entre fiction et information, la plupart s'inscrivaient cependant dans le registre factuel.

« Menue monnaie de l'information », pour reprendre une autre expression de Jarry, l'essentiel du fait divers se présente donc comme une chambre d'enregistrement des minuscules incidents de la vie quotidienne, des « petits faits du jour et de la nuit ». Si se glissent évidemment dans ces récits quelques inventions ou inexactitudes, il ne paraît pas tenable de soutenir qu'une telle production n'entretient avec le « réel » qu'une relation incertaine. Cancanier et terre-à-terre, le carnet du jour qu'elle propose met en scène autant de petits « drames vécus », sans doute banals et familiers, mais qui s'articulent explicitement au temps historique. A compter des années 1880, cette fonction référentielle est encore accentuée par la professionnalisation d'une écriture journalistique qui fonde précisément sa stratégie sur sa capacité à dire le « vrai ». Tant dans la presse à un sou que dans les périodiques spécialisés tels que *La Gazette des tribunaux*[2], les faits divers criminels affirment

---

1. Sur ce sujet, voir R. FAVRE, J. SGARD et F. WEIL, « Le fait divers », dans P. RÉTAT (dir.), *Presse et Histoire au* XVIIIe *siècle, l'année 1734*, Editions du CNRS, 1978, p. 189-225 ; Robert FAVRE, « Le fait divers en 1778, permanence et précarité », dans Paule JENSEN *et alii*, *L'Année 1778 à travers la presse traitée par ordinateur*, PUF, 1982, p. 113-146 ; Philippe ROGER, « Le fait divers en 1789, cinq exemples, cinq attitudes », dans Pierre RÉTAT (dir.), *La Révolution du journal, 1788-1794*, Editions du CNRS, 1989, p. 215-228.
2. Frédéric CHAUVAUD, « La petite délinquance et *La Gazette des tribunaux* : le fait chronique entre la fable et la farce », dans B. GARNOT (dir.), *La Petite Délinquance du Moyen Age à l'époque contemporaine*, Dijon, EUD, 1998, p. 79-89.

quotidiennement leur vocation informative, même si celle-ci est sans cesse entrecoupée du double désir d'édifier et de distraire.

Soucieuse d'informer, la chronique est cependant rattrapée par les exigences de la médiatisation et des modes de narration qui l'organisent. La sélection des nouvelles obéit en effet à des circuits internes, très codifiés, qui ne laissent finalement que peu de place à l'imprévu ou à l'événement[1]. Il en va de même des procédures d'élaboration et d'écriture, qui suivent le plus souvent des canevas arrêtés à l'avance, imposés par l'usage et les impératifs du métier (écrire vite, et recourir pour cela aux lieux communs d'expression et de représentation). Ces caractères produisent au total un discours très fermé, sorte de prêt-à-écrire qui construit le réel en même temps qu'il le dissout au sein de matrices narratives convenues et éprouvées. Ce phénomène est encore compliqué par les exigences contradictoires de l'industrie culturelle, qui poussent les faits-diversiers à écrire de plus en plus vite (coller à l'événement, voire le devancer pour déjouer la concurrence, ce qui devient l'objectif majeur des journaux à compter de la décennie 1880), tout en déployant talent et savoir-faire « littéraire » pour séduire un lectorat de plus en plus sollicité. Végétant souvent aux échelons inférieurs du journalisme, les faits-diversiers furent de plus en plus tentés par cette « fictionnalisation » de la chronique, qui leur apparaissait comme une voie de promotion et de distinction. Voici comment, dans une lettre particulièrement explicite adressée à la fin du siècle au Comité de la Société des gens de lettres, un journaliste rend compte de cette évolution :

> Depuis le 15 juin, je rédige les faits divers au journal *La République*. Or depuis cette époque, le journal *Le Voltaire* me reproduit systématiquement chaque jour une colonne de mes faits divers.

---

1. Je renvoie sur ces points à mon texte, « Les tâcherons de l'information, petits reporters et fait divers à la Belle Époque », *Revue d'histoire moderne et contemporaine*, n° 40-4, oct.-déc. 1993, p. 578-603, ainsi qu'à la synthèse citée de C. DELPORTE, *Les Journalistes en France*, p. 64-68.

Je sais qu'il a été établi autrefois que cette production n'était pas taxable. Cela se comprenait à l'époque où les faits divers, tous pris à la même source, faits à peu près sur le même modèle, n'avaient aucun cachet personnel et n'étaient la propriété de personne. Il n'en est plus de même aujourd'hui. Les faits, tels que je les rédige, demandent plus de temps et de travail qu'aucun article pour lequel les droits de reproduction sont acquis. Il faut d'abord chercher, recueillir l'élément d'information, faire une enquête, mettre en usage toute l'ingéniosité dont on est capable. Il faut ensuite donner aux renseignements recueillis une forme, en faire un petit drame, un petit roman. C'est donc là une œuvre d'imagination et une œuvre littéraire qui mérite comme toute autre d'être la propriété de l'auteur qui la signe et qui devrait être couvert par sa signature.

J'ajoute que fort souvent – et c'est mon cas – certains de ces petits romans sont œuvre d'imagination pure. [...] Par conséquent, ils doivent absolument être considérés comme susceptibles de rémunération lorsqu'ils sont reproduits [1].

Lieu d'une tension extrême entre les exigences de l'information et celles de la dramaturgie sociale, le fait divers apparaît ainsi comme un récit profondément équivoque, qui brouille jusqu'à la notion même de référent. Si l'on ne peut le tenir pour une pure fiction, il s'avère tout aussi impossible de bâtir à son aune un discours capable de dire le « vrai » du crime ou de la transgression. Ni la mesure du phénomène que la chronique propose pourtant quotidiennement, ni sa typologie, sa sociologie ou sa géographie ne peuvent rendre compte des « réalités » criminelles d'un lieu en un temps donné. L'exemple de l'« attaque nocturne » est particulièrement révélateur à cet égard. De la Restauration à 1914 est en effet colportée par la presse l'image d'une rue parisienne devenue le théâtre régulier d'agressions nocturnes commises par de jeunes rôdeurs à l'encontre des passants attardés. Or, de 1826, date du premier rapport officiel sur la question, aux années 1880-1900 où se multiplièrent

---

1. AN, 454 AP, dossier Georges Grison, lettre datée d'août 1900.

les enquêtes du conseil municipal et de la Préfecture de police[1], une telle idée fut constamment dénoncée comme fantaisiste par l'essentiel des observateurs, policiers, magistrats, avocats, et bien sûr journalistes, qui perçurent très vite tout l'intérêt qu'il y avait à user du « démenti » pour disqualifier les feuilles rivales. La moindre confrontation des décomptes du journal à ceux d'autres acteurs ou institutions (la statistique judiciaire, celle des arrestations policières ou celle, après 1900, des mains courantes des commissariats) fait apparaître d'emblée l'ampleur des distorsions. A commencer par cette formidable inversion structurelle, qui surreprésente continuellement les atteintes et les violences physiques au détriment des contentieux plus ordinaires et des délits contre les biens. Opérant une seconde sélection à partir de sources policières déjà fortement écrémées, les faits divers ne peuvent évidemment constituer un indice pertinent de la criminalité. Décontextualisées, insérées dans des séries ou des cadres artificiels destinés à incarner un état social toujours décrit comme critique (« Paris la nuit », « La série rouge », « Vengeance de femme », etc.), les transgressions qu'ils mettent en scène ne renseignent vraiment que sur les diverses conventions ou systèmes de contraintes (sociaux, moraux, professionnels) qui pèsent sur la chronique. La remarque vaut plus encore pour les fictions criminelles, qui opèrent une ultime sélection en aval du fait divers, et ne retiennent finalement du corpus criminel qu'une sorte d'épure, que modifie encore la prégnance des codes et modèles rhétoriques, des motifs ou des figures imposés par la tradition littéraire.

Les travaux récemment effectués par l'historiographie de la criminalité ont cependant montré que les sources jugées plus fiables et légitimes (statistique criminelle, archives policières ou judiciaires) ne permettent guère d'accéder à une meilleure « vérité » criminelle, laquelle ne semble pouvoir

---

1. « Rapport sur les crimes d'attaques et de vols nocturnes commis dans les rues de la capitale », AN, BB18 1145. Pour la fin du siècle, voir *infra* chapitre 12 de ce livre.

être saisie hors des systèmes d'appréciation et de représentations qui définissent les frontières du tolérable et pèsent sur les comportements[1]. Réalité difficilement objectivable, le crime est une construction sociale complexe, qui procède de l'interaction de très nombreux facteurs (normes, valeurs et principes courants, dispositions légales, formes de la répression) et de presque autant d'acteurs (individus, groupes, institutions et instances de contrôle)[2]. Or, c'est peut-être dans ces récits jugés indignes que cette construction se donne à voir de la façon la plus lisible, c'est peut-être « comme culture », et au travers des contenus manifestes ou latents de ces représentations ordinaires, qu'il émerge socialement. En figurant explicitement un double écart, celui qui sépare le monstre de l'humanité, celui qui distingue dans le groupe les limites du recevable et de l'irrecevable, faits divers et romans criminels exhibent les constituants à la fois anthropologiques et sociaux dont se dote chaque communauté. En même temps qu'ils les escamotent ou les opacifient, ces récits donnent accès aux réalités criminelles et les rendent visibles. En ce sens, les représentations du crime qu'ils proposent sont autant de réalités premières, de « vérités présomptives », que l'expérience et le monde sensible ont ensuite pour fonction de valider. Suscitant du réel plus qu'elles n'en dépendent, elles brouillent les codes convenus de la référentialité. Qu'importe que les apaches n'aient été qu'une réalité médiatique et littéraire, l'essentiel est que la France de la fin du XIXe siècle ait pu se vivre comme un front pionnier assiégé par des tribus hostiles, que des jeunes filles romantiques aient, à l'image de Colette, vibré à leurs « exploits »[3], que les mauvais garçons aient coulé leurs pratiques et leurs comportements dans le moule de ce stéréotype. Comme si

---

1. Le bilan le plus récent est celui de Jean-Claude FARCY, *L'Histoire de la justice française de la Révolution à nos jours. Trois décennies de recherches*, PUF, 2002.
2. Je suis ici les remarques de Hughes LAGRANGE, *La Civilité à l'épreuve. Crime et sentiment d'insécurité*, PUF, 1995, p. 24-25, et 278-280.
3. COLETTE, *L'Ingénue libertine*, Ollendorf, 1909.

« le crime » n'était au bout du compte que le produit d'une « négociation » entre des représentations souvent premières et les expériences individuelles ou collectives qui les confirment, les infirment ou les infléchissent.

La construction culturelle du crime

Analysés en série, les motifs déployés par ces récits s'avèrent donc essentiels en ce que, loin de la refléter, ils structurent la perception du réel criminel, organisent et régulent le discours social qui le porte. A trois égards au moins, cette pensée de l'inessentiel et du faux témoigne de sa capacité à ordonner par le langage le monde social, et à produire du « vrai ». En désignant d'abord les figures du risque criminel, qu'elle objective et hiérarchise, et dont elle scande l'évolution. Mieux que le discours savant et bien avant le discours institutionnel, elle signale le progressif transfert du vagabond au rôdeur des faubourgs, puis l'édification dans le dernier tiers du siècle de la criminalité juvénile comme forme extrême de la dangerosité. Elle indique ensuite avec une grande précision les lieux et points névralgiques de la vulnérabilité sociale. Ainsi voit-on la rue, territoire de l'agression, s'effacer progressivement vers les années 1900 au profit de l'espace privé du foyer, menacé par des cambriolages devenus d'insupportables atteintes à l'intimité et à l'intégrité physique. Elle décrit enfin les agents acceptables du retour à l'ordre, et avec eux les conceptions et modes de fonctionnement légitimes de l'ordre public. Qu'ils constituent un horizon idéal de références ou, à l'inverse, un instrument de disqualification, les systèmes de personnages mis en œuvre dans les faits divers ou les fictions criminelles signalent en effet avec une grande netteté les voies et les formes de « popularisation » des diverses catégories d'acteurs du processus criminel ou pénal. Très marginalisé au premier XIXe siècle, écrasé par les figures d'espions ou de mouchards que le régime impérial et la Restauration ont exacerbées, le policier entame un lent retour en scène, tant dans les faits divers où se multiplient les mentions de commissaires expérimentés et habiles, que dans les romans judiciaires qui, secondés par les nombreux mémoires de policiers, accouchent vers les années 1880 du « limier ». Celui-ci ne parvient cependant jamais à s'imposer véritablement. Non qu'il soit supplanté par le détective, ou l'enquêteur privé, qui ne parvint jamais, en France, à s'extraire de la désastreuse image de l'agent d'affaires ou à briser le carcan d'un « libéralisme étatiste[1] » qui veille jalousement sur le monopole policier. La concurrence provient d'une autre catégorie d'intervenants, journalistes et reporters, qui, au bénéfice d'être les scripteurs du fait divers et souvent du roman de police, allient celui de se présenter comme des acteurs désintéressés, au seul service de l'opinion et de la chose publique, héritiers en ce sens des justiciers du milieu du siècle[2], et par leur intermédiaire des héros de chevalerie dont les réseaux de colportage ont assuré la survie jusque dans les années 1850. On perçoit combien une telle sociologie, pourtant imaginaire, modèle l'approche du crime et de l'ordre public.

Véritable répertoire des lieux, des figures et des rôles de la criminalité, ces récits apparaissent d'autant plus disponibles et réinvestissables par les acteurs sociaux que leurs contraintes de production et d'édition engagent à coller, par captation intuitive ou stratégique, aux aspirations du plus grand nombre. Une sorte d'édifice à double entrée se constitue ainsi, où les faits divers produisent quotidiennement une masse de motifs et d'occurrences que la fiction récupère, systématise et projette dans le registre de l'extrême. Lorsqu'ils inaugurent dans les années 1880 la notion d'« armée du crime », les journalistes laissent aux romanciers le soin d'inventer les quelques caractères fictifs,

---

1. L'expression est de Lucien Jaume, *L'Individu effacé ou le Paradoxe du libéralisme français*, Fayard, 1997. Sur la question des enquêtes privées, voir Dominique Kalifa, *Naissance de la police privée. Détectives et agences de recherches en France, 1832-1942*, Plon, 2000.
2. Dont l'archétype est Rodolphe, héros des *Mystères de Paris* d'Eugène Sue (*Le Journal des débats*, 1842-1843).

Surhommes, Génies ou Généraux du crime, dont l'existence donne à l'expression toute son épaisseur.

A ce premier niveau d'analyse s'en articule étroitement un second, centré sur les diverses fonctions de ces textes, et notamment sur les impératifs moraux ou sociaux dont ils sont investis. Limpides car strictement « figuratifs [1] », marqués par une faible médiation esthétique, ces récits constituent en effet un matériau où s'affichent assez explicitement les stratégies de moralisation et de normalisation par lesquelles le corps social entend réduire ses transgressions et réguler ses écarts. Qu'ils s'expriment sur le mode de l'injonction, de la fable ou de la pédagogie récréative, tous ces récits, qui tendent par nature à l'édification, contribuèrent largement à la diffusion d'un discours et d'un imaginaire homogènes de la normativité. Contemporains, voire consubstantiels de l'organisation du pouvoir policier moderne, ils en disent la puissance et la légitimité croissantes, attestant dans l'ordre de la représentation de cette certitude de la punition sur laquelle s'adosse le système répressif moderne [2]. Exposé dans une langue élémentaire, qui est celle de l'école primaire, incarné par des figures simples et immédiatement compréhensibles, souvent réduites à l'état de fonctions anthropomorphisées (le Criminel, la Victime, le « Réparateur »), ordonné dans un système narratif clair et cohérent, leur programme constitue un excellent répertoire où lire, à l'échelle du siècle, l'évolution et la distribution des priorités normatives.

Identifier de telles visées n'équivaut cependant pas à réduire ces récits à l'état de simples instruments de contrôle idéologique et social. Formulée exclusivement en termes de conflit de classes, une telle approche a longtemps occulté la complexité du phénomène. D'abord parce qu'elle élude la question, pourtant décisive, des usages et des modes d'ap-

---

1. L'expression est de Claude DUCHET, « Idéologie de la mise en texte », *La Pensée*, nº 215, 1980, p. 101.
2. Sur ces points, voir Michel FOUCAULT, *Surveiller et punir. Naissance de la prison*, Gallimard, 1975, p. 68-72 et 291-295, ainsi que D.A. MILLER, *The Novel and the Police*, Berkeley, University of California Press, 1988.

propriation de ces textes, dont l'effet ne peut être mécaniquement déduit de leurs contenus. Ensuite parce que le refoulement de la violence et du crime, si sensible au XIXe siècle, ne peut être analysé dans la seule perspective d'une neutralisation des luttes ou des résistances sociales. S'y expriment aussi, et peut-être surtout, les aspirations plus confuses et collectives d'un corps social inégalement, mais massivement, engagé dans un lent processus d'individuation, d'adoucissement des mœurs et de « redéploiement des sensibilités[1] ». Bien plus qu'un éventuel asservissement, la production et la consommation croissantes de faits divers et de fictions criminelles signalent alors, à trois égards au moins, l'accélération du processus d'intégration culturelle et sociale des classes dominées. Par sa fonction cathartique bien sûr, et la progressive dérive vers l'imaginaire des transgressions qu'elle signale, mais aussi par son active production de parole et de cohésion sociales. En mettant en scène chaque jour les menus incidents de la veille, en focalisant l'attention sur des lieux, des gestes ou des acteurs ordinaires, ces récits constituent autant de marques de reconnaissance ou d'identité qui accompagnent l'appropriation de la ville par tous ceux qui l'occupent[2]. Jour après jour, faits divers et feuilletons criminels ressassent ainsi au lecteur que son quotidien vaut la peine d'être raconté, que le banal n'est jamais que de l'exceptionnel en puissance[3]. De fait, ils témoignent surtout de l'augmentation du temps consacré à la lecture, aux loisirs et au spectacle de la société, de l'insertion dans un espace culturel sans doute plus homogène, mais régi désormais par les notions de consommation, de plaisir et de divertissement. Loin d'opérer un repli sur une posture « populiste »[4], une telle approche invite à dépasser

---

1. Frédéric CHAUVAUD, *De Pierre Rivière à Landru. La violence apprivoisée au XIXe siècle*, Bruxelles, Brepols, 1991, notamment p. 202-255.

2. D. KALIFA, « Crime, fait divers et culture populaire à la fin du XIXe siècle », article cité. Voir aussi Michael DENNING, *Mechanic Accents. Dime Novels and Working-Class Culture in America*, Londres-New York, Verso, 1987.

3. Sur ce point, J.-C. VAREILLE, *Le Roman populaire français, op. cit.*, p. 241-242.

4. Claude GRIGNON et Jean-Claude PASSERON, *Le Savant et le Populaire. Misérabilisme et populisme en sociologie et en littérature*, Gallimard/Le Seuil, 1989.

des clivages stérilisants pour apprécier pleinement ce phénomène décisif qu'est, à compter des années 1860, l'entrée progressive du pays dans un régime « médiatique » marqué par le développement d'une « industrie culturelle » de plus en plus autocentrée, et pressée par les lois du marché à multiplier les productions standardisées où se diluent les investissements ou les enjeux trop accusés.

Lieu complexe et polysémique, à la fois normé et délié, ces récits jouent de ce fait un rôle important dans la constitution et la structuration de l'espace public. Dès le XVIIIe siècle, crime et justice sont au cœur de la construction du débat public[1]. Mais l'alphabétisation croissante du pays et l'industrialisation d'une production de faits divers et de fascicules à bon marché qui se substitue peu à peu à la littérature des causes célèbres donne à ce phénomène une ampleur inédite au XIXe siècle. Les grandes « émotions » que signalent tout au long du siècle les soudaines poussées de récits criminels (celle de 1826, celle des années 1836-1848, puis la séquence d'inquiétudes ininterrompues qui s'ouvre avec la question du récidivisme dans les années 1880-1885 et se prolonge jusqu'à la guerre)[2] se caractérisent en effet par une incontestable intensification du débat public, qui déborde largement la seule question de la « sécurité » Comme si le crime s'imposait, par-delà son domaine spécifique, comme une sorte de catalyseur des inquiétudes de l'opinion et des dysfonctionnements sociaux[3]. A l'inverse, la rétractation du débat public sous le second Empire s'accompagne d'une progressive désertion de la chronique criminelle. « Sous l'Empire, mutisme des journaux », note le policier Gustave Macé pour s'en plaindre : « Si le reportage avait été organisé tel qu'il est aujourd'hui, on aurait peut-

---

1. Sarah MAZA, *Vies privées, affaires publiques. Les causes célèbres de la France prérévolutionnaire*, Fayard, 1997.
2. Sur la séquence 1815-1870, voir S. DELATTRE, *Les Douze Heures noires, op. cit.* Pour les années postérieures, cf. D. KALIFA, *L'Encre et le Sang, op. cit.*, p. 234-250.
3. Ann-Louise SHAPIRO, *Breaking the codes. Female criminality in Fin-de-siècle Paris*, Standford University Press, 1996.

être pu saisir le criminel [1]. » Les faits divers alarmistes disparaissent presque totalement des journaux et sont totalement absents du *Petit Moniteur* par exemple, alors que *La Gazette des tribunaux* célèbre les hommes de la Sûreté et diffuse des messages lénifiants vantant la sécurité retrouvée. Entamé par la publication du *Petit Journal* en 1863, un tel consensus disparaît avec la libéralisation effective du régime et l'assouplissement du statut de la presse en 1868. A compter des années 1880, l'immense production de faits divers et de fictions criminelles entretient dans le pays une extrême familiarité avec la chose publique. Les institutions policières et judiciaires sont l'objet de représentations si nombreuses, si minutieuses et si « pédagogiques », qu'un lecteur assidu du *Petit Journal* ou du *Petit Parisien* n'ignore plus rien des rouages, pourtant complexes, des procédures répressives [2]. Il en va de même des débats savants qu'initie alors l'anthropologie criminelle (récidivisme, hérédité ou milieu social, criminalité juvénile, défense sociale, etc.) et que ces récits « popularisent » assez rapidement. Entre littérature, journalisme et « science criminelle » se noue progressivement une sorte de relation de validation réciproque [3], d'où émerge à la fin du siècle une vulgate sur le crime à laquelle s'adossent les principaux débats sur la « sécurité publique ». En introduisant dans les années 1907-1908 la délinquance et l'insécurité au cœur du débat et des programmes politiques, la chronique criminelle clôt une première étape, essentielle dans la genèse d'un espace public traversé désormais par la parole médiatique, et lesté du poids de quelques grands organes de presse, qui se veulent l'incarnation de l'« opinion » et imposent le cours forcé de leurs sujets.

---

1. G. MACÉ, *Crimes impunis, op. cit.*, p. 65.
2. Le phénomène est largement similaire en Grande-Bretagne. Voir Philippe CHASSAGNE, « Crime, justice et littérature populaire dans l'Angleterre du XIXe siècle », dans Frédéric CHAUVAUD et Jacques-Guy PETIT (dir.), *L'Histoire contemporaine et les usages des archives judiciaires*, Champion, 1998, p. 155-170.
3. Marie-Christine LEPS, *Apprehending the Criminal. The Production of Deviance in Nineteenth Century Discourse*, Durham, Duke University Press, 1992.

L'enquête, fiction maîtresse

« Les romans, poète, c'est la société qui les fait. » Ainsi répond Dumas, par la voix de Salvator interposée, à un jeune auteur en mal d'inspiration[1]. Il n'est donc pour les écrire qu'à se laisser porter par un mouvement qui est d'abord celui de l'immersion dans le monde social, puis du balancement de ses flux et de ses reflux. De la part d'un feuilletoniste, la leçon peut sans doute paraître convenue. Elle invite cependant à réfléchir à un autre niveau d'analyse, qui prendrait de surplomb le discours collectif tenu par tous ces textes et s'efforcerait d'en dégager la signification sociale. Moins que les thématiques ou les motifs mis en scène, c'est l'architecture, l'ordonnancement ou les structures des textes qui importent ici, des textes dont l'accumulation ou la juxtaposition finit par faire sens. Ce qui ne revient pas à supposer une seule et même communauté culturelle, repliée sur un dispositif de signes, d'attitudes et de valeurs partagés, ni à récuser le caractère mobile ou « indécidable » de récits dont le sens demeure toujours tributaire de regards et d'usages différenciés[2], mais seulement à considérer comme significatives les convergences textuelles, dont le ressassement ou la systématisation « informent » sur la société qui les produit.

Or, envisagé à l'aune du siècle, l'immense et proliférant intertexte que composent ces récits signale une très profonde mutation structurelle. A une forme de narration interne et monologique, centrée sur la relation factuelle de l'événement criminel, se substitue progressivement un autre récit, à l'énoncé et à la focalisation plus complexes, et qui s'attache désormais à suivre le cours d'un autre « événement », celui de l'enquête. Un récit rétrospectif donc, dont

---

1. A. DUMAS, *Les Mohicans de Paris, op. cit.*, p. 62.
2. Roger CHARTIER, *Au bord de la falaise. L'histoire entre certitude et inquiétude*, Albin Michel, 1998, p. 269-287.

l'objet (reconstituer un récit initial dont les termes ne sont pas connus), la méthode (inférer les causes à partir des effets observés) et les modes de représentation, fondés sur l'induction et le principe indiciel, bouleversaient radicalement l'approche et la compréhension traditionnelles du phénomène criminel. Celui-ci, dont la description se dilue dans la rétrospection, se trouve en effet résorbé dans sa résolution.

Sans doute cette inflexion, qui se contentait pour l'essentiel de transposer dans un nouveau décor et un nouveau registre les réflexes et postures traditionnels de la chasse, n'était-elle alors pas si remarquable. Sans doute aussi ne fut-elle jamais absolue, délaissant certains titres, ménageant transitions et ajustements. Le basculement, toutefois, demeure particulièrement lisible. Dans le cas du fait divers, on passa progressivement d'une narration initialement focalisée sur le crime (son horreur, sa sauvagerie, ses détails « circonstanciés »), puis sur le procès et l'exécution, à une tout autre forme de récit, chargé de reconstituer méthodiquement faits et responsabilités. Pour toutes les relations qui parvenaient à échapper au cadre étriqué de la rubrique, c'est la marche de l'enquête (enquête officielle, puis enquête « personnelle », ponctuées de pistes, d'hypothèses, de présomptions, et plus rarement de « faits nouveaux ») qui devenait désormais le cœur du récit[1]. Sinueux, préfiguré parfois de longue date (on songe à la très minutieuse procédure policière qui suit, en décembre 1800, l'attentat de la rue Saint-Nicaise et n'hésite pas à solliciter la collaboration des journaux[2], ou encore à l'existence précoce de canards « policiers »), ce phénomène ne se dessine véritablement que vers la fin du second Empire. Mais il connaît une brutale accélération à compter du milieu des années 1880, sous l'effet des mutations professionnelles et rédactionnelles que suscite la rapide « américanisation » de la presse à grand

---

1. J'ai analysé plus précisément ce basculement et ses limites dans *L'Encre et le Sang, op. cit.*, p. 61-76.

2. Marcel LE CLÈRE, « Comment opérait la police de Fouché », *Revue de criminologie et de police technique,* 1951, p. 33-36.

150   *Crime et culture au XIXe siècle*

tirage. A la veille de la guerre, les récits d'enquête représentent, en nombre comme en surface, près de la moitié des
récits de crimes publiés dans la presse nationale. Evolution
et chronologies sont largement similaires dans le cas du
roman criminel, qui donne alors naissance, par un complexe
phénomène de dérivation et de décantation, au roman de
détection [1]. Mais le principe de l'enquête émerge, sous sa
forme « archaïque », dès les grands feuilletons criminels du
milieu du siècle (*Les Mystères de Paris*, *Les Mohicans de
Paris*, *Les Habits noirs*, *Les Drames de Paris*, etc. [2]), où la
poursuite du crime s'inscrit dans un processus d'exploration sociale construit sur le modèle de la chasse :

— Tu vas à la chasse ? demanda-t-elle.
— Oui.
— Je croyais la chasse fermée.
— Elle l'est en effet ; mais je vais à une chasse ouverte en
tout temps, à la chasse de la vérité [3].

« La forêt de Paris existe toujours, moins les arbres »,
surenchérit Paul Féval [4]. Omniprésente dans les mémoires
de policiers (Canler, Claude, Macé, Goron, lesquels écrivent aussi des faits divers romancés, et sont aussi publiés en
feuilleton), la métaphore cynégétique façonne profondément la production française [5], qu'elle éloigne du strict
modèle du *detective novel* anglo-saxon, et à laquelle elle
confère une fonction exploratoire, productrice de savoir sur
le monde social. Loin d'être un simple travail de mise au
jour, l'enquête ainsi comprise suppose l'instauration d'une
méthode complexe de pénétration du maquis social, et d'un
travail actif d'interprétation des traces, opéré du dedans

1. Sur ces points, voir J.-Cl. VAREILLE, *L'Homme masqué, le justicier et le
détective, op. cit.*, p. 39-72, et Jacques DUBOIS, *Le Roman policier ou la modernité*, Nathan, 1992, p. 13-30.
2. Respectivement : Eugène SUE, 1843-1843, Alexandre DUMAS, 1854-1859,
Paul FÉVAL, 1865-1868, Alexis PONSON DU TERRAIL, 1858-1870.
3. A. DUMAS, *Les Mohicans de Paris, op. cit.*, p. 1084.
4. Paul FÉVAL *Les Habits noirs* (1865), Laffont, 1987, p. 160.
5. Voir *supra*, chapitre 3.

même de la société. Même si le roman criminel français ne parvint jamais à se déprendre totalement des cycles événementiels qui parasitent en permanence le processus indiciaire, le mode de narration qui s'impose à la fin du siècle est bien celui du récit rétrospectif, dont les tâtonnements inductifs finissent par établir, et par prouver, la « vérité des faits ».

Or, les modalités de cette procédure renouvelée me semblent signifier avec beaucoup de prégnance les lignes de force de la modernité. Non seulement dans ses aspects économiques, comme cela a maintes fois été analysé au travers des relations unissant capitalisme, industrialisme et récit de police (même conception de la productivité, même rapport à la consommation, même finalisation du récit)[1], mais plus encore dans sa dimension sociale et culturelle. Comme si le récit d'enquête, dont la faveur demeure aujourd'hui inchangée, figurait au cœur de notre *épistémè*.

L'émergence de cette forme narrative, qui s'impose progressivement comme le principal mode d'approche, mais aussi de compréhension et de production de savoir propre à la société moderne[2], s'inscrit en effet dans un double contexte. Celui d'abord d'une société devenue opaque et inintelligible au lendemain de l'événement révolutionnaire. Comme l'a montré Pierre Rosanvallon[3], l'univers social qui s'édifie au premier XIXe siècle sur les décombres de la société organique souffre d'un déficit manifeste de lisibilité sociologique ; il est perçu comme un monde volatil et

---

1. Constat classique des théoriciens de l'Ecole de Francfort dans leur réflexion sur l'industrie culturelle. Voir notamment Walter BENJAMIN, *Le Paris du second Empire chez Baudelaire*, op. cit., et Siegfried KRAUCAUER, *Le Roman policier. Un essai philosophique* (1922-1925), Payot, 1981.

2. Cet aspect est à relier bien sûr à la proposition célèbre de Carlo Ginzburg sur la naissance du paradigme indiciaire. Cf. « Traces. Racines d'un paradigme indiciaire », dans *Mythes, Emblèmes, Traces. Morphologie et histoire*, Flammarion, 1989, p. 139-180. Mais un tel mode de compréhension est aussi au cœur des sciences de la nature et de l'ensemble des savoirs empiriques qui se réordonnent alors, comme la paléontologie, la psychologie, la sociologie, etc., et, bien sûr, l'histoire.

3. *Le Peuple introuvable. Histoire de la représentation démocratique en France*, Gallimard, 1998, p. 288-301.

désubstantialisé, composé d'individus atomisés qu'aucun principe d'ordre ne parvient à organiser. Mais c'est aussi un monde bouleversé par l'expérience d'espaces nouveaux, ceux de la ville dont Simmel a souligné l'importance dans la redéfinition des cadres et modes de sociabilité[1]. Espace indécis du semblable et de la reproduction, lieu d'une dialectique complexe de l'évanescence et de la réapparition, la ville moderne est aussi celle de l'« homme dans la foule » alors repéré par Edgar Poe[2], de l'homme « sans qualité » abîmé dans un espace désormais sans traces ni indices naturels. En découle un sentiment de fragilité, d'incompréhension, de brouillage des identités et des appartenances, qui engage hommes de lettres et hommes de sciences à scruter le monde social pour tenter de le comprendre et de le corriger[3]. Sonder, lire et interpréter une société devenue inintelligible, tel est bien l'objet de cette fièvre d'auto-analyse qui s'empare du pays, et qu'exprime le développement des innombrables statistiques « morales », des physiologies, des romans et des « enquêtes » sociales. Les justiciers du roman criminel rejoignent ici les hygiénistes et les observateurs sociaux. C'est bien la même quête que mènent dans les dessous de la capitale Rodolphe, le héros des *Mystères de Paris*, et le docteur Parent-Duchatelet, engagés tous deux dans la production d'un discours qui cherche à dire le vrai pour administrer le juste[4]. Procédure à la fois exploratrice,

---

1. Georg Simmel, *Philosophie de la modernité : la femme, la ville, l'individualisme* (1908), Payot, 1989 ; W. Benjamin, *Le Paris du second Empire, op. cit.*

2. Je suis ici les analyses de Patrick Cingolani et Nicole Gabriel, *La Modernité à la trace, Tumultes,* n° 10, avril 1998. « L'Homme dans la foule » fut publié en France dans *Le Mousquetaire,* les 8 et 9 novembre 1854 (trad. de William Hughes), soit huit ans après les premières traduction des nouvelles « policières » de Poe (« La lettre volée » et « Double assassinat dans la rue Morgue »). Voir sur ce point la présentation de Léon Lemonnier, dans Edgar Poe, *Nouvelles histoires extraordinaires*, Garnier frères, 1947, p. XXV-XXVI.

3. Alain Corbin, « Le XIXᵉ siècle ou la nécessité de l'assemblage », dans A. Corbin et al., *L'Invention du XIXᵉ siècle. Le XIXᵉ siècle par lui-même (littérature, histoire, société),* Klincksieck/Presses de la Sorbonne nouvelle, 1999, p. 153-159.

4. Sur ce parallèle, voir Jan Matlock, *Scenes of Seduction. Prostitution, Hysteria and Reading Difference in Nineteenth Century France,* New York, Columbia University Press, 1994.

intellectuelle et narrative, l'enquête s'impose alors comme le mode privilégié de cette entreprise de déchiffrement et d'administration du social, voire, de façon plus générale, de production du « vrai » en régime industriel et urbain.

En ce sens, et si l'on consent à déplacer le concept du politique au social (opération somme toute acceptable dans un ordre démocratique où c'est précisément dans la composition du social que réside la légitimité politique), la procédure de l'enquête joue bien ce rôle de fiction maîtresse[1] de la société démocratique. Réduit à l'état d'épure, l'interminable récit d'enquête que narrent quotidiennement faits divers et fictions criminelles constitue ce grand texte métaphorique dans lequel s'inscrivent et peuvent se lire à la fois la légitimité et les apories de la société des individus. L'enquête se donne en effet comme le privilège de l'homme démocratique, cet individu doué de raison, à la fois lecteur et électeur, mais aussi enquêteur potentiel. Même si le principe de la lecture participante procède évidemment d'un artifice[2], le récit d'enquête, qu'il soit publié dans des journaux qui invitent continuellement le lecteur à collaborer à la recherche de la vérité, ou dans un roman policier qui associe en théorie le lecteur à sa résolution, est porteur d'une aspiration démocratique. Il est ce lieu où se concilient le libre exercice de la raison critique et le nécessaire repliement sur un consensus final, rationnel et négocié. Mais, à l'inverse de la chasse, récusée dans le droit jusqu'à la nuit du 4 août, mais exercée dans les faits, l'enquête est un privilège que le lecteur doit abdiquer en pratique, pour ne le considérer que dans la seule dimension du spectacle et de la consommation. Pensée et intériorisée comme une

---

1. Je renvoie sur cette notion aux travaux de Cliffort GEERTZ, notamment « Centers, Kings, and Charisma : Reflections on the Symbolics of Power » (1977), traduit et repris dans *Savoir local, savoir global. Les lieux du savoir*, PUF, 1986, p. 153-182.

2. Sur la tromperie narrative que constitue la fiction policière, voir Uri EISENZWEIG, *Le Récit impossible. Sens et forme du roman policier*, Christian Bourgois, 1986.

lecture masculine[1], elle justifie aussi le partage sexué des rôles politiques qui s'établit alors. Elle figure pleinement en ce sens les contradictions d'une société démocratique, faite d'individus émancipés et égaux en droit, libres de produire leur part de vérité, mais dont la voix ne peut s'exprimer que dans le registre d'une difficile et inégale représentation.

A quelques rares exceptions, toujours mises en scène à grand renfort médiatique, le lecteur/enquêteur doit donc abdiquer ses droits à des représentants. Et il n'est pas sans intérêt de remarquer que le bénéficiaire principal de cette délégation n'est, en France, ni le policier, ni l'expert, ni le privé, mais bien le journaliste. Du petit fait-diversier collecteur de nouvelles au premier reporter qui construit quotidiennement l'événement, c'est bien lui qui se hisse dans le dernier quart du XIXᵉ siècle au rang d'enquêteur suprême, puis de héros romanesque. L'enquête, d'ailleurs, passe toujours par une mise en texte, que le journal est à même d'assumer. Dans un climat de redondance généralisée, l'univers indiciel du fait divers comme du roman criminel est toujours scriptural : entrefilets, annonces, messages, livres, papiers, traces, etc. Toujours d'ordre textuel, la vérité ne surgit qu'enchâssée dans l'écrit, et ne semble pouvoir se résorber que dans la narration. Homme moyen, antithèse de l'« héritier », produit de l'école primaire et de la méritocratie républicaine, le reporter s'impose comme le représentant idéal, en ce qu'il exprime et incarne l'« opinion publique », toujours présentée comme l'acteur collectif et anonyme de la démocratie. Son enquête, dès lors, consiste à assigner des actes à des individus, et des individus à des places. Elle est cette pensée de l'ordre et de l'indexation qui résorbe les dysfonctionnements de la société des individus. Face à l'anomie culturelle et sociale née des bouleversements de la modernité, elle rétablit des cadres, des struc-

---

1. Selon les témoignages féminins recueillis par A.-M. Thiesse, *Le Roman du quotidien*, *op. cit.*, ainsi que « Le roman populaire d'aventures : une affaire d'hommes », dans Roger Bellet, *L'Aventure dans la littérature populaire au XIXᵉ siècle*, Lyon, PUL, 1985, p. 199-207.

tures, et rend la société plus lisse. Pleinement inscrit dans l'ordre de la représentation, le réordonnancement qu'elle met en scène transforme le sujet en individu social. Puis se donne à lire au quotidien dans les pages des journaux.

« Ce qui limite le vrai n'est pas le faux, mais l'insignifiant », note le mathématicien René Thom qui invite, à côté de la vérité proprement dite d'un résultat, à considérer aussi « son intérêt[1] ». La proposition peut aussi faire sens pour l'historien. Que la compréhension de l'événement ne puisse se passer du discours du faux qui contribue à le fonder est une donnée historicisée de longue date[2]. Que lieux et sens communs, et la pensée sociale qui les organise, envisagés comme des systèmes culturels et symboliques cohérents, représentent un objet des sciences sociales, interprétable au travers des signes et des textes qui le constituent, pose sans doute davantage de problèmes épistémologiques. Mais considérer la démarche herméneutique comme constitutive de l'opération historique n'équivaut pas à brader le « contrat de vérité » propre au savoir historique. L'exemple ici proposé des faits divers et des fictions criminelles montre que l'interprétation ne peut à aucun moment être dissociée des conditions matérielles de production et de circulation, ni des divers systèmes de contraintes qui pèsent en permanence sur ces textes et en modèlent les contours. Mais se contenter d'y pourchasser le « faux » à l'aune de quelques sources davantage tenues pour « vraies » équivaudrait à se priver d'un instrument essentiel d'intelligibilité du social. « La littérature est le discours théorique des procès historiques. Elle crée le non-lieu où les opérations effectives d'une société accèdent à une formalisation », écrivait Michel de Certeau, qui proposait d'y voir une sorte de

---

1. René THOM, *Paraboles et catastrophes. Entretiens sur les mathématiques, la science et la philosophie*, Flammarion, 1983, p. 127.
2. On songe aux travaux précurseurs de Marc BLOCH, « Réflexions d'un historien sur les fausses nouvelles de la guerre » (1921), repris dans *Histoire et Historiens*, A. Colin, 1995, p. 147-166, ou de Georges LEFEBVRE, *La Grande Peur de 1789*, A. Colin, 1932.

« discours "logique" de l'histoire, la "fiction" qui la rend pensable »[1]. Dans cette perspective, c'est moins le degré de véracité que la part d'effectivité qui importe, moins de démêler moins le vrai du faux que d'évaluer leurs articulations dans la constitution des concrétions sociales ou culturelles.

---

1. Michel DE CERTEAU, « Le roman psychanalytique. Histoire et littérature », dans *Histoire et psychanalyse entre science et fiction*, Gallimard, 1987, p. 119.

7

Scènes de prison

En dépit de sa vocation à l'isolement et au silence, la prison est un lieu bavard. D'emblée pensée comme un espace problématique, elle a d'emblée été recouverte par les critiques, les commentaires, les projets de réforme qui édifièrent à son ombre une monumentale forteresse de papier, dont Michel Foucault a naguère explicité la fonction[1]. Enquêteurs, hygiénistes, médecins, philanthropes, sociologues, hommes politiques et publicistes de toute sorte produisirent à son sujet une quantité considérable de discours, qui n'ont pas échappé à la riche historiographie de la prison contemporaine[2]. L'immense production d'imprimés à bas prix et à large circulation qui se répandit dans le dernier tiers du XIXe siècle accorda, elle aussi, une large place à l'espace et aux phénomènes carcéraux, à la mesure

---

1. M. FOUCAULT, *Surveiller et punir, op. cit.*
2. Voir notamment Michelle PERROT (dir.), *L'Impossible Prison. Recherches sur le système pénitentiaire français*, Le Seuil, 1980 ; Patricia O'BRIEN, *Correction ou Châtiment. Histoire des prisons en France au XIXe siècle* (1982), PUF, 1988 pour la trad. fr. ; Jacques-Guy PETIT, *Ces peines obscures. La prison pénale en France, 1780-1875*, Fayard, 1990 ; Jacques-Guy PETIT (dir.), *Histoire des galères, bagnes et prisons, XIIIe-XXe siècles. Introduction à l'histoire pénale de la France,* Toulouse, Privat, 1991 ; Robert BADINTER, *La Prison républicaine*, Fayard, 1992 ; Jean-Claude VIMONT, *La Prison politique en France. Genèse d'un mode d'incarcération spécifique, XVIIIe-XXe siècles,* Anthropos, 1993 ; Christian CARLIER, *La Prison aux champs. Les colonies d'enfants délinquants du nord de la France au XIXe siècle*, L'Atelier, 1994.

de l'intérêt que ces publications portaient par ailleurs aux affaires de crime et de délinquance. Maisons d'arrêt et centrales, détenus et bagnards, dortoirs et cellules firent donc assez rapidement irruption dans les colonnes des journaux à un sou, des livraisons à quatre sous, puis des premières collections à treize sous qui essaimèrent chez Rouff, Fayard ou Tallandier dans les premières années du XXe siècle. Partageant des modes de production analogues, imposés par les exigences de l'industrie culturelle (rationalisation et division du travail, standardisation, sérialisation), publiés sur les mêmes supports périodiques et éphémères, souvent l'œuvre des mêmes auteurs qui circulent sans difficulté du fait divers au feuilleton, du roman au reportage, tous ces textes se ressemblent, parlent la même langue, alimentent le même imaginaire. Entrés ensemble et au même moment dans l'ère de la culture « médiatique », ils procèdent le plus souvent d'un même système de représentation. L'attention portée aux images de la prison montre cependant les limites d'un tel principe. A son sujet s'opposent en effet radicalement deux régimes descriptifs : celui des journaux à grand tirage, qui diffusent de façon assez unanime l'image d'une prison « de cocagne », paradis des malfaiteurs et véritable scandale moral ; celui des fictions « populaires », limitées ici au registre des récits criminels, qui ne s'émancipent que tardivement et de façon incomplète d'un imaginaire fortement empreint de romantisme social.

En examinant ici l'ampleur et les raisons de ce malentendu, on voudrait surtout contribuer, à partir de l'analyse d'une figure précise, à une réflexion d'ensemble sur les usages et variations du principe de représentation. Si les analyses en ces termes se multiplient aujourd'hui, l'indécision demeure souvent quant à la nature du « représenté » et aux mécanismes de la figuration. On assigne notamment à ces derniers, fréquemment pensés en termes de reflet ou d'homologie, la charge d'établir des relations d'ordre direct entre les représentations et ses référents « réels ». L'exemple de la prison montre au contraire combien les représentations imprimées, de nature journalistique ou littéraire, ne s'inscrivent pas nécessairement dans une telle perspective, et renvoient le plus souvent à elles-mêmes ou à d'autres systèmes de représentation. Les aborder en historien exige donc d'élucider d'abord, et peut-être avant tout, leurs conditions d'élaboration, leurs régimes et intentions propres de fonctionnement, ainsi que les divers systèmes de contraintes qui modèlent leurs contenus.

De la prison de cocagne...

L'image de la prison qui s'épanouit dans les colonnes de la presse à grand tirage à la fin du XIXᵉ siècle ne souffre guère d'ambiguïté. Si l'on peut y déceler quelques nuances de détail, la plupart des articles ressassent toujours le même *topos* insistant, centré sur le scandale social et moral que constituent les prisons « de cocagne ». Le thème, évidemment, n'est pas neuf. Dénoncer le luxe des prisons au nom d'une conception intimidante et exemplaire de l'enfermement est, au XIXᵉ siècle, une constante du discours pénitentiaire, resurgissant lors de chaque débat important sur le régime des prisons, la philosophie pénale ou l'état de la répression. Prégnant dès la fin de la Restauration, un tel motif oriente notamment une partie de la réflexion de Tocqueville, qui s'élève contre les prisons-palais et la « fausse philanthropie », et des débats sur la prison cellulaire qui culminent dans les années 1840-1844[1]. Dès cette époque fleurissent les opuscules dénonçant le « paradis des prisons » et le régime trop doux d'établissements décrits comme de joyeuses auberges ou des palais des délices[2].

Sous sa variante de la prison « hivernage » (des centrales trop confortables qui, au lieu d'intimider, attirent les candidats à la mauvaise saison, notamment dans les rangs des

---

1. J.-G. Petit, *Ces peines obscures, op. cit.*, p. 239-245 ; M. Perrot, *Les Ombres de l'Histoire, op. cit.*, p. 109-158.
2. Voir notamment A. Cerfberr de Medelsheim, *La Vérité sur les prisons. Lettre à M. de Lamartine*, Paris, 1844, cité par J.-G. Petit, *Ces peines obscures, op. cit.*, p. 655-656.

vagabonds et des petits récidivistes), le thème est également présent dans les débats de la commission Haussonville en 1872 et 1873[1]. Il acquiert également une profonde résonance lors des discussions qui accompagnent le vote de la loi sur la relégation de 1885, en raison bien sûr de l'importance de ce texte dans la définition d'une répression républicaine, mais aussi de l'existence, à compter de ce moment, d'un puissant dispositif médiatique qui entend bien faire entendre sa voix dans les questions sensibles de sécurité publique[2]. Associant étroitement le registre de l'indignation et celui de la déploration, cette image de la prison connaît alors un vif essor, amplifié par l'énorme diffusion qui est celle des quotidiens à grand tirage de 1885 à 1914. Aux motifs traditionnels (des cellules luxueuses, une nourriture opulente, des détenus « coqs en pâte », une peine sans châtiment) s'ajoute un argument appelé à prendre, en régime démocratique, une épaisseur particulière : punis pour leurs crimes contre la société, les malfaiteurs bénéficient durant leur détention de conditions d'existence supérieures à celles dont jouissent les honnêtes citoyens. C'est ce « scandale » que dénonce par exemple un journal poitevin en 1893, indigné du contraste choquant entre les « chambres coquettes » de la prison cellulaire de Niort et les masures misérables des paysans de la région, de l'écart séparant les menus « raffinés » qu'on y sert et les soupes frugales de l'Ouest rural[3].

A compter de 1895, la mise en service de la nouvelle prison de Fresnes[4] donne à de tels propos une très forte

---

1. Bernard SCHNAPPER, « La récidive, une obsession créatrice au XIXe siècle », dans *Le Récidivisme*, PUF, 1983, p. 44. Voir aussi R. BADINTER, *La Prison républicaine, op. cit.*

2. S. DIEHL, *La Question sécuritaire à Paris de 1880 à 1885, op. cit.* Sur l'importance de la loi de 1885 dans la mise en œuvre d'une répression républicaine, voir Martine KALUSZYNSKI, « Le criminel à la fin du XIXe siècle : un paradoxe républicain », dans André GUESLIN et Dominique KALIFA (dir.), *Les Exclus en Europe, 1830-1930*, L'Atelier, 1999, p. 253-266.

3. *Le Mémorial des Deux-Sèvres*, 16 décembre 1893, cité par F. CHAUVAUD, *Les Criminels du Poitou au XIXe siècle, op. cit.*, p. 90-91.

4. Christian CARLIER, Juliette SPIRE, Françoise WASSERMAN, *Fresnes, la prison. Les établissements pénitentiaires de Fresnes : 1895-1990*, Fresnes, Ecomusée,

audience. « Nous sommes rentrés dans cette voie funeste qui consiste à bâtir des prisons qui ressemblent à des palais, déclare à la Chambre le député progressiste Georges Berry, l'un des premiers à faire des questions de sécurité publique un usage proprement politique. Il y a là des bains très luxueux tels que beaucoup de Parisiens même aisés n'en ont pas chez eux[1]. » Deux ans plus tard, avançant là une idée promise à un bel avenir, le député Loriot estime que les détenus étaient mieux traités que les soldats[2]. « Fresnes est matériellement plus confortable à habiter que les casernes », surenchérit en 1910 le Dr Lejeune[3]. Que les bandits et les rôdeurs, « qui ne méritent que des coups », bénéficient d'un confort, d'un régime, d'un luxe largement supérieurs à celui dont jouissent les jeunes conscrits et les soldats, qui se sacrifient pour la défense de la patrie, constituait pour les journaux un inacceptable scandale, qu'il convenait de dénoncer inlassablement. La double décennie qui précéda la Grande Guerre vit donc se multiplier les commentaires indignés sur un régime pénitentiaire jugé consternant. Le décrier offrait d'ailleurs une bonne raison de publier un nouveau reportage sur l'univers des prisons, sans être suspecté de complaisance, de voyeurisme ou de perversion du sens moral. Comme dans le cas des récits d'agressions ou d'attaques nocturnes, ces éclairages très « politiques » permettaient de donner une cohérence médiatique, et de transformer en faits de société des événements sans portée ni réelle consistance. Ainsi ce reportage à la Santé où, après avoir dénoncé le régime de faveur dont bénéficiaient les condamnés à mort, le journaliste évoque celui des autres détenus, notamment celui des prévenus, qui fait l'objet de remarques indignées :

1990 ; Christian CARLIER, *Histoire de Fresnes, « prison modèle ». De la genèse aux premières années*, Syros, 1998.

1. *J.O., Chambre, Débats*, 20 novembre 1896, p. 1161.

2. *Ibid.*, 31 janvier 1898, p. 256.

3. Dr LEJEUNE, *Faut-il fouetter les apaches ?*, Librairie du Temple, 1910, p. 40.

Le matin ils mangent une soupe maigre, le soir un plat de légumes copieux. Le jeudi et le dimanche, on leur donne 100 gr de viande désossée. Sur 100 prisonniers, il s'en trouve bien 80 qui ne trouvent pas chez eux un régime aussi sain et aussi abondant. Aussi un grand nombre d'entre eux ne redoutent pas de venir passer ici la mauvaise saison. Ceux qui ne trouvent pas la nourriture suffisante sont à même d'améliorer leur ordinaire par le produit de leur travail. Ils peuvent, par exemple, faire et coudre des cahiers. Cette besogne leur est payée 1 franc 15 le mille au minimum et 2 francs 40 au maximum. [...]

On le voit, MM. les criminels qui attendent à la prison de la Santé que le parquet les fasse bénéficier d'un non-lieu ne sont pas à plaindre. Ils ont même à leur disposition un instituteur arraché à la maison qui complète leur instruction, parfois même un peu contre leur gré.

Qu'on ne s'étonne pas, après cela, que la détention ne leur fasse pas peur[1] !

A l'argument traditionnel d'un milieu carcéral criminogène s'ajouta bientôt celui d'une prison directement responsable de l'essor présumé de la criminalité. De tels propos, rapidement hissés au rang de leitmotiv, pouvaient donner prise à des démonstrations extraordinaires : « Non seulement on vit dans les prisons suivant les préceptes de la plus parfaite hygiène, mais encore on y fait de la sur-alimentation », note un journaliste qui s'efforce de chiffrer les dépenses des prisons parisiennes. Ses conclusions sont édifiantes : les prisonniers, qui coûtent quinze millions de francs, n'en rapportent que quatre tant leur travail est faible. C'est donc onze millions de francs que dépensent chaque année les contribuables « pour entretenir toute cette tourbe de criminels, de voleurs et de paresseux [2] ».

Associée à l'espèce d'évidence naturelle dont bénéficiait ce genre de révélations, la course à la surenchère pratiquée par les journaux finit par emporter les appréciations plus

---

1. *Le Petit Journal*, 28 mai 1902.
2. Supplément illustré du *Petit Journal*, 3 novembre 1907.

mesurées. Au lendemain de la mise en service de Fresnes, les plus modérés des organes de presse s'étaient efforcés de conserver une certaine retenue. « On en a critiqué le confort ; c'est qu'on oubliait que l'amélioration des conditions matérielles des détenus est considérée par tous les spécialistes comme un des moyens les plus efficaces de prévenir les rechutes futures et de favoriser l'œuvre de reclassement », note en 1901 l'éditorialiste du *Petit Parisien*[1]. Sept ans plus tard, le même Jean Frollo a tout oublié de la pédagogie pénitentiaire. Il peut alors écrire que l'entretien d'un apache nous coûte deux francs par jour, et conclure sans état d'âme : « Ils engraissent à ne rien faire[2]. » L'idée que les prisons étaient devenues « des hôtelleries confortables où le criminel se repose des fatigues du métier[3] » était devenue si courante qu'elle pouvait servir d'argument publicitaire, signe de la rapide banalisation du propos :

A la prison de Fresnes, on a pour les escrocs,
Toute sorte d'égard et le luxe y domine,
Quand tant de braves gens pâtissent, crient famine,
Là-bas, chaque cellule a son pain de Congo[4].

Associé à la dénonciation du laxisme des magistrats, ce thème de la prison paradisiaque s'imposa à la veille de 1914 comme l'un des motifs principaux de la « crise de la répression[5] », et de la politisation des questions de sécurité qui en résulta. Pensé comme l'une des manifestations du droit et du devoir de punir, cet investissement médiatique du thème de la prison-châtiment contribua ainsi à fissurer le fragile équilibre réalisé en 1885 entre les partisans de la pédagogie pénitentiaire et ceux de la punition exemplaire ou de la politique du « débarras ».

---

1. *Le Petit Parisien*, 17 octobre 1901.
2. *Le Petit Parisien*, 4 avril 1908.
3. Alfred FOUILLÉE, *La France au point de vue moral*, Alcan, 1900, p. 191.
4. « Prison smart », *Le Petit Parisien*, 22 février 1900.
5. Voir *infra*, chapitre 13.

... au sépulcre

C'est une tout autre prison que découvrait le lecteur lorsqu'il laissait glisser son regard vers le bas de la page, vers
ce rez-de-chaussée où prospéraient les feuilletons quotidiens. Un lieu très familier d'abord, beaucoup plus fréquent
que dans les chroniques ou les faits divers, décrit avec un
pointillisme surpassant largement celui des reportages journalistiques. Autant que les tapis-francs, les hôtels du faubourg Saint-Germain ou le théâtre des assises, la prison est
un espace majeur de la topographie feuilletonesque. Tous
les établissements parisiens sont visités avec la même insistance et le même réalisme cru, aux sources d'un stéréotype
lui aussi hautement productif. Le lecteur, s'il est attentif,
n'ignore donc rien de l'architecture ou du fonctionnement
de ces lieux. Qu'il s'agisse de sa physionomie avant ou après
la rénovation du milieu des années 1860, le dépôt de la
Préfecture de police n'a ainsi guère de secret pour qui a lu
Les Nuits du Boulevard de Pierre Zaccone ou *Les Loups de
Paris* de Jules Lermina[1]. Tous les personnages des romans
criminels y font au moins une halte, et celle-ci se prolonge
volontiers lorsqu'il s'agit des salles réservées aux femmes,
ce local odieux où se presse « une foule bizarre, interlope
et cosmopolite, loqueteuses, mendiantes, pierreuses et
romanichelles[2] ». Qui veut connaître Mazas n'a qu'à feuille-
ter *Le Veilleur des morts* de Turpin de Sansey ou les
Mémoires d'un déporté de Théodore Labourieu, ou encore
les fascicules des *Bas-Fonds de Paris* d'Aristide Bruant[3].
Tous donnent de l'établissement de minutieuses descrip-

---

1. Pierre ZACCONE, *Les Nuits du Boulevard*, Dentu, 1876 ; Jules LERMINA, *Les Loups de Paris*, Dentu, 1876.
2. Pierre SOUVESTRE et Marcel ALLAIN, *Le Mort qui tue* (1912), Laffont, 1971, p. 47.
3. Louis-Adolphe TURPIN DE SANSEY, *Le Veilleur des morts*, Pache et Deffaux, 1868 ; Théodore LABOURIEU, *Mémoires d'un déporté*, Fayard, 1874 ; Aristide BRUANT, *Les Bas-Fonds de Paris*, J. Rouff, 1892.

tions : aspect extérieur, cellules, couloirs, règlement, nourriture, et jusqu'aux taux de suicide que l'administration y enregistre. Pour la Grande Roquette, le meilleur guide est encore Pierre Zaccone, mais l'on peut faire confiance à Adolphe Belot, ou Georges Grison, fait-diversier et feuilletoniste, qui a ramassé ses *Souvenirs de la place de la Roquette*[1]. On obtiendra une description précise de la prison militaire du Cherche-Midi en lisant *L'Agent secret*, de Souvestre et Allain. Quant à l'étonnant dispositif panoptique de la Santé, « bâti d'après le principe du rayonnement », il fait l'objet de l'attention scrupuleuse de Maurice Leblanc[2].

La plus fréquentée de toutes les geôles parisiennes demeure cependant la prison pour femmes de Saint-Lazare. Il n'est guère de feuilletoniste qui, dans le sillage d'Eugène Sue, n'ait visité l'établissement au moins une fois, et nombreux sont ceux qui s'y installent durablement[3]. Saint-Lazare fait partie de ces noms à haute charge symbolique qui viennent opportunément agrémenter un titre, un sous-titre ou au moins une tête de chapitre. C'est le cas notamment des *Drames de Paris,* de Ponson du Terrail, dont une section est intitulée « Saint-Lazare » et fournit de la prison

---

1. Adolphe BELOT, *Le Roi des Grecs*, Dentu, 1881 ; Georges GRISON, *Souvenirs de la place de la Roquette*, Dentu, 1883.

2. « Au centre de la partie principale, il y a un rond-point d'où convergent tous les couloirs, de telle façon qu'un détenu ne peut sortir de sa cellule sans être aperçu aussitôt par les surveillants postés dans la cabine vitrée qui occupe le milieu de ce rond-point.

« Ce qui étonne le visiteur qui parcourt la prison, c'est de rencontrer à chaque instant des détenus sans escorte, et qui semblent circuler comme s'ils étaient libres. En réalité, pour aller d'un point à un autre, de leur cellule, par exemple, à la voiture pénitentiaire qui les attend dans la cour pour les mener au Palais de justice, c'est-à-dire à l'instruction, ils franchissent des lignes droites dont chacune est terminée par une porte que leur ouvre un gardien, lequel gardien est chargé uniquement d'ouvrir cette porte et de surveiller les deux lignes qu'elle commande.

« Et ainsi, les prisonniers, libres en apparence, sont envoyés de porte en porte, en regard, comme des colis qu'on se passe de main en main. » Maurice LEBLANC, *813* (1910), Hachette, 1960, p. 214.

3. Quelques exemples parmi beaucoup d'autres : Charles MÉROUVEL, *La Fièvre de l'or*, Dentu, 1897 ; Eugène MORET, *L'Orpheline de Saint-Lazare*, Dentu, 1886 ; *Les Mystères de Saint-Lazare par une ancienne détenue*, Baillif, 1891 ; Adolphe BELOT, *Une femme du monde à Saint-Lazare*, Dentu, 1891 ; Pierre SOUVESTRE et Marcel ALLAIN, *L'Evadée de Saint-Lazare*, Fayard, 1912.

de la rue du Faubourg-Saint-Denis une très méticuleuse description : lieux, greffe, personnels, parloir, etc. [1]. L'espace carcéral n'est pas non plus limité à Paris. Jules Mary explore la centrale de Clermont-de-l'Oise, René de Sieurac celle de Clairvaux, Souvestre et Allain les geôles bretonnes de Brest, de Morlaix et de Rennes [2]. Par-delà les frontières, voici la célèbre prison britannique de Newgate, celles d'Anvers et de Louvain en Belgique, celle d'Old Bailey ou encore celle de Pentonville [3], qui offre aux auteurs l'occasion de dispenser un cours de science pénitentiaire [4]. Car ces récits, ponctués de descriptions pointillistes, entretiennent une grande familiarité entre le lecteur et la prison, comme si l'une de leurs fonctions était précisément de l'instruire des différents rouages du système carcéral.

Les intentions, au vrai, étaient plus équivoques. Le souci du réalisme documentaire, du détail pittoresque ou technique, de l'entreprise de pédagogie populaire dont la littérature de grande diffusion est toujours porteuse s'y conjugue avec le désir de voyeurisme et d'exotisme social, à son aise dans la peinture de la contre-société carcérale. En émane une sorte de « réel » à la fois exceptionnel et ordinaire, banal et convulsif, à l'image de celui qui hante la chronique des faits divers. Il n'est guère étonnant dans ces conditions que l'établissement le plus prisé soit celui de Saint-Lazare, qui permet d'associer dans de sordides et ténébreuses affaires la prison, les femmes et la prostitution. La violence, la promiscuité, l'horreur de la société carcérale peuvent s'y

---

1. A. Ponson du Terrail, *Les Nouveaux Drames de Paris, op. cit.*

2. Jules Mary, *La Pocharde... !,* Librairie illustrée, 1898 ; René de Sieurac, *Le Crime d'Argenteuil*, Paris, 1896 ; Pierre Souvestre et Marcel Allain, *L'Arrestation de Fantômas,* Fayard, 1912.

3. Respectivement : Pierre Zaccone, *Les Misérables de Londres*, Benoist, 1874 ; Pierre Souvestre et Marcel Allain, *Le Train perdu*, Fayard, 1912 ; Id., *Le Magistrat cambrioleur*, Fayard, 1912 ; Id., *Le Pendu de Londres*, Fayard, 1911.

4. « C'est à Pentonville que le législateur anglais a pour la première fois, dès sa mise en vigueur, applique le principe de l'isolement, principe généralisé depuis dans la plupart des prisons du monde entier. C'est pour cela qu'on trouve à Pentonville d'immenses préaux, de larges cours où se promènent les détenus, mais auxquels ils accèdent, de leurs cellules respectives, par de longs couloirs étroits à seule fin de ne pas voir leurs compatriotes. » *Le Pendu de Londres, op. cit.*, p. 349.

déployer sans gêne, croiser le pathétique et le documentaire, se teinter même d'une légère touche érotique, le tout sous couvert de la dénonciation d'un établissement unanimement considéré comme « une honte pour Paris et pour la civilisation[1] ». Certains auteurs se spécialisent même dans ce genre. Feuilletoniste prolixe, auteur de plus de deux cents romans qui versent avec la même aisance un peu factice dans tous les styles, Pierre Zaccone est sans doute le meilleur représentant de cette littérature des prisons. Non seulement l'univers carcéral est omniprésent dans l'imaginaire de Zaccone, mais il en fait l'argument central de nombreux récits, parmi lesquels *Une haine au bagne* (1863), *Les Mystères de Bicêtre* (1864), *Le Condamné à mort* (1866), *Un drame sur les pontons* (1872), *La Cellule n° 7* (1881), *La Recluse* (1882). Son investissement est tel qu'il ressent chemin faisant le besoin de publier une sorte de traité sur ce monde qu'il fréquente depuis si longtemps, comme s'il s'agissait d'offrir à ses collègues une documentation peu à peu amassée[2].

Les représentations de la prison que diffusent ces romans s'avèrent surtout très différentes de celles colportées par la presse. Pour la plupart d'entre eux, ces récits présentent la prison comme un lieu de désolation. Elle est l'endroit du règlement absolu. Ni le hasard ni la discussion n'ont leur place ici. L'existence des détenus y est corsetée par un ensemble de normes, de formalités, de prescriptions interminables. Partout, il n'est question que d'inscriptions, d'écrou, de fouilles, de cartes administratives, de permis de communiquer. « Le bandit comprenait évidemment qu'il était désormais pris dans un formidable engrenage[3]. » Les règlements intérieurs sont draconiens, appliqués par un personnel intraitable et qu'il n'est pas imaginable de corrompre. A la prison de Brest, des « mégères à face de

---

1. M. Du Camp, *Paris…, op. cit.*, vol. 3, p. 52.
2. Pierre Zaccone, *Histoire des bagnes, depuis leur création jusqu'à nos jours. Brest, Toulon, Rochefort, Lorient, Cayenne, Nouvelle-Calédonie*, Bunel, 1870.
3. Pierre Souvestre et Marcel Allain, *Le Jockey masqué*, Laffont, 1971, p. 935.

brutes », à Saint-Lazare « des gardiennes sans amabilité » qui « donnent des ordres sans réplique » et « font rentrer les prisonnières à coups de poing »[1].

Enfermé dans cet étouffoir, le détenu sombre vite dans les affres du silence et de l'accablement. Rares sont ceux qui échappent à l'écrasement carcéral. Ancien bagnard, prototype du génie criminel tel qu'il s'est peu à peu imposé dans la littérature criminelle, Rocambole est lui-même frappé par l'effet de la prison, à la Conciergerie d'abord, puis surtout à Mazas. « Celui qui eût pénétré à l'improviste dans sa cellule, eût été frappé de sa pâleur et de son abattement. [...] Il avait mal aux nerfs, il avait même pleuré... » La raison, explique l'auteur, en est dans la dureté du régime auburnien. « Le système cellulaire est peut-être le plus terrible de tous les systèmes pénitenciers. Toujours seul, le prisonnier a bientôt perdu sa force morale et son énergie physique. Lorsqu'il arrive à l'instruction, il est à moitié vaincu par avance[2]. » Les surhommes du crime qui lui succèdent font généralement la même expérience douloureuse. Les esprits les plus forts peuvent un moment tenter de tromper ces sentiments, et ironiser par exemple sur le régime de Santé-Palace. Il leur faut vite déchanter : « L'extraordinaire, le génial, l'invisible héros se morfondait, comme les autres, entre les quatre murs d'une cellule, écrasé à son tour par cette puissance formidable qui s'appelle la Justice et qui, tôt ou tard, fatalement, brise les obstacles qu'on lui oppose et détruit l'œuvre de ses adversaires[3]. » La métaphore de la tombe, du sépulcre, s'impose avec d'autant plus de force que ces héros sont de purs actants, dont l'existence ne se conçoit que projetée dans le mouvement. L'effet de la prison est accablant. Il broie même les plus forts, à l'image de Fantômas. « Les murs de la prison, épais, impénétrables, semblaient peser sur lui d'un poids écrasant.

---

1. P. Souvestre et M. Allain, *L'Arrestation de Fantômas, op. cit.*, p. 199 ; Id., *L'Evadée de Saint-Lazare, op. cit.*, p. 95 et 98.
2. A. Ponson du Terrail, *La Résurrection de Rocambole, op. cit.*, pp. 563-564.
3. M. Leblanc, *813, op. cit.*, p. 207.

Par moments, il se prenait le front à deux mains et il soupirait alors profondément, emplissant sa poitrine d'air, comme s'il eût brusquement l'impression qu'il étouffait et qu'il allait mourir misérablement, là, dans ce cachot[1]. »

Pour lutter contre ces sentiments, il reste le travail, agent essentiel de la transformation carcérale aux yeux des discussions et des espérances pénitentiaires du temps. Mais les romans populaires ne s'y attardent guère. Ni la question du travail ni celles de la lecture ou de l'amendement ne traversent ces récits. Si le réalisme documentaire et pittoresque est omniprésent, il ne concerne que les lieux et les modes de fonctionnement, et encore a-t-il tendance à escamoter peu à peu tout ce qui n'est pas directement en relation avec la cellule, qui suffit à symboliser la prison. C'est pourquoi d'ailleurs, à l'exception du bagne, cet autre thème fixé de la tradition feuilletonesque, ces récits ne disent rien des colonies pénitentiaires, de la « prison aux champs » ou des autres formes d'enfermement. Souvent réduite aux dimensions du cachot, la prison est vidée de son environnement intellectuel ou social pour demeurer le lieu de la réclusion. Deux thèmes peuvent alors s'y déployer. Celui de la contre-société carcérale, qui réactive sans grande originalité les figures traditionnelles des bas-fonds : violence, promiscuité, langue des prisons, ainsi que ces terribles formes de solidarité ou de contre-solidarité qu'engendrent la réclusion et l'exclusion. L'autre motif concerne les effets individuels et moraux de la vie carcérale, le cycle destructeur qu'elle initie, les logiques mêlées d'accablement, de résignation et de régénération qu'elle met en œuvre.

Filiations et réadaptations

Un tel écart entre représentations littéraires et représentations journalistiques apparaît d'autant plus surprenant

---

1. Pierre SOUVESTRE et Marcel ALLAIN, *La Guêpe rouge* (1912), R. Laffont, 1971, p. 67.

qu'on connaît la filiation presque naturelle qui s'établit entre reporters et feuilletonistes. Souvent anciens journalistes ou entretenant avec eux des relations soutenues, écrivant pour les rédactions des grands quotidiens, trouvant dans les faits divers ou les enquêtes de presse le matériau de leurs propres récits, les romanciers industriels s'inscrivent en effet largement dans le même *continuum*. Nombreux d'ailleurs sont ceux qui, comme Jules Lermina, Georges Grison, plus tard Gaston Leroux ou Georges de Labruyère, exercent en parallèle les deux activités.

La raison en est à chercher dans la très forte codification rhétorique qui pèse sur ces textes. Né dans les marges du romantisme, le roman-feuilleton peine à s'affranchir des images héritées sur les fonts baptismaux. Quel que soit le genre professé, la prison demeure pour la littérature bas de page cette métaphore du tombeau que lui a léguée l'imaginaire romantique[1]. On sait combien le roman noir, gothique ou frénétique, a fait de la prison, aux côtés de la lande et du manoir en ruine, l'un des motifs principaux de son environnement, dont la trace perdure longtemps chez Hugo, Nerval ou Borel. Maître du romantisme et du roman historique, Walter Scott poursuit la veine qu'il illustre dans sa très célèbre *Prison d'Edimbourg*[2]. Le romantisme social lui emboîte le pas. Cachot, oubliette ou cellule du condamné à mort, la prison devient cet espace problématique où la société, explicitement confrontée à ses marges, voit se concrétiser nombre de conflits essentiels : ceux du devoir et du droit, du pouvoir et de la révolte, de la morale et de la loi. C'est en ses murs donc que peuvent également se réaliser le rachat, la régénération ou la rédemption. Des *Derniers Jours d'un condamné* à *Marie Tudor* ou à *Lucrèce Borgia*, elle s'impose ainsi comme un des lieux privilégiés du drame hugolien. C'est en prison encore que Lacenaire construit sa légende, en prison que Fabrice trouve le bon-

---

1. Victor Henri BROMBERT, *La Prison romantique. Essai sur l'imaginaire*, José Corti, 1975.
2. Walter SCOTT, *La Prison d'Edimbourg, nouveaux contes de mon hôte*, recueillis et mis au jour par Jedediah Cleisbothma, Nicolle, 1821.

heur, en prison qu'Edmond Dantès puise son énergie. Que l'on songe encore à l'immense retentissement de *Mes prisons* de Silvio Pellico, paru en 1832, et dont les rééditions se succédèrent à compter de cette date, pour apprécier toute la vigueur de cet imaginaire[1].

Pour la majeure partie des textes relevant des genres « populaires » (romans d'aventures criminelles, historiques, sentimentales ou sociales), la représentation de la prison ne se démarque que très peu du modèle romantique, et de l'inspiration christique qui le fonde. Outre la fonction déjà évoquée d'exotisme et de marginalité sociale, elle demeure ce tombeau, ce sépulcre dans lequel se conjuguent deux principes de représentation, le supplice et le salut, la désolation et la rédemption. Elle offre d'un côté une forte charge pathétique, centrée sur la représentation de la souffrance et de la misère morale, de l'autre une capacité à la dynamique romanesque par la mise en scène de la régénération intellectuelle et morale. C'est ainsi par exemple que la prison devient, dans cette série emblématique du roman-feuilleton que sont *Les Drames de Paris*, l'un des espaces où se réalise une large part de l'alchimie romanesque. C'est à Saint-Lazare que la belle Marton, fille perdue, se porte au secours d'une innocente broyée dans une odieuse machination et entame sa progressive rédemption ; c'est enchaîné au bagne de Cadix que Rocambole opère sa résurrection[2].

C'est donc à la permanence de cet imaginaire romantique dans la production feuilletonesque du second XIXe siècle qu'il convient d'attribuer la paternité du contraste observé. Sans doute quelques inflexions sont-elles repérables. Très présent dans le registre sentimental ou le roman « de la victime », un tel modèle tend à s'atténuer dans la production plus moderne de romans d'aventures policières qui émergent à la Belle Epoque. Pour des raisons à la fois internes, relatives à leur économie narrative (les héros qui l'animent

---

1. *Mémoires de Silvio Pellico ou Mes prisons,* traduit de l'italien par O. Boistel d'Exauville, Gaume frères, 1833.
2. A. Ponson du Terrail, « Saint-Lazare », article cité ; Id., *Les Exploits de Rocambole* (1858), Robert Laffont, 1992, p. 875-876.

ne peuvent moisir trop longtemps sur la paille humide des cachots) et externes (il faut se distinguer du style, perçu comme vieilli, du romantisme social, et souscrire à des formes plus modernes), le roman de police cherche à s'émanciper des représentations colportées par la tradition feuilletonesque. Il n'y parvient qu'à moitié. Lieux, institutions et logiques carcérales y demeurent, on l'a vu, fortement tributaires des traditions rhétoriques. Seules quelques nuances apparaissent çà et là, à l'image du sort réservé aux directeurs d'établissements pénitentiaires, toujours dépeints comme des bureaucrates incompétents et pusillanimes. Mais c'est surtout dans le sort réservé à la fonction punitive de la prison que se signalent les écarts les plus sensibles. On s'ingénie en effet, dans les grands cycles du début du siècle, à détourner la prison de sa tâche initiale. De sa cellule de la Santé, Arsène Lupin parvient par exemple à « mener une de ces campagnes de presse où il excellait », puis à y coordonner un cambriolage[1]. Même objectif pour Fantômas, qui s'astreint à transformer sa cellule en moulin et y réussit le plus souvent. « Sa prison serait un hôtel d'où l'on sortirait à sa guise pour vaquer à ses occupations et où l'on rentrerait lorsqu'on n'avait plus besoin de sa liberté[2]. » Brisant l'isolement, déjouant la surveillance, les héros de romans policiers affirment leur liberté en ridiculisant le système. Ils se rapprochent en cela, sur le mode plaisant, du propos alors fleurissant dans la presse. L'évasion, rapidement, devient donc le seul horizon possible de la prison. « Arsène Lupin devait s'évader. C'était inévitable, fatal. On s'étonnait même que cela tardât si longtemps[3] », et la formule vaut pour la plupart des romans Belle Epoque. La prison n'est plus qu'un lieu transitoire, une sorte de hall d'attente précédant l'évasion. Le vocabulaire en témoigne

---

1. M. LEBLANC, *813, op. cit.*, p. 257 ; ID., « Arsène Lupin en prison » (1905), *passim*.

2. Pierre SOUVESTRE et Marcel ALLAIN, *Le Policier apache*, Fayard, 1911, p. 283.

3. Maurice LEBLANC, « L'évasion d'Arsène Lupin » (1905), Hachette, 1960, p. 328.

qui, aux termes de réclusion, préfère ceux plus temporaires de détention ou d'enfermement [1]. Mais si l'on peut interpréter de telles variations comme des concessions à l'air du temps, à la dénonciation si courante alors de l'inefficacité de la prison, on peut tout autant les considérer comme une simple soumission aux schèmes traditionnels du roman d'aventures auxquels Féval, Dumas ou Ponson du Terrail avaient recouru avant eux. Et si l'évasion s'avère impossible, c'est à la guillotine d'assurer la transition. Car seul le héros s'évade. Les autres, comparses, tricheurs ou sans-grade, quittent leur cellule dans le blêmissement du petit matin. Autre morceau de bravoure, le récit de l'exécution permet ici aussi de renouer avec les stéréotypes du romantisme social.

S'il hérite ainsi de multiples images, le roman policier rechigne toutefois à faire de la prison un espace problématique, et là se situe sans doute sa part d'innovation et de rupture. N'a-t-on pas déjà tout lu, tout écrit à son propos ? Saturé des représentations romantiques de la prison, le lecteur réclame autre chose. A l'humidité de la paille des cachots, il préfère l'exaltation de l'évasion ou le frisson de l'échafaud. La prison, de fait, se fige dans un immobilisme descriptif, pour devenir un simple espace transitoire, définition sans doute qui la caractérise le mieux. Mais pas davantage que le feuilleton sentimental, il ne relaye les dénonciations indignées que la presse quotidienne multiplie au même moment.

On voudrait surtout, au travers d'un tel exemple, plaider pour un usage raisonné des représentations, notamment littéraires, qui, avant de refléter ou de rendre compte de quelconques réalités, parlent d'abord d'elles-mêmes, de leurs traditions et de leurs codes. Tant dans les faits divers que dans les feuilletons, la grande absente est d'abord la prison, escamotée au profit d'enjeux de représentation qui ne recoupent que partiellement ceux de l'institution carcérale.

---

1. Sur ce point, voir J.-P. COLIN, *Le Roman policier français archaïque*, *op. cit.*, p. 235.

La chose paraît particulièrement limpide en ce qui concerne le roman-feuilleton, qui apparaît ici pour ce qu'il est, une forme littéraire née durant la monarchie de Juillet, en pleine effervescence du romantisme social, travaillée par l'imaginaire et par la rhétorique qui l'ont engendrée, et dont elle peine à s'affranchir. Son univers, en ce sens, n'est commandé ni par les convulsions de l'événement, ni par le souci de réflexion du réel, mais bien par le langage et l'écriture qui le portent, par les schèmes, les images et les stéréotypes qu'ils produisent. Les mots sont ici porteurs d'une dynamique, qui engage auteurs et personnages à obéir aux suggestions du langage, et à en suivre les fils[1]. Ce qui ne signifie pas que l'auteur soit, en régime médiatique, un simple récitant, mais que les traditions du genre et les exigences éditoriales mesurent sa liberté, l'engageant à se plier aux contraintes d'un imaginaire dont il est à la fois le produit et la source. Les auteurs des romans policiers du début du siècle signalent cependant la part d'autonomie qu'ils ont su négocier. Sans renier les usages feuilletonesques qui constituent leur socle, ils y introduisent du jeu pour s'adapter aux exigences du moment. En même temps qu'elles permettent à des auteurs en mal de légitimité d'afficher leur distinction, ces procédures montrent assez bien comment du « populaire » émergea progressivement le « policier »[2].

Le fonctionnement du discours journalistique apparaît tout autre. S'il ne reflète pas davantage les réalités carcérales, il exprime en revanche clairement les ambitions des quotidiens à grand tirage : investir la cité et affirmer leur rôle dans l'organisation du discours social. A l'instar de la « sécurité publique » dont ils s'emparent dans les mêmes années, la prison constitue dans cette perspective un thème privilégié. A la très haute productivité d'un propos fondé sur un schéma simple (constater un dysfonctionnement « scandaleux », dénoncer les responsabilités manifestes,

---

1. J.-C. VAREILLE, *Filatures, op. cit.*
2. Sur le processus de genèse par dérivation du roman policier, voir les analyses convergentes de J.-C. VAREILLE, *L'Homme masqué, op. cit.*, et de J. DUBOIS, *Le Roman policier ou la modernit*é, *op. cit.*

puis énoncer quelques solutions de bon sens) s'ajoute en effet son apparente neutralité politique, son aspect de question d'intérêt général. Associée à beaucoup d'autres causes, petites ou grandes, la question de la prison venait ainsi contribuer à lester les quotidiens d'une plus forte parole et d'une autorité publique.

Une telle approche ne vise nullement, on l'aura compris, à récuser les approches en termes de représentation. Elle invite seulement à les envisager moins dans une relation d'ordre mécanique, qui conduirait du réel à sa figuration (ou vice versa), que dans un ensemble complexe d'interdépendances, reliant entre elles des représentations de nature et d'intentions diverses. D'où la nécessité de penser d'abord les régimes de représentation et leurs systèmes de contraintes. Ce qui ne signifie évidemment pas que ces dernières n'aient pas d'incidence sur le monde « réel ». A un moment où le pays s'enracine dans la démocratie et où le corps social émerge, notamment par l'intermédiaire du journal et des lectures de masse, comme un des acteurs décisifs du nouveau jeu démocratique, une question comme celles de la prison put constituer un enjeu politique important. Et si la fiction n'est pas le réel, elle est aussi ce qui sert à penser l'expérience, dont elle est en ce sens largement constitutive.

8

« Zigomar », grand roman sériel (1909-1913)

Polygraphe prolixe, auteur de plus de soixante romans couvrant toute la gamme des fictions de grande consommation (romans d'aventures, « drames et idylles de l'amour », récits criminels et policiers)[1], Léon Sazie (1862-1939), aujourd'hui méconnu, incarne pourtant à merveille le type du romancier populaire de la Belle Époque. Après l'échec d'une première carrière vouée au théâtre (*Un gendre au cassoulet* en 1892, *Bisbis de ménage* en 1893, *Jacques L'Honneur*, en 1894, avec Georges Grison), il se replia sur la production feuilletonesque qui lui apporta rapidement succès et notoriété, notamment grâce à ses romans d'aventures criminelles, *Les Aventures de Martin Numa, le plus grand détective du monde*, qu'il donna au périodique *L'Œil de la Police* en 1908[2], puis surtout *Zigomar*, qu'il créa pour *Le Matin* en 1909. Largement oubliée aujourd'hui, la série des *Zigomar*, dont la publication initiale s'échelonna de 1909 à 1913, connut en son temps un véritable triomphe. Toujours prompts à dénoncer ce qu'ils considéraient comme une littérature « criminelle », observateurs et

---

1. Selon la liste établie le 23 avril 1940 par les héritiers de l'écrivain. AN, 454 AP 387.

2. Série reprise chez Tallandier en 1928 (*Martin Numa : La belle dangereuse* et *Le Pouce fatal*) puis en 1931 : *Les Merveilleux exploits de Martin Numa, le roi des policiers,* en dix volumes.

critiques catholiques signalèrent « la curiosité haletante, frénétique, avec laquelle [...] *Zigomar*, publié dans *Le Matin*, était lu dans la rue, dans le métro, le tramway, l'autobus ou le train, par les centaines de milliers de personnes qui se rendent à leur travail vers huit heures[1]... ». Lors des obsèques de Léon Sazie en janvier 1939, Jean-Joseph Renaud rappela lui aussi l'immense popularité du personnage, dont l'effigie continuait d'orner pains d'épices, pipes ou allumettes dans les foires et fêtes foraines[2]. En dépit de son succès, *Zigomar* n'a pourtant donné lieu, hors des rapides mentions publiées dans les histoires ou panoramas du roman populaire, qu'à fort peu de travaux, consacrés pour la plupart à l'évolution nationaliste du personnage à l'approche, puis durant le premier conflit mondial[3]. Sans doute cette lacune tient-elle pour beaucoup à l'énorme succès que rencontrèrent d'emblée les trente-deux volumes du *Fantômas* de Pierre Souvestre et Marcel Allain, dont la publication (1911-1913) est étroitement synchrone de celle de *Zigomar*. Construit sur une ligne narrative similaire, reprenant et amplifiant, dans une intertextualité généralisée, nombre de motifs et de scènes constitutifs du cycle des *Zigomar*, *Fantômas* conféra à ce type de récits une telle démesure qu'il contribua sans doute pour partie à éclipser le héros de Sazie. Victime de cette captation, Zigomar se vit peu à peu dépossédé de ses attributs et de sa puissance initiale. Son nom même, où l'auteur tentait de conjuguer l'univers traditionnel du « zigue » ou du « bon zig » avec celui, plus inquiétant, des *Zingari* ou *Zigeuner*[4], ne parvint

---

1. Jules LANGEVIN, *Romans-revue*, 1913, cité par Anne-Marie THIESSE, *Le Roman du quotidien..., op. cit.*, p. 53.
2. *Chronique de la Société des gens de lettres*, janvier 1939, p. 24-25.
3. Notamment Marc ANGENOT, *Le Roman policier. Recherches en paralittérature*, Montréal, Presses de l'université de Québec, 1975, p. 92-116, ainsi que les deux contributions de Paul BLETON, « Sublimes et fatales, les femmes du roman d'espionnage archaïque », *Cahiers pour la littérature populaire*, n° 13, 1991, p. 37-55, et « Espionnage, crime et châtiment, 1871-1918 », dans Jean-Claude VAREILLE (dir.), *Crime et Châtiment dans le roman populaire*, Presses universitaires de Limoges, 1994, p. 107-136.
4. « Nous sommes les Djinns, les Tziganes, les Gitanos, les Gitanes, les Gypsy, nous sommes les Romanichels, les Ramogiz ! [...] Ramogiz que par

guère à convaincre et finit même par prêter au sourire, tandis que celui de Fantômas conservait sa charge d'inquiétude. Pourtant ce long roman, lui aussi « écrit n'importe comment [1] », constitue un bel exemple de ces grandes épopées criminelles qui fleurirent depuis le milieu du second Empire, formidables réceptacles des fantasmes, des obsessions tout autant que des railleries de l'imaginaire social. Mais il témoigne aussi des progrès d'un principe sériel, inhérent au nouveau régime culturel, et qui tendait de plus en plus à ordonner les représentations imprimées. C'est à ce dernier point qu'on s'attachera ici : souligner comment, tant par ses modes de publication, ses conditions d'élaboration que par la nature de son récit, le cycle des *Zigomar* participe de cette sérialité tous azimuts qui s'accélère en ce début de XXe siècle.

Les années 1900 peuvent en effet être considérées comme une étape décisive dans la mise en œuvre d'un régime culturel médiatique, en partie entraîné par le rythme mécanique de la sérialité. Outre l'achèvement d'un lectorat urbain désormais massif et affamé de lectures, et les perspectives ouvertes par les progrès techniques en matière d'impression et de reproduction, trois facteurs au moins convergeaient pour en favoriser l'accélération : l'apogée de la presse à grand tirage, qui ouvrait de plus en plus ses colonnes aux séries populaires et leur offrait une prépublication susceptible d'en tester l'intérêt et l'attrait, la naissance de « Bibliothèques » et collections spécifiques au registre populaire (Rouff, Fayard, Ferenczi, Tallandier...), puis à ses différents constituants et sous-genres, l'émergence enfin du nouveau média cinématographique qui, après une période de tâtonnements et d'explorations, trouva rapidement dans la production sérielle une forme et un mode porteur. Apparu en

tradition, renversant le nom, nous appelons Zigomar !... Zigomar, c'est le cri des Ramogiz ! » (*Le Matin,* 9 janvier 1910).
    1. C'est ainsi qu'Apollinaire qualifia *Fantômas* (« cet extraordinaire roman, plein de vie et d'imagination écrit n'importe comment...) dans *Le Mercure de France,* 16 juillet 1914.

1909, *Zigomar* fut la première production à jouer simultanément de ces trois supports, exploitant et épuisant les principales formes d'une sérialité conquérante.

Le roman initial, tel qu'il est créé par Sazie pour *Le Matin*, n'apparaît pourtant pas comme un produit sériel *stricto sensu*. On ne compte en effet que trois séries (*Zigomar*, *La Femme rousse*, puis *Peau d'anguille*), très longues au demeurant et elles-mêmes subdivisées en deux ou trois « livres » de trente à cinquante chapitres chacun. Si la thématique et le système de personnages à l'œuvre dans le roman attestent bien d'une forme de « sérialité narrative », l'absence d'organisation en épisodes courts pouvant former des récits complets, dûment titrés et identifiés, fait plutôt songer à une sorte de roman-fleuve débité à l'emporte-pièce, dans la tradition des grands feuilletons criminels du second Empire. La prépublication dans *Le Matin* témoigne d'ailleurs de cette logique plus feuilletonesque que sérielle. Si les trois séries donnèrent lieu à trois publications autonomes (7 décembre 1909 au 22 mai 1910 ; 12 juillet au 13 novembre 1910 ; 10 mai au 14 septembre 1912), la ventilation des différents « livres », dont l'unité relative pouvait donner corps à des épisodes cohérents, n'obéit que très rarement à des articulations textuelles. Ainsi le passage du livre I au livre II (31 janvier 1910), puis celui du livre II au livre III (27 mars 1910) s'effectuent dans le même « rez-de-chaussée ». Il en va généralement de même des chapitres, les césures quotidiennes intervenant le plus souvent, à grand renfort de ponctuation suspensive ou exclamative, en pleine action ou au sein d'une séquence dialoguée. Seule la récurrence du titre d'ensemble, *Zigomar, grand roman*, sorte de label générique permettant de focaliser sur le personnage une multitude de situations et de récits possibles tout en garantissant au lecteur identité et nouveauté, témoigne de la sérialité du roman dans l'ordre paratextuel.

La reprise du cycle en fascicules hebdomadaires, publiés en 1913 par l'éditeur Ferenczi, affirma davantage la vocation sérielle. On sait le rôle que joua cette maison dans la constitution de collections et séries de livres ou fascicules spécifiquement « populaires ». S'il fut finalement coiffé sur le poteau par l'éditeur Albert Méricant, premier à proposer en 1911 une collection explicitement intitulée « Les romans policiers » (on y trouve notamment les vingt-deux volumes des aventures de *William Tharps*, célèbre policier anglais, de Georges Meirs), Ferenczi fut sans doute l'un de ceux qui mesurèrent le mieux la portée commerciale d'un genre alors en pleine expansion. Dans la brèche ouverte en 1907 par l'éditeur dresdois Eichler, et en dépit de la très rude concurrence et de l'instabilité du marché, Ferenczi multiplia l'édition de fascicules, livraisons et petits livres policiers à fort tirage et à bon marché [1]. Après les soixante-deux épisodes de la série des *Marc Jordan, policier amateur*, récits complets de trente-deux pages à vingt-cinq centimes, et en parallèle à un nouvel avatar de Nick Carter, *Tip Walter, le prince des détectives*, le grand succès de *Zigomar* permit à Ferenczi de s'implanter durablement. Publié sous forme de « petits livres » (16 x 12 centimètre) brochés de cent vingt-huit pages et vendus à vingt centimes, *Zigomar* totalisa vingt-huit fascicules. L'aspect sériel de la publication était ici quasi absolu. Outre la couverture polychrome de Georges Vallée, qui illustrait une des scènes centrales de la livraison, généralement la plus violente ou la plus sanguinaire, les mentions d'éditeur se réduisaient à la présence du titre générique, *Zigomar*, au nom de l'auteur, et à la pastille « 20 centimes le volume ». Les fascicules, qui ne portaient pas de titre, n'étaient identifiés que par un numéro qui figurait sur la tranche. Chaque livraison commençait par un appel « Au lecteur » qui comprenait un résumé des précédents volumes, et s'achevait par la mention : « Lire la suite, mercredi prochain, dans le énième volume ». La logique qui présidait au découpage des volumes obéissant apparemment aux seuls impératifs d'une pagination imposée. Séries, livres et chapitres se succédaient ainsi à la chaîne, parfois

---

1. Un premier état des lieux du corpus Ferenczi a été dressé par René GUISE, « Essai d'inventaire des publications Ferenczi », *Bulletin des amis du roman populaire*, 6, 1987, p. 65-145.

même dans la confusion la plus totale (numérotation erronée, disparition de chapitres, surimposition de titres). Ainsi le fascicule 6 s'achève-t-il sur la première page d'un chapitre nouveau, le fascicule 11 sur le deuxième chapitre de la seconde série, tandis que le 18 s'ouvre sur les deux dernières pages du livre II. Hors de tout rejet délibéré, comme cela est le cas par exemple dans la série des *Fantômas*, hors même de tout suspense organisé (les rares césures témoignant d'un suspense narratif, notamment celle du volume 8 qui se clôt en plein combat, semblent relever de la coïncidence), l'ordonnancement des chapitres et des livres ne semble dicté ici que par les seules contraintes imposées à l'édition par les cent vingt-huit pages. La réédition des fascicules en 1922 opérait d'ailleurs un découpage différent, qui modifiait même les titres de certains épisodes[1]. Sérialité artificielle, dans la mesure où aucun volume ne formait vraiment un récit complet, ou sérialité absolue, puisque le texte, exempt de clôture en dépit de son découpage, pouvait se poursuivre *ad aeternam*.

De fait, tout se passe comme si la publication en fascicules avait imposé la sérialisation, élément désormais indispensable à toute production policière, à un texte davantage conçu sur le mode traditionnel du feuilleton. Qu'importait au reste la nature du récit puisque, au travers d'un objet standardisé (format, couverture, numérotation, prix), d'un titre-nom aisément identifiable et d'un argument qui déroulait invariablement les mêmes péripéties, il était possible d'assurer la fidélisation du lectorat. Le mot « Fin » qui s'inscrit au bas du vingt-huitième fascicule n'apparaît dès lors que comme une clause de style, aussitôt désamorcée sur le plan textuel (Zigomar meurt empoisonné, mais son cadavre momifié disparaît de la morgue, ne laissant derrière lui qu'une traînée de sang en forme de Z) et paratextuel, car l'éditeur prend soin de préciser : « Très prochainement, *La Blonde aimée*, par Léon Sazie, paraîtra en volume de 128 pages. »

---

1. Par exemple *Riri la jolie*, absent de l'édition originale.

Ainsi façonnée par la publication en fascicules, la sérialité de *Zigomar* fut largement prolongée et accentuée par la production cinématographique. Avec Nick Carter, Zigomar peut même apparaître comme l'un des pionniers de la sérialisation cinématographique. Dès 1910, année de la prépublication dans *Le Matin*, Victorin Jasset adapta en effet pour l'écran la première série du roman de Sazie et tourna *Zigomar, le roi des bandits,* qui sortit sur les écrans en septembre 1911. L'année suivante, ce fut *Zigomar, peau d'anguille.* Assez longs métrages pour l'époque (plus de mille mètres), dotés de gros budgets, ces films connurent un grand succès qui témoigne surtout de la vogue grandissante des formules cinématographiques à épisodes. Si le cinéma primitif avait en effet très vite investi le champ porteur du crime ou des affaires policières, les premières réalisations avaient privilégié le naturalisme brut du fait divers ou du « drame réaliste ». De *L'Histoire d'un crime* de Ferdinand Zecca (1901), premier film criminel de l'histoire du cinéma, aux *Incendiaires* de Méliès en 1906, en passant par de très nombreuses productions du type *Paris la nuit*, *L'Assassinat de la rue du Temple* (Gaumont 1904) ou *Les Apaches de Paris* de Ferdinand Zecca (Pathé, 1905), on en était resté à des petits métrages qui se contentaient d'animer, dans la tradition du cinéma forain, une dizaine de tableaux et de scènes très convenues : agression ou assassinat, arrestation, procès, exécution. Le tournant décisif fut accompli durant l'année 1907, grâce à la nouvelle société de production Eclair, qui deviendra Eclair-Association cinématographique des auteurs dramatiques en 1909[1], et surtout grâce à son directeur artistique, Victorin Jasset, un ancien de la Gaumont débauché par Eclair. D'emblée, Jasset sut tirer parti des *dimes novels* américains qu'Eichler venait d'introduire en France, et orienta la production dans une direction inédite : le film policier à épisodes. Si c'est avec le personnage de Nick Carter que Jasset inaugura la formule en septembre 1908 (*Nick Carter, le roi des détectives*, se composait de six

---

1. Voir le dossier « Eclair 1907-1918 », *1895*, n° 12, 1992.

petits métrages diffusés à raison d'un par mois, et fut complété l'année suivante par neuf épisodes supplémentaires, *Les Nouveaux Exploits de Nick Carter*), *Zigomar* permit à l'auteur, en diversifiant sa production, d'imposer une formule conquérante.

Dans les années qui suivirent la publication du cycle initial s'accentua encore la prédisposition sérielle du roman, véritable livre ouvert réactivable à l'envi. Outre les innombrables émules et épigones, dont *Fantômas* constitue sans doute le type le plus achevé, Léon Sazie fut lui-même amené à ressusciter Zigomar, d'abord durant le premier conflit mondial (*Zigomar au service de l'Allemagne*, Ferenczi 1916), puis à la veille du second (*Un nouveau coup de Zigomar*, Tallandier 1939). Adversaire de Zigomar, le policier Paulin Broquet fut également repris par l'auteur dans deux nouvelles publiées dans la revue encyclopédique de Pierre Laffite *Je sais tout*. Plus significative encore apparaît la filiation sérielle du personnage au travers de l'exploitation du suffixe « ar », dont la paternité était désormais clairement attestée. Sazie créa ainsi un premier héritier direct avec le personnage de *Bochemar*, agent du Kaiser (*Le Journal*, 28 juin au 5 octobre 1916), puis un second avec celui de *Tréflar*, chef de la bande de perceurs de coffre-forts « les Trèfles noirs » (*Le Petit Journal*, 4 mai au 26 juillet 1919). Mais c'est surtout au cinéma que s'affirma la postérité sérielle du personnage. Fort du succès qu'avaient connu ses deux premières séries *Nick Carter* et *Zigomar*, Victorien Jasset eut l'idée de croiser les deux arguments et tourna en 1912 *Zigomar contre Nick Carter*. « C'est clair, Nick Carter fut un énorme succès, Zigomar fut un triomphe ! Les exploitants sont donc sûrs en passant dans leur théâtre *Zigomar contre Nick Carter* de réaliser le maximum », signalait un prospectus publicitaire[1]. Seules les plaintes de Sazie, irrité des libertés prises avec son personnage, mirent un terme à cette expérience. Mais Jasset avait déjà abandonné Zigomar pour *Pro-*

---

1. Cité par Georges SADOUL, *Histoire générale du cinéma*, Denoël, 1978, t. 3, p. 408.

téa (septembre 1913), une aventurière dont la silhouette sulfureuse (en justaucorps noir), si elle rappelait Zigomar, préfigurait surtout la troublante Irma Vep des *Vampires* de Feuillade.

Cette captation ne se limita cependant pas à la France. En 1915, le réalisateur italien Emilio Ghione imagina en effet, et incarna lui-même, un personnage issu en droite ligne de Zigomar : l'apache sentimental Za-la-mort et sa compagne, la gigolette Za-la-vie[1]. Outre que l'action des principaux films (*La Banda delle cifre*, 1915, *I Topi grigi*, 1917, *Il Triangolo giallo*, 1918) se déroulait dans la banlieue industrielle de Paris, l'allusion était trop directe pour n'être que fortuite. Vieille plaisanterie de l'ancien mélo des théâtres du Boulevard du Crime, « Za-la-vie, Za-la-mort » était en effet le mot de passe et le signe de ralliement de la bande des Zigomar.

Si un texte comme *Zigomar* peut apparaître ainsi comme surdéterminé par une logique sérielle, c'est bien qu'au-delà des exigences éditoriales et commerciales, la structure du récit, les modalités de son écriture et le champ de son imaginaire autorisaient une telle diffusion. Bien que formulées de façon naïve, ces quelques lignes extraites de la présentation du premier épisode mettent assez bien l'accent sur la nature du cycle : « Ce roman où les pires bandits et les policiers les plus illustres luttent sans trêve à travers la capitale, est une sorte d'épopée du crime. *Zigomar*, c'est le roman de toutes les aventures, où sont dévoilés les effroyables dessous des drames les plus palpitants. » En dépit de l'existence de quelques unités narratives « policières » (crime initial, présence d'un personnage spécifique chargé de l'élucider, récit construit selon l'ordre de l'enquête), le roman ne s'inscrit en effet que de façon très distante dans une problématique policière. A l'instar de l'ensemble de ces « romans policiers archaïques[2] », jamais l'enquête n'y est un mécanisme céré-

---

1. Cf. Jean A. Gɪʟɪ, « Le film policier italien », *Cinématographe*, nº 63, décembre 1980, p. 146-151.
2. Jean-Paul Cᴏʟɪɴ, *Le Roman policier français archaïque*, Berne, Peter Lang, 1984.

bral capable de résoudre l'énigme dans un patient décryptage des indices et des traces. Elle s'inscrit à l'inverse dans un cycle événementiel (péripéties, rebondissements, coups de théâtre) qui renoue avec la tradition *rocambolesque* des grands feuilletons criminels du milieu du XIXᵉ siècle. Si le principe de l'enquête parvient, vaille que vaille, à souder la cohérence du roman, celui-ci demeure un récit modulaire avant l'heure, actionné par les incessants retournements d'une narration très mobile qui entrecroise deux à trois trames principales et multiplie les séquences périphériques qui s'emboîtent ou se tamponnent dans un processus centripète. Relevant presque davantage du roman noir que du roman policier (le processus criminel est toujours en cours et jamais achevé), multipliant les effets de suspense et les retenues du texte, le récit ne contient aucune véritable clôture narrative, à tel point que son déroulement semble davantage viser à la perpétuation du mystère qu'à son élucidation. Seule la présence, sinon de Zigomar, du moins de la bande des Zigomar, permet d'assurer la reliance, puis l'identité sérielle de ces différents récits.

Criminel luciférien, protéiforme et insaisissable, Zigomar est une sorte d'incarnation du mal qu'on ne parvient jamais, dans la meilleure tradition des « voleurs de visages[1] », à appréhender autrement que sous les masques les plus divers (ici la cagoule rouge). On ne saura d'ailleurs jamais qui est ou ce qu'est Zigomar.

> Qu'est-ce que c'est que Zigomar ?... (*Le Matin*, 20 décembre 1909).

> « Ça ne me dit pas qui c'est, ni ce que c'est que ce Zigomar...
> C'est Zigomar... Je ne peux rien vous dire de plus (*Le Matin*, 20 décembre 1909).

---

1. Didier BLONDE, *Les Voleurs de visages*, Métailié, 1992, qui, de Rocambole à Fantômas, tente une approche groupée de ce type littéraire.

> Aucun homme ne peut se vanter d'être Zigomar... parce que Zigomar est la force invisible qui commande, qui agit, à qui on obéit... (*Le Matin*,12 février 1910).

Cette réification du personnage, doublée de son impossibilité à s'incarner physiquement, en fait rapidement une allégorie du Crime, simple unité fonctionnelle anthropomorphisée. C'est ce qu'affirme d'ailleurs explicitement l'une des multiples voix de Zigomar : « C'est le nom symbolique du chef, du roi ! Le nom de celui que personne n'a vu, ne connaît, mais dont tout le monde sent la puissance... C'est le nom de celui qui, immortel comme le soleil, peut se renouveler chaque jour, être différent, tout en restant le même, mourir sans arrêter de vivre, s'éteindre sans cesser de briller, c'est Zigomar !... » (*Le Matin,* 9 janvier 1910).

Tel quel, le personnage ne peut donc engendrer qu'omniprésence et obsession : « Vous avez une idée fixe... une obsession... Vous voyez partout Zigomar... » (5 janvier 1910). Bien que doté d'une existence plus tangible, son adversaire Paulin Broquet apparaît, lui, comme l'archétype du policier, à la fois détective et vengeur. Cette identification du crime et de Zigomar permet au récit d'être bien davantage une « épopée du crime », pour reprendre l'expression de Sazie, qu'un véritable roman policier. Association hautement productive, criminalité et sérialité dessinent ainsi une matrice interminable, sorte de mise en forme et d'aboutissement romanesque d'une infinité de faits divers artificiellement reliés au travers d'un héros allégorique et transversal. Tour à tour aristocrate racé évoluant dans les sphères interlopes de la haute délinquance, apache, nomade puis, la guerre venant, espion, Zigomar investit avec délectation toutes les figures de la criminalité.

L'écriture elle-même, à l'instar de celle de *Fantômas*, apparaît comme une sorte de coulée verbale capable d'intercepter et de capter les thèmes et les motifs qui saturaient l'imaginaire social. Racontant au début des années 1930 la genèse du roman, Léon Sazie déclara au journaliste Georges

Charensol : « Je me trouvais au *Matin*, dans le bureau de M. Sauerwein : Avez-vous un roman pour nous ? me demande-t-il. Je n'avais rien, pourtant je lui répondis affirmativement. Eh bien, racontez-le-moi. Je fus bien forcé d'inventer une histoire... Trois heures plus tard, je parlais encore : la pièce peu à peu s'était remplie de monde, tous les journalistes, tous les employés de l'administration étaient venus m'écouter. Mon roman fut accepté d'enthousiasme, et je n'avais qu'une peur, c'est de ne plus me souvenir de tout ce que je venais de raconter[1]. » Même si le propos peut sembler largement convenu, il souligne assez bien le type d'inspiration et les formes narratives qui en découlent. Dans ce flux ininterrompu, seule la sérialité, inscrite dans le tissu même de la narration dont elle constitue le principe dynamique, peut ordonner le récit, raisonner les séquences, leur donner forme et structure.

Héritier d'une longue tradition, celle du roman d'aventures criminelles, et précurseur immédiat des grandes séries du début du siècle comme *Fantômas*, *Les Vampires* ou *Belphégor*, Zigomar apparaît ainsi comme un personnage relais. Sans doute la trace feuilletonesque est-elle la plus prégnante en lui, qui l'apparente à ces génies du crime nés sous le second Empire, Rocambole, Camparini, Rodille ou le colonel Bozzo, personnages tout-puissants et ordonnateurs de gigantesques complots aux ramifications souvent nationales[2]. Perversions du surhomme de l'époque romantique tout autant que discrètes allusions à la figure de l'Empereur, ancien conspirateur passé maître dans l'art du pouvoir, ils écrivent à leur manière une page de l'histoire du pays, transposition presque transparente de la nouvelle donne économique et politique. Les métaphores militaires qu'ils relaient

---

1. Georges CHARENSOL, « Les illustres inconnus », *Les Nouvelles littéraires*, 1931, repris dans *Bulletin des amis du roman populaire*, 15, 1991, p. 63-64 pour le passage cité.
2. Alexis PONSON DU TERRAIL, *Les Drames de Paris* (1858-1870) ; Ernest CAPENDU, *L'Hôtel de Niorres* (1861-1862) ; Xavier de MONTÉPIN, *L'Homme aux figures de cire* (1863) ; Paul FÉVAL, *Les Habits noirs* (1865).

disent aussi les conceptions renouvelées du crime et de la répression, analysées à partir du milieu du siècle sur un mode de plus en plus martial. Généraux de l'« armée du crime », ces héros du Mal s'adaptent cependant sans difficulté aux nouveaux contextes de la fin du siècle, voire de l'entre-deux-guerres. A Zigomar et Fantômas succèdent ainsi Ténébras, Miramar, Satanas, Venenos, Barrabas, Démonios, Férocias et sans doute encore beaucoup d'autres[1]. Mais, outre l'usure et la dérision qui recouvrent désormais ces figures, les modes de diffusion et de publication ont changé. Encore imparfaite chez Sazie, la sérialité se fait exemplaire dans les cycles qui lui succèdent. Entre roman d'aventures, roman criminel et roman noir, *Zigomar* dessine un espace original et composite, très représentatif des récits de grande diffusion du tournant du siècle, et parfaitement adapté au contexte médiatique qui se généralise alors. Inhérente à ce nouveau régime culturel, la sérialité en constitue à la fois le produit et la source.

---

1. Arnould GALOPIN, *Ténébras, le bandit fantôme,* La Librairie contemporaine, 1912 ; Guillaume LIVET, *Miramar, l'homme aux yeux de chat,* supplément hebdomadaire de *L'Abeille de Seine-et-Oise,* 1911-1912 ; Louis FEUILLADE et Georges MEIRS, *Les Vampires,* Tallandier, 1916 ; Louis FEUILLADE et Maurice LEVEL, *Barrabas,* La Renaissance du livre, 1920 ; Roger D'ARJAC, *Démonios, génie du mal,* Dupuy, 1938 ; Marcel ALLAIN, *Férocias,* Self, 1946.

9

Faits divers en guerre (1870-1914)

« En cas de guerre, de famine, d'émeute, il n'y a plus de faits divers. » La remarque, formulée ici par Yves Vargas[1], fait aujourd'hui force de loi. Elle procède pour l'essentiel d'un triple constat. Le premier souligne l'opposition entre le domaine du fait divers, catégorie incertaine où se mêlent l'inessentiel, l'accessoire, l'imaginaire même, et celui de l'événement, catégorie nette de la raison historique. Evénement par excellence, la guerre exclut donc par nature le fait divers de son champ. Le deuxième montre que le fait divers, un peu à la manière du romanesque[2], ne prend sa véritable mesure que lorsque les grands idéaux sont saturés et que la société n'est plus capable de mobiliser les énergies ou les passions. Il est en ce sens un produit culturel propre aux Etats policés, doués de paix civile et de sécurité, et le désordre qu'il met en scène n'est jamais que celui né dans les marges de l'ordre. C'est pourquoi le fait divers disparaît en période de guerre comme il disparaît des Etats totalitaires[3]. Il est par excellence le système d'information des sociétés démocratiques et pacifiées. Le dernier constat naît

---

1. Yves VARGAS, « Les faits divers comme vérific(a)tion », *Digraphe*, n° 40, 1987, p. 107.
2. Cf. Roger CAILLOIS, « Puissances du roman », dans *Approches de l'imaginaire*, Gallimard, 1974, p. 210.
3. G. AUCLAIR, *Le Mana quotidien, op. cit.*

de l'observation des sociétés en guerre, victimes d'un radical bouleversement du fonctionnement, du sens et des représentations ordinaires du social. « L'état de guerre constitue une sorte de monde psychologique distinct », note un polémologue[1]. Situation d'anomie culturelle et sociale où disparaissent ces rêves éveillés que sont les faits divers ; l'heure est venue au contraire du cauchemar collectif.

C'est sur cette disparition annoncée qu'on se propose de revenir ici, en examinant de façon plus empirique comment les principaux conflits qui ponctuent le dernier tiers du XIXe siècle (guerre franco-prussienne, guerres européennes et coloniales, première année de la Grande Guerre) furent représentés par les hebdomadaires illustrés et les grands quotidiens populaires (*Le Petit Journal*, *Le Petit Parisien*, *Le Matin*, *Le Rappel*, et quelques autres). Non qu'il s'agisse de contester la réalité de cette disparition. En nombre comme en volume, les faits divers « ordinaires » (crimes et accidents, suicides, incendies et autres transgressions de l'ordre quotidien) marquent effectivement le pas en période de conflit. Et ceux qui subsistent ont toujours un peu à voir avec la guerre et son contexte[2]. C'est le cas notamment durant l'été 1870, où les faits divers se raréfient à mesure que progresse l'invasion prussienne, jusqu'à se retrancher finalement dans quelques rubriques spécialisées (« Tribunaux », « Police correctionnelle », etc.)[3]. En 1914, le retrait est plus net et plus massif, accentué encore par la brutale réduction de la pagination (deux pages d'août à décembre 1914). Au *Petit Parisien* par exemple, le fait divers criminel, qui dépassait largement la barre des 12 % dans les années

---

1. Gaston BOUTHOUL, *Traité de polémologie. Sociologie des guerres*, Payot, 1970, p. 327.
2. Ainsi de l'« affaire de la rue Saint-Denis : un négociant soupçonné de protéger les Prussiens » (*Le Petit Journal*, 14 août 1870) ou de l'extraordinaire assaut que lance, pour la piller, une bande de quatre-vingts voyous armés jusqu'aux dents contre une caserne de pompiers de La Villette (*ibid.*, 22 août 1870), qui témoignent de la coloration patriotique revêtue alors par la plupart des faits divers.
3. Mais la diversité prime. Au *Rappel* par exemple, la petite colonne de faits divers quotidiens se maintient invariablement durant toute la période du conflit et du siège.

qui précédaient le conflit, ne représente alors guère plus de 1 % de l'espace rédactionnel, ramassé pour l'essentiel en rubrique[1].

Mais ces remarques, outre qu'elles ne valent que pour les conflits qui affectent directement le territoire national (ni les guerres extérieures, ni les combats coloniaux ne modifient les équilibres éditoriaux, et donc la part du fait divers), négligent ce processus décisif qu'est, dans la presse populaire, la fait-diversification croissante du dispositif rédactionnel. Un système se met en place, dans le dernier tiers du XIXe siècle, qui s'emploie à réduire toute information au rang de fait divers, ou, si l'on préfère, à promouvoir ce dernier au rang d'unité informative originelle[2]. La guerre n'échappe pas à ce processus, et le fait divers y disparaît moins qu'il ne s'y adapte. Trois modes de représentation s'individualisent ainsi dans les relations que fournit la presse à grand tirage, où la guerre est présentée tour à tour sous un jour encyclopédique, héroïco-tragique et anecdotique. Trois modes qui, s'ils marquent aussi trois temps dans la perception du conflit, sont autant de caractères attestant de la fait-diversification à l'œuvre dans les récits de la presse populaire. Par-delà la question spécifique de la guerre, la perspective intéresse la nature même du fait divers, qu'elle invite à envisager moins en fonction de ses structures et de ses contenus (ou non-contenus), critères communément retenus[3], qu'en regard d'un principe d'écriture et d'un dispositif affectif, d'une rhétorique et d'une symbolique.

---

1. Sondages réalisés dans les semaines du 5 au 11 octobre, 14 au 20 décembre, 20 au 27 décembre 1914. Pour les années d'avant guerre, voir D. KALIFA, *L'Encre et le Sang, op. cit.*

2. Processus repéré par Maurice CRUBELLIER à propos du supplément illustré du *Petit Parisien*. Voir *La Mémoire des Français. Recherches d'histoire culturelle*, Henri Veyrier, 1991, p. 173, ainsi qu'« Un intermédiaire culturel, le supplément illustré du *Petit Parisien* (1902-1905) », dans *Les Intermédiaires culturels*, Actes du colloque d'Aix-en-Provence, 1981, p. 357-367.

3. R. BARTHES, « Structure du fait divers », article cité ; G. AUCLAIR, *Le Mana quotidien, op. cit*

La guerre encyclopédique

Une des fonctions principales du fait divers, héritée de la tradition des almanachs et de la Bibliothèque bleue, réside dans son caractère de « leçon de choses », à la fois technique et morale. En relatant une anecdote étonnante ou édifiante, il se propose aussi d'instruire, justifiant le rôle de « grande » école primaire que le quotidien populaire aime à revendiquer. Au *Petit Journal*, dont le système d'information relevait presque entièrement du fait divers, on était toujours à l'affût de cette anecdote qui permettait d'évoquer, dans ses aspects les plus concrets, les merveilles de la technique ou de la science, de l'histoire ou de la géographie. C'était notamment le rôle des célèbres chroniques-éditoriaux de Thomas Grimm, ces vitrines du journalisme populaire à qui le quotidien devait une bonne part de son succès.

Publiés sans discontinuer durant la guerre franco-prussienne, celles-ci conservent leur ton de *Variétés* et leur esprit d'almanach populaire, mais en dissertant désormais d'un conflit dont elles offrent une sorte d'encyclopédie évolutive. Ainsi le lecteur est-il progressivement initié, toujours sur un registre très concret qui multiplie les anecdotes et les détails vivants, au secret des « Dépêches chiffrées », de « La poste militaire » ou de « La convention de Genève »[1]. Familiariser le public aux mille petits usages de la vie militaire (comment s'habille la garde mobile ? de quoi se compose le bagage du soldat ou sa ration quotidienne ?), lui expliquer au jour le jour les divers « Faits militaires », l'état des troupes et du matériel, les arcanes de la stratégie, récapituler les sièges célèbres ou le rôle des femmes pendant la guerre, sujet apparemment très prisé et qui donne lieu à de multiples rappels[2], voici quelques-unes des fonctions ency-

---

1. *Le Petit Journal*, 4 juillet ; 31 juillet ; 28 octobre 1870.
2. *Ibid.* Par exemple les 3 août, 30 septembre, 13 novembre 1870.

clopédiques que revêtent dans la presse populaire les représentations de la guerre. Car il s'agit chaque fois d'autant de mises au point professées de manière pédagogique, soucieuses de vulgarisation et d'explicitation. « J'ai toujours désiré que les événements politiques de nature à intéresser tout le monde fussent présentés au public dans un langage intelligible à tous, afin que tous puissent les bien comprendre, en raisonner à loisir et en suivre aisément les péripéties », expliquent les éditorialistes[1].

Du même ordre relèvent les divers *Tableaux de la guerre*, les séries du type « Les cités héroïques » (Saragosse, Beauvais, Metz) ou « Les infamies prussiennes », les planches d'armes et d'uniformes, les portraits et rubriques consacrés à « Nos généraux », les « vues », plans et cartes (avec cette nuance qu'on vend en août 1870 des cartes de l'Allemagne et en septembre celles de Paris et de ses environs). Dès juillet 1870, *Le Petit Journal* publie les épisodes et « points de vue pittoresques » des guerres d'Espagne et du Maroc (1859-1860) que rédige pour l'occasion le chroniqueur du *Monde illustré*, Charles Yriarte, et qui détaille de nombreuses scènes et types : les enfants de troupe, la cantinière, le campement, ainsi que des scènes de bataille[2]. Un peu à la manière des peintures d'Horace Vernet ou de Meissonier, dont on signale d'ailleurs, fin juillet, qu'il vient de partir pour le Rhin[3]. La fonction est similaire dans les nombreuses publications créées en juillet 1870, à l'annonce de la déclaration de guerre, qu'il s'agisse de livraisons du type *L'Album de la guerre de 1870, La Guerre de Prusse illustrée*[4], de périodiques éphémères comme les *Nouvelles de la guerre*,

---

1. *Ibid.*, 7 décembre 1870.
2. *Ibid.*, 5 juillet 1870.
3. *Les Nouvelles de la guerre*, 27 juillet 1870.
4. *L'Album de la guerre de 1870, illustré par les meilleurs artistes d'après les croquis des dessinateurs chargés de suivre la campagne : tableaux de batailles, faits d'armes, engagements, épisodes de la guerre, vues et plans, portraits, costumes militaires, etc., armes et matériel de guerre. Relation suivie et détaillée des diverses phases de la campagne. Biographies des souverains, diplomates, chefs de corps et célébrités militaires.* Dix livraisons publiées à compter du 19 juillet par l'éditeur Edouard Sonzogno, 106, rue de Richelieu.
La Guerre de Prusse illustrée, livraisons de huit pages bihebdomadaires.

Le Courrier de la guerre, *Le Journal de la guerre*, ou de feuilles à l'existence plus durable comme *La Guerre illustrée*[1]. *Le Journal de la guerre* publie notamment de fréquentes mises au point consacrées au spectacle des villes frontières, aux armes nouvelles, aux chants patriotiques, aux mots héroïques[2], tandis que *La Guerre illustrée* rode rapidement une formule où dominent les portraits et les scènes de la vie militaire (le départ des troupes, les turcos, les zouaves, la lessive au campement, etc.), ainsi que les « vues générales » (Strasbourg, Metz, Dijon).

Ce genre de représentation est généralement celui des phases liminaires du conflit, avant que les premiers combats ne viennent brutalement dissiper les illusions. Il est aussi le produit des premières « dépêches » que transmettent à leurs rédactions des envoyés spéciaux soucieux de démontrer leurs compétences. La fonction de « correspondant de guerre », que les journaux britanniques ont imposée durant la guerre de Crimée (notamment grâce au *Times* et à son célèbre correspondant William Howard Russel[3]), est en effet récente et encore mal définie en France. Si la campagne d'Italie de 1859-1860, puis la guerre austro-prussienne, avaient précisé les conditions d'exercice du métier et suscité les premières vocations (Edmond About, Jules Claretie, Edouard Lockroy), ce n'est vraiment qu'à l'été 1870 que le reportage militaire se généralise, et bénéficie du regard bienveillant des autorités. En 1877, la guerre russo-turque achèvera l'évolution[4]. Pressés d'adresser à leurs jour-

---

1. Voir Aimé DUPUY, *1870-1871. La Guerre, la Commune et la presse*, A. Colin, 1959, ainsi que l'inventaire dressé par François MAILLARD, *Histoire des journaux publiés à Paris pendant le siège et la Commune, 4 septembre 1870-28 mai 1871*, Dentu, 1871.

2. *Le Journal de la guerre*, 22, 29, 30 juillet, 8 août 1870.

3. Rupert FURNEAUX, *The First War Correspondant : William Howard Russel of The Times*, Londres, Cassel, 1944, qui reconnaît cependant un grand ancêtre en la personne de Henry Crabb Robinson, correspondant du *Times* au début de la campagne d'Espagne en 1808 (p. 17).

4. *Ibid.* ; Michael PALMER, *Des petits journaux aux grandes agences. Naissance du journalisme moderne*, Aubier, 1983, p. 66-68. Les choses sont plus difficiles en 1914, où il faut attendre juin 1917 pour que soit agréé un petit groupe de correspondants sur le front. Voir Claude BELLANGER *et al.*, *Histoire générale de la presse française*, PUF, t. 3, p. 422.

naux des nouvelles du front, les correspondants de 1870, souvent plus littérateurs que reporters, contribuent ainsi à accentuer la fonction encyclopédique de ces relations de presse. Au *Petit Journal* par exemple, le « Courrier de l'armée », tenu par Henry Legay et Louis Durry à partir du 22 juillet 1870, évoque longuement l'atmosphère des villes frontières, l'animation de la gare, le « Metz pittoresque », le spectacle de la rue, du café ou de la poste aux lettres (24 juillet 1870). Le 4 août, la prise de Sarrebruck est encore l'occasion d'une description « circonstanciée » de la ville. Au *Rappel*, c'est Jules Claretie, Edouard Lockroy et Camille Pelletan qui animent le « Courrier de la guerre ». Leurs premières chroniques sont de la même encre : descriptions pittoresques des régions traversées (les Ardennes, le Luxembourg, l'Alsace), anecdotes et réactions des paysans au passage des turcos, le tout ponctué de bons mots (alsaciens) et de dialogues vivants.

Quarante-deux ans plus tard, les envoyés spéciaux qui couvrent pour *Le Matin* la première guerre balkanique prolongent la tradition, offrant des campagnes bulgares, de Sofia ou d'Andrinople des descriptions colorées et animées. Et l'on retrouve la même veine dans les divers reportages et « Impressions de guerre » que publient les journaux au début du premier conflit mondial (notamment ceux de Paul Ginisty au *Petit Parisien* en septembre 1914), ou dans les planches complaisantes qui détaillent les « costumes kaki et jupons écossais » de nos alliés britanniques [1]. Du même registre relèvent des séries telles que « La physionomie de quelques villes » ou, déjà colorée d'une note pathétique, « Les villes martyres de Lorraine », qui commence fin septembre 1914 au *Petit Parisien*.

Ce type de reportage, et le ton léger qui lui convient, s'achève généralement avec le début des combats, surtout lorsque ceux-ci prennent la forme de la défaite et de l'invasion. « Le temps des fanfaronnades est passé », écrit Camille Pelletan dans *Le Rappel* du 10 août 1870.

---

1. *Le Petit Parisien*, 6 septembre 1914.

La guerre héroïco-tragique

Débute alors une autre forme de fait-diversification, qui affecte essentiellement les récits de combats. Elle est pour l'essentiel l'œuvre des correspondants ou des envoyés spéciaux, encore à la recherche des formes d'écritures de la guerre, et qui sont « nombreux à succomber au plaisir personnel et parfois littéraire de la "nouvelle à sensation" [1] ». Alfred d'Aunay par exemple, correspondant du *Figaro*, raconte la bataille comme il racontait quelques semaines plus tôt un accident de chemin de fer ou une exécution capitale. Les combats sont dépeints dans le plus pur style feuilletonesque, soucieux avant tout de présenter au lecteur des récits haletants et sonores :

> En avant !
> C'est une voix qui, partie du vallon, domine de son éclat le bruit de la canonnade.
> Et soudain, dans la plaine, ondule la ligne rouge de nos soldats qui n'attendaient que ce commandement pour courir achever de débusquer l'ennemi dans ses positions.
> Derrière les bataillons, les tambours battent la charge, dont les coups haletants sont répercutés par tous les échos d'alentour [2].

Voici par exemple comment *Le Journal de la guerre*, démarquant *Le Gaulois*, relate la bataille de Forbach :

> L'ennemi semblait perdre du terrain et se retirer ; mais tout à coup ses masses reprirent l'offensive, en établissant de formidables batteries en avant du bois.
> Le général Bataille voit le danger ; il amène plusieurs bataillons sur le terrain, parmi lequel le 2ᵉ bataillon du 87ᵉ.
> Le 67ᵉ pénètre dans l'usine Wendel et de là, s'avance sous

---

1. A. Dupuy, *1870-1871...*, *op. cit.*, p. 213.
2. *Le Petit Journal*, 5 août 1870.

la mitraille et la fusillade, presque à bout portant de l'ennemi qu'il décime de son feu.

Ce sont des héros ; ils combattent un contre trois, mais la lutte est trop inégale, elle ne peut se prolonger.

[...] Tout à coup des cris se font entendre.

Ce sont les ouvriers. *Le feu ! le feu à l'usine !* Et ils prennent la fuite. Mais nos soldats ne reculent pas. Il faut presque les arracher de force à cet enfer.

[...] Les soldats courent à la batterie pour relever les bressés (*sic*).

Un lieutenant blessé, se soulevant avec un effort désespéré, s'écrie :

– Laissez-moi mourir, mais emmenez les pièces[1].

Le récit, on le voit, obéit à quelques principes narratifs élémentaires. Même lorsqu'il présente une scène collective ou panoramique, il doit nécessairement incarner l'événement autour d'une figure, toujours présentée dans un stéréotype de situation : le porte-drapeau héroïque, le jeune officier bravant le danger, le mourant admirable. Le dialogue s'impose de ce fait comme un élément primordial à la relation. Il faut que cela parle, et de préférence sur le mode pathétique. Le récit, qui s'efforce de multiplier les *détails émouvants*, doit toujours s'articuler autour d'au moins un *épisode poignant*, indispensable à son économie. Ainsi le bombardement de Strasbourg ne prend-il tout son sens qu'au regard de ce capitaine d'artillerie qui assiste, impuissant, au bombardement de sa propre maison[2]. Ainsi encore la description de ce convoi de blessés, qui ne vaut que par ces inserts *bouleversants* que le journaliste parvient à introduire :

C'est une mère qui reconnaît un fils et échange avec lui de tendres embrassements. Celui-ci répond aux caresses par des assurances d'espoir et en disant — Bientôt je serai en état de reprendre les armes pour la sainte cause. D'autres

---

1. *Le Journal de la guerre*, 19 août 1870.
2. *Le Petit Journal*, 9 septembre 1870.

fois, c'est un ami qui est venu au devant d'un ami, un frère d'un frère. Mais nulle part la moindre trace de défaillance[1].

Avec les premiers combats surviennent également les premiers « traits d'héroïsme », équivalents en temps de guerre des traditionnels « traits d'humanité » des périodes de paix civile. Ils sont particulièrement fréquents dans les publications nées du conflit, comme *Le Journal de la guerre* qui, des « Héros de Wissembourg et de Reichshoffen » aux « défenseurs héroïques » des cités assiégées, ne semble envisager les combats que sur un mode homérique, et comme une succession d'actions patriotiques et épiques. Le 22 septembre, le quotidien (rebaptisé entre-temps *Le Journal de la guerre et de la République*) titre : « GABRIEL VINAY, ÂGÉ DE QUINZE ANS ET DEMI, NÉ À ROMANS (DRÔME) » et retrace la singulière équipée de cet adolescent qui a abattu un Prussien. Deux jours plus tard, il tire un portrait du « Tueur de Prussiens », et ouvre une souscription pour offrir une carabine d'honneur au « petit brave de Villejuif ».

Davantage cependant que les reportages ou les correspondances, c'est l'iconographie qui se charge de diffuser les scènes les plus édifiantes. La guerre devient rapidement le thème imposé sur lequel s'exercent les grands ateliers de gravure, qui fournissent l'essentiel des revues de la presse illustrée (*Le Monde illustré, L'Illustration*, etc.). Or, plus encore que le texte, l'illustration peine à échapper à la rhétorique impérieuse qui commande les gestes de ses auteurs. Procédés graphiques et codes narratifs demeurent donc identiques, portés par une grammaire visuelle qui ne diffère guère de celle du temps de paix. On retrouve ainsi les mêmes cadrages, amples et simples, qui permettent la plus large lisibilité, les mêmes contrastes agressifs, la même attention portée aux regards, aux gestes et aux mouvements (les bras qui s'élèvent, les corps qui s'affaissent dans des postures quasi théâtrales). Images à forte charge émotionnelle, dont l'objet est de frapper les imaginations en présen-

---

1. *Ibid.*, 14 août 1870.

tant toujours l'instant crucial, le moment précis où le drame est censé se nouer et l'action basculer dans l'irrémédiable. Les bois publiés par *La Guerre illustrée* rendent bien compte de cette fonction du récit, qui met en scène des épisodes spectaculaires, mais toujours personnifiés autour d'une figure héroïque ou pathétique :

> Bataille de Wissembourg. Mort du général Abel Douay.
> Sauvetage d'un messager de l'armée par le caporal de zouaves Lecomte.
> Mgr Bauer essuyant le feu de l'ennemi après avoir demandé de relever les blessés [1].

Le même processus de fait-diversification est à l'œuvre dans les gravures des célèbres suppléments illustrés du *Petit Journal* et du *Petit Parisien*, analysés ici dans la période 1895-1914 [2]. Bien que la guerre n'affecte pas directement le pays entre ces deux dates, les scènes de batailles y sont largement représentées : 3,17 % du total des illustrations, c'est-à-dire bien davantage que les « sauvetages » (2,83 %) ou les suicides (0,55 %). Trois grands thèmes organisent ces images de la guerre : la commémoration d'épisodes célèbres et héroïques, issus pour la plupart de la guerre franco-prussienne (« Le général Bourbaki et les combats de Villersexel », l'équipée du sergent Hoff, la sortie de Champigny [3]), la représentation des grands conflits qui ébranlent le monde à la fin du XIXe siècle (guerre gréco-turque, guerre hispano-américaine, révolte des Boxers, guerre des Boers, guerre russo-japonaise surtout, qui fait l'objet d'une extrême attention et occupe une place considérable, guerres balkaniques), enfin les combats coloniaux (campagne du Dahomey contre le roi Behanzin en 1892-1893, campagnes de Madagascar en 1898-1899 contre la

---

1. *La Guerre illustrée*, 10 août ; 2 novembre ; 17 décembre 1870.
2. Collections dépouillées de 1895 à 1914 pour le supplément du *Petit Journal*, de 1895 à 1906, puis de 1908 à 1912 pour celui du *Petit Parisien*, soit un total de 5 012 gravures, vignettes et portraits.
3. Supplément illustré du *Petit Parisien*, 3 octobre 1897 ; 15 juin 1902 ; 11 décembre 1904.

reine Ranavalo), toujours très prisés en ce qu'ils mettent en scène l'armée française et sont le lieu de représentations pittoresques et colorées du monde indigène et de ses mœurs. A ces scènes de bataille, il conviendrait même d'ajouter une large part des portraits (où les généraux sont très présents) et des peintures de l'armée française, si nombreuses dans l'après-1870. Près de 10 % des illustrations parues dans les suppléments sont ainsi consacrées à la glorification de « Nos soldats », composant au total une espèce d'almanach ou de Panthéon un peu naïf de la France héroïque, dont on sait le rôle dans l'éducation républicaine et sa morale patriotique[1]. Sans doute ces illustrations ne sont-elles pas à proprement parler des images de guerre, mais des grandes manœuvres de l'Est aux minuscules incidents frontaliers, elles disent l'incapacité de ces publications, au si fort parfum national, de se passer d'une dose d'uniformes, de drapeaux, de fumée ou d'affrontements (de 1904 à 1906, *Le Petit Journal* doubla d'ailleurs son supplément d'une autre feuille illustrée, *Le Petit Journal militaire, maritime et colonial*[2]).

	Petit Journal	*Petit Parisien*
Les « faits divers politiques » Suppléments illustrés du *Petit Parisien* et du *Petit Journal* (1895-1914)		
% du total	46,85	47,65
Evénements politiques	44,32	37,20
Portraits	19,23	35,50
« Nos soldats »	21,32	17,40
Batailles	8,28	5,10
Images des colonies	6,85	4,80

1. Sur ce point, voir Paul GERBOD, « L'éthique héroïque en France (1870-1914) », *Revue historique*, n° 544, 1982, p. 409-429.
2. Jean WATELET, « Nationalisme et patriotisme à la fin du XIXe siècle dans les suppléments illustrés du *Petit Journal* et du *Petit Parisien* », dans Jacques GODECHOT (dir.), *Regards sur l'histoire de la presse et de l'information*, Saint-Julien-du-Sault, Les Presses saltusiennes-F.P. Lobies, 1980, p. 119-127.

Quant aux représentations de la guerre que proposent ces gravures, elles demeurent, elles aussi, modelées par les exigences de la rhétorique fait-diversière. S'il arrive que certaines batailles jugées décisives, comme Port-Arthur, bénéficient d'un grand angle et d'assez vastes perspectives, la guerre, toujours présentée comme une école d'héroïsme où se trempent les énergies et se fortifient les caractères, ne prend vraiment corps qu'autour d'exemples personnels. Qu'il s'agisse de soldats :

La mort d'un brave. Le colonel de Villebois-Mareuil au Transvaal.

Trois espions japonais, un colonel et deux lieutenants, pendus au pont qu'ils voulaient faire sauter.

A Port-Arthur, mort héroïque du lieutenant de cosaques Pétroff[1].

ou de civils, comme ces enfants de France mobilisés pour venir en aide à ceux d'Afrique du Sud (« L'obole de l'écolier[2] »). A défaut de cette individualisation, les faits d'armes doivent prendre la forme d'épisodes particulièrement spectaculaires, qui mettent un scène un stéréotype de situation ou un décor avantageux, que le lecteur appréciera à sa juste valeur :

Les Boers attaquent un train blindé envoyé par les Anglais.

Patrouille de cosaques gardant le transsibérien et le télégraphe contre les Tongouse.

Bataille de Liao-Yang, une batterie embourbée[3].

L'exemple des guerres balkaniques, appréhendées au travers des comptes rendus du *Matin*, montre qu'en dépit d'une évidente évolution de la pratique du reportage (le

---

1. Supplément illustré du *Petit Parisien*, 22 avril 1900 ; 13 mars 1904 ; 9 octobre 1904.
2. *Ibid.*, 12 janvier 1902.
3. Supplément illustré du *Petit Journal*, 29 octobre 1899 ; supplément illustré du *Petit Parisien*, 20 mars 1904 ; 2 octobre 1904.

dispositif mis en place, que le quotidien détaille longuement dans son édition du 16 octobre 1912, est en effet autrement imposant que ceux de l'été 1870[1]), le mode de relation du conflit reste, en ces premières années du XXe siècle, assez proche de celui qu'il était en 1870. Si la complexité du réseau de correspondants et d'envoyés provoque une forte atomisation de l'information en billets, dépêches, télé-grammes, etc., deux types de récits s'individualisent cependant : ceux émanant de la rédaction ou des agences de presse, plus anonymes, uniformisés et factuels ; ceux des envoyés spéciaux, qui procèdent très largement d'une rhé-torique fait-diversière. Récits plus composites, où le repor-ter, désormais convaincu de son autorité, n'hésite pas à se mettre en scène, mais qui restent à l'affût de ces épisodes singuliers ou de ces détails poignants autour desquels pourra s'organiser la description des combats. On focalise donc l'éclairage sur le suicide de l'officier bulgare qui n'a pas « eu l'honneur de franchir le premier la frontière avec ses camarades » ou sur telle « émouvante conversation avec des blessés serbes »[2].

Ce mode de représentation de la guerre, héroïque, pathé-tique ou tragique, mais toujours envisagé sous l'angle du fait divers, se poursuit largement durant le premier conflit mondial. C'est autant à l'encontre de ce type de récits d'ail-leurs que contre le « bourrage de crâne » que s'élèveront les journaux de tranchées[3]. Les relations d'« exploits » y

---

1. Outre les « correspondants réguliers » à Athènes, Belgrade, Cettigné, Constantinople, Sofia, le quotidien annonce l'envoi d'une impressionnante équipe de « correspondants spéciaux » : Stéphane Lauzanne à Constantinople, Hubert Vallier au QG bulgare, Roger Mathieu au QG serbe, Alphonse Cuinet au QG turc, Gabriel Bronnaire au QG grec, le capitaine Zerbitz au QG monté-négrin, ainsi que des « correspondants spéciaux pour la guerre » à Andrinople, Uskur, Pritchina, Philippopoli. Même s'il convient de se méfier des effets d'an-nonce d'une direction habituée au « journalisme à coup de grosse caisse » (l'ex-pression est de M. Palmer, *Des petits journaux aux grandes agences, op. cit.*), le dispositif est impressionnant. « Nous ne croyons pas qu'il y ait un journal en Europe possédant à l'heure actuelle dans les Balkans un service d'informations égal à celui du *Matin* », assure-t-on d'ailleurs à la direction (16 octobre 1912).
2. *Le Matin*, 21 octobre 1912 ; 23 octobre 1912.
3. Stéphane AUDOIN-ROUZEAU, *14-18, les combattants des tranchées*, A. Colin, 1986.

figurent naturellement en bonne place. Voici par exemple l'histoire du brave aviateur Prudhommeaux (« Caporal hier, sergent aujourd'hui ») que l'on avait chargé de détruire un dépôt de zeppelins : « Au milieu d'un ouragan de fer, ayant essuyé des centaines de coups de canon, le caporal monta à 2 200 mètres d'altitude au-dessus du hangar indiqué, et il lança son projectile[1]. » Ou encore les fréquentes et très spectaculaires « charges des turcos », qui permettent d'associer peinture de la guerre, images des colonies et exaltation patriotique des souvenirs de 1870. « Les Prussiens d'aujourd'hui ont retrouvé devant nos turcos, nos Marocains, nos Sénégalais, la sainte "frousse" qui, il y a 44 ans, faisait fuir leurs pères en face des baïonnettes de nos soldats africains[2]. » On apprécie également les beaux dévouements, ceux des infirmières notamment, ainsi que ces drames intérieurs que suscite l'irruption de la guerre dans l'intimité familiale, qu'il s'agisse des « lettres d'un jeune artilleur à son papa » ou, à l'inverse, de la digne douleur du général de Castelnau venu se recueillir devant le cadavre de son fils[3]. Mais c'est peut-être par le nombre et l'ampleur des représentations révoltantes de la barbarie ennemie qu'innove la presse de 1914. Mettre en scène cette « héroïne française fusillée par les Allemands » ou, pis encore, les « procédés de sauvages » de ces « deux blessés allemands [qui] abattent lâchement, à coups de revolver, les officiers français qui viennent de leur porter secours », permet de relier les poncifs du fait divers avec les exigences d'une culture de guerre qui connaît alors sa phase la plus intense de mobilisation[4].

---

1. *Le Petit Parisien*, 18 août 1914.
2. Supplément illustré du *Petit Journal*, 20 septembre 1914.
3. *La Liberté*, 15 octobre 1914 ; supplément illustré du *Petit Journal*, 18 octobre 1914.
4. *Ibid.*, 11 avril 1915 ; 2 juin 1915. Sur la notion de « culture de guerre », voir Annette BECKER et Stéphane AUDOIN-ROUZEAU, « Violence et consentement : la culture de guerre du premier conflit mondial », dans Jean-Pierre RIOUX et Jean-François SIRINELLI, *Pour une histoire culturelle*, Le Seuil, 1997, p. 251-271.

La guerre anecdotique

Le troisième mode de fait-diversification, qui correspond chronologiquement à l'installation dans l'état de guerre, ou, si l'on préfère, à l'intégration du conflit dans l'ordre quotidien, réside dans le déplacement du centre d'intérêt de la bataille à ses « à-côtés », de l'événement à ses marges et aux nombreuses « bizarreries » qu'elles peuvent produire. Retour à l'inessentiel en quelque sorte, et au domaine réservé du fait divers, mais entièrement voué désormais à l'univers de la guerre.

C'est ainsi que, dès la fin juillet 1870, les journaux se mettent à juxtaposer tout un ensemble de petites nouvelles sans relief dans des rubriques souvent intitulées « Chronique de la guerre » (*Le Journal de la guerre*), mais parfois également « Faits divers ». C'est le cas des *Nouvelles de la guerre*, qui publient sous ce titre le tout-venant de l'information militaire : mouvements de troupes, nominations, distinctions et nouveaux corps d'armée, dons et souscriptions, mais aussi simples vols, arrestation d'espions ou de faux patriotes, parfois mêmes nouvelles insignifiantes comme l'annonce de la mise à disposition de l'armée des chevaux de la Compagnie des omnibus. Le même journal ouvre un peu plus tard une chronique intitulée « La Presse anecdotique », dont le rédacteur affiche clairement ses objectifs :

> Mon intention, en donnant tous les jours sous cette rubrique, La Presse anecdotique, le regain de la partie légère des journaux, est de distraire nos lecteurs des préoccupations de la guerre, en faisant luire à leurs yeux les étincelles de cet esprit français qui ne saurait mourir qu'avec la nation tout entière[1].

---

1. *Les Nouvelles de la guerre*, 27 juillet 1870.

On y apprendra ainsi, au fil des livraisons, que des zouaves trop pressés ont sauté des fenêtres en gare de Nancy, qu'un vieux monsieur offre des cigares aux voltigeurs qui défilent devant sa porte ou que deux turcos ont vidé « sans respirer et sans sourciller » une barrique de vin. Une revue de presse si prisée qu'elle est vite reproduite par d'autres périodiques, comme *Le Journal de la guerre*, dont l'espace rédactionnel est presque entièrement saturé par trois rubriques aux titres suggestifs : « Chronique militaire », « La presse anecdotique » et « Faits divers ». Au *Courrier de la guerre*, la rubrique « Combats et combattants », qui procède du même esprit, regorge d'anecdotes et de petits récits amusants, à l'image de cet « exploit » de Monsieur X, « un de nos sportsmen des mieux connus au Jockey Club », qui usa de ses talents de ventriloque pour capturer six uhlans[1]. Durant le siège, la rubrique « Episodes de la journée d'hier », publiée par *Le Petit Journal*, rassemble des informations souvent de même nature. Et les graveurs naturellement se plaisent à fixer des scènes telles que l'« Abattage d'un des éléphants du Jardin d'acclimatation[2] ». Il n'est jusqu'au très sérieux *Journal des débats* qui ne laisse Edmond About et Louis Ratisbonne se quereller dans ses colonnes au sujet du bruit que font les canons prussiens : *boum* ou bien *doum*[3] ?

S'il signale le retour à un état moins critique du fonctionnement social, ce type d'information dit aussi l'incapacité des journaux populaires à dire le monde autrement que sous l'angle de l'anecdotique, de l'exotique, du détail étonnant ou singulier. Au *Matin*, durant les guerres balkaniques, le reportage militaire s'intéresse très rapidement à ce qu'il nomme « les à-côtés de la guerre[4] », surtout lorsque ceux-ci peuvent être illustrés par des photographies : comment le berger serbe fait-il danser les soldats au son de son pipeau ? comment les perruquiers coupent-ils les cheveux des réser-

---

1. « La ventriloquie arme de guerre », *Le Courrier de la guerre*, 30 août 1870.
2. *La Guerre illustrée*, 11 janvier 1871.
3. *Le Journal des débats*, 8 janvier 1871.
4. *Le Matin*, 19 octobre 1912.

vistes ? comment s'effectue la relève de la garde le long de la voie ferrée ? Inaugurée le 27 octobre 1912, la rubrique « Autour de la guerre » se spécialise dans ce genre d'informations, évoquant au fil des éditions les diverses curiosités du champ de bataille, ponctuées si possible des « héroïques paroles d'une mère bulgare[1] ».

Les réflexes sont analogues en 1914. Dès le 7 septembre 1914, *Le Petit Parisien* lance une rubrique intitulée « Ce qu'on voit, ce qu'on entend », presque entièrement consacrée à la guerre anecdotique. Voici par exemple l'équipée du petit André Kaufmann, douze ans, « brave petit cœur » que l'on croyait disparu, mais qui n'avait fait que s'égarer en regardant défiler les troupiers[2]. Ou celle du petit fugueur de Saint-Dié (quatorze ans) qui, son mousqueton à la main, passa plus d'un mois dans les tranchées[3]. Voilà, plus étonnant, le récit édifiant du jeune Louis Pelat, huit ans, habitant de Lenne, près de Rodez, qui lisait l'avenir et l'issue des combats dans les visions qui animaient le plafond de sa chambre[4]. Autant que les enfants, les femmes sont les acteurs privilégiés de ce front imprimé qu'est celui du fait divers. On s'étend donc longuement sur l'aventure de cette « aviatrice anglaise [qui] s'était déguisée en officier pour faire campagne » ou, mieux encore, de cette héroïque blanchisseuse qui s'était déguisée en zouave pour aller faire le coup de feu à Meaux[5]. Ce type de regard est bien sûr celui que continue de porter sur la guerre le supplément du *Petit Journal* lorsqu'il reparaît en septembre 1914 (celui du *Petit Parisien* a disparu en 1912) :

> Un taureau bouscule et piétine des soldats allemands.
> Un Serbe brûlé vif par les Autrichiens.
> Un général autrichien pris au lasso[6].

---

1. *Ibid.*, 29 et 31 octobre 1912.
2. *Le Petit Parisien*, 20 août 1914.
3. *La Liberté*, 14 octobre 1914.
4. *Le Matin*, 15 avril 1915.
5. *Le Petit Parisien*, 21 août 1914 ; 12 septembre 1914.
6. Supplément illustré du *Petit Journal*, 11 octobre 1914 ; 27 décembre 1914 ; 8 août 1915.

Et la photographie, lorsqu'elle parvient à saisir quelque bizarrerie de la guerre, ne se prive pas de la diffuser largement, comme ce cliché d'un prisonnier allemand si « kolossal » qu'il avait dû, plusieurs mois durant, rester courbé dans la tranchée pour éviter les balles françaises[1].

La guerre, au bout du compte, n'affecte qu'en surface le fonctionnement ou les structures du journalisme populaire. Tout se passe comme si les rédactions, sans modifier ni l'esprit ni la lettre de leur dispositif, se mettaient désormais à disserter sur un thème imposé. A l'instar du feuilleton, qui entre en guerre d'emblée et sans changer grand-chose à sa constitution[2], le fait divers se militarise rapidement, et s'il quitte son domaine réservé, c'est pour démontrer sa capacité à l'adaptation et à la contamination. Sans doute le phénomène a-t-il des limites, qu'il convient d'indiquer. Lorsque la violence de la guerre devient telle que la trame et les repères sociaux se distendent brutalement, quand la mort et le danger deviennent omniprésents, alors le fait divers s'efface sans réserve. Sans doute aussi pourra-t-on estimer que les récits retenus ne sont des faits divers que par la bande, et juger extensive cette acception du terme. Pourtant, à l'image des standards du fait divers, ils ne retiennent de la société que l'exemplaire ou l'anecdotique, et la simplification qu'ils mettent en œuvre vise avant tout à l'instruction et l'édification. L'événement n'y est jamais perçu autrement qu'enchâssé dans un complexe jeu d'échelles, qui balance en permanence du panoramique (ne rien exclure du champ des possibles) à cet infiniment petit qu'incarnent

---

1. *Excelsior*, 8 janvier 1916.
2. Au *Petit Journal*, en 1870, la militarisation des rez-de-chaussée a lieu dès le début du conflit avec la publication de *La Revanche de 1813, Route de Berlin*, de Gaboriau (24 juillet au 6 septembre), suivi, à compter du 4 novembre, de *Profils militaires* puis du *Journal d'un garde national mobilisé*, de Paul Estienne, un pseudonyme de Gaboriau (5 janvier au 6 avril 1871). Politique analogue au *Journal de la guerre*, qui publie dès le 20 juillet *La 32ᵉ Demi-Brigade*, de Barginet (de Grenoble), doublé le 1ᵉʳ août par *Prussiens et Partisans de Lorraine* d'Ernest Billaudel, ou encore au *Courrier de la guerre*, qui donne à lire d'emblée *L'Espion prussien* de V. De Féréal.

les détails intimes, les émotions simples ou les exemples personnels. Du prisme que dessine cette double focalisation naît le spectaculaire, seul mode d'accès au réel, seule façon de penser le monde pour la presse populaire. S'ils relèvent par endroits de l'épopée, les faits divers savent aussi ramener leur héros à la mesure humaine, rappeler les vérités d'évidence, parler au sens commun. Il faut que le lecteur « s'y retrouve », et qu'il retrouve dans le récit tout ce qu'il y a d'humain, de trop humain dans l'homme. Et peut-être le fait divers réside-t-il d'abord là, dans une symbolique de l'épopée ramenée aux dimensions de l'homme ordinaire, et dans la rhétorique qui la porte.

14-18 : la fin du feuilleton ?

« C'est la guerre, on se bat et l'heure des fictions est passée ; demain les laboureurs seront soldats, les romanciers historiens. » C'est en ces termes que Ponson du Terrail, le plus célèbre des feuilletonistes du second Empire, écrivit en 1870 au *Petit Moniteur* pour suspendre ses livraisons en cours[1]. Quelques semaines plus tard, le romancier quitta Paris pour l'Orléanais, où il possédait une maison, et mit sur pied une compagnie de francs-tireurs qui batailla contre les Bavarois, jusqu'à ce que l'occupation et la destruction de sa propriété le contraignent à se réfugier à Bordeaux, où il mourut en janvier 1871. En dépit de cet exemple fameux, que suivirent d'ailleurs quelques autres feuilletonistes (Jules Mary, Charles Mérouvel, Gustave Aimard), la guerre n'enterra pas le genre, qui s'adapta très vite au contexte nouveau. La question de l'opportunité du feuilleton dans un pays en guerre se repose évidemment en 1914, bien que dans des conditions tout autres. Journaux et « rez-de-chaussée », qui ont connu une phase ininterrompue de croissance depuis la fin de l'Empire, vivent alors un « âge d'or » qui est aussi celui, en France, du premier âge de la culture médiatique[2], et le marché qu'ils représentent est, par ses

---

1. Cité par Laurent BAZIN, préface aux *Exploits de Rocambole*, Laffont, 1992, p. XLV.
2. D. Kalifa, « L'entrée de la France en régime médiatique », art. cité.

enjeux économiques, politiques ou sociaux, sans commune mesure avec celui de 1870. Quant à la guerre qui débute alors, on sait combien elle constitue, par son intensité, sa durée et sa brutalité, un traumatisme majeur pour la conscience et l'histoire des Français. Quelle fut, dans ces conditions, l'attitude des rédactions et des feuilletonistes ? A quelques généralités près (désorganisation des « ateliers », contingentement du papier, tribut versé à la « culture de guerre[1] »), la question, qui n'a guère retenu l'attention des historiens, demeure mal connue. La presse de guerre, en effet, n'a jusqu'ici été considérée que sous l'angle de la censure et du « bourrage de crâne »[2], les rares travaux concernant le feuilleton n'ont consacré à cette période que quelques éclairages rapides et pour partie inexacts, et l'historiographie de la Grande Guerre, en dépit de son renouvellement, n'a pas encore suscité d'études spécifiques sur la question des journaux ou des fictions de grande consommation.

Les quelques pages qui suivent n'ont évidemment pas pour ambition de combler une telle lacune, et leur objet reste limité. Moins que la part prise par une telle production à la « culture de guerre », ce sont les transformations introduites par le conflit dans les flux, les rythmes de périodicité ou les formes du roman-feuilleton qui sont ici en question. A l'arrière-plan demeure aussi une interrogation sur l'emprise, en ce début de siècle, du régime « médiatique », et sur sa capacité à résister au choc et aux commotions suscités par une guerre qui se révèle vite totale. A partir d'un corpus de près de cent cinquante romans-feuilletons publiés par les « quatre grands[3] » de 1913, année éta-

---

1. J'utilise cette expression dans l'acception qu'en ont donnée S. AUDOIN-ROUZEAU et A. BECKER, « Violence et consentement... », article cité.

2. Voir Pierre ALBERT, « La presse dans la guerre de 1914-1918 », dans l'*Histoire générale de la presse française, op. cit.*, p. 407-445, et Marc MARTIN, *Médias et journalistes de la République*, Odile Jacob, 1997, p. 112-117.

3. Bien que le conflit, qui introduit *L'Echo de Paris* dans le groupe des journaux de tête, modifie les hiérarchies de la presse d'avant guerre, j'ai préféré en rester aux titres phares de 1914, afin de mieux prendre la mesure des évolutions en cours. Une attention particulière a été accordée au *Petit Parisien* et au *Matin*, qui vivent alors leur apogée, alors que *Le Petit Journal* poursuit son déclin et

lon, à 1920, on s'intéressera donc aux bouleversements éventuels apportés par la guerre aux modes et rythmes de publication, à la société des feuilletonistes ou à l'équilibre traditionnel des thématiques et des genres.

Modes et rythmes de publication

• L'immédiat avant-guerre, âge d'or du feuilleton

En 1913, les journaux à grand tirage poursuivent un essor entamé depuis plus d'un quart de siècle. En dépit des critiques d'usage émises par des élites toujours inquiètes des phénomènes culturels qu'elles ne maîtrisent pas, une telle marche est généralement perçue comme légitime, voire irrésistible, compagne de l'intégration et de la démocratisation de tout le corps social. Dans cet édifice complexe que constitue le journal « populaire », la place du feuilleton n'est guère contestée, et les rédactions n'hésitent pas à investir dans de très coûteuses campagnes de lancement pour leurs auteurs à succès. Tous publient alors un minimum de deux feuilletons quotidiens.

Le plus entreprenant à cet égard est *Le Petit Parisien*, qui s'est imposé depuis quelques années comme le premier quotidien du pays. Une véritable « politique » feuilletonesque y est menée par la direction : on y publie des romans très calibrés, longs et standardisés (cent seize livraisons en moyenne), qui occupent une place de choix dans l'espace rédactionnel (les « rez-de-chaussée » des pages 2 et 3, parfois 2 et 4), et qui font l'objet d'une stratégie publicitaire bien rodée : outre les campagnes d'affichage dont bénéficient les auteurs les plus célèbres, tout nouveau feuilleton est annoncé, durant toute la semaine qui précède sa parution, par une série d'accroches quotidiennes à la une. De l'ensemble émane un sentiment de fort professionnalisme.

---

que *Le Journal* s'empêtre dans un imbroglio politico-financier, au cours duquel il perd la moitié de son lectorat.

La succession des « rez-de-chaussée », par exemple, s'y effectue toujours par chevauchement, afin de fidéliser le lecteur au nouveau feuilleton avant même que le dernier ne soit achevé. D'où l'existence de six à sept séquences annuelles, où le journal publie trois feuilletons simultanés[1]. Si l'on ajoute que le quotidien publie souvent deux livraisons contiguës des feuilletons jugés porteurs, il advient donc qu'un même numéro puisse publier, en période de soudure, jusqu'à quatre « rez-de-chaussée » par jour. C'est le cas par exemple le 20 janvier 1913, date à laquelle *Le Petit Parisien* publie une livraison de Jules Mary, deux d'Aristide Bruant et une de Jacques Brienne, ou encore fin février (un Jules Mary, un Aristide Bruant, deux Henri Kéroul, soit 15 % de l'espace rédactionnel). De janvier 1913 à août 1914, le journal publie une moyenne quotidienne de 2,10 feuilletons, un peu plus de 2,5 si l'on tient compte des livraisons doubles, ce qui représente un espace considérable. Pour un journal qui compte alors six pages, et en atteint parfois huit (le dimanche ou les jours d'intense actualité), l'espace feuilletonesque représente plus de 9 % du volume rédactionnel.

Au *Matin*, le plus inventif des quotidiens du moment, la démarche est différente, et consiste à combiner, pour un total de huit ou neuf feuilletons par an, quelques gros romans, plus de cent livraisons, confiés aux auteurs phares de la maison (Gaston Leroux, Michel Zévaco, René Bures et Jacques Ferlan...), et des romans plus courts, parfois même des nouvelles. La règle est de publier deux feuilletons, en rez-de-chaussée des pages 4 et 6 (seuls les premiers épisodes bénéficient, lors de la semaine de lancement, d'une place en page 2), et l'on n'y trouve jamais de double livraison. L'ensemble, annonces comprises, apparaît donc un peu moins dense et moins tapageur qu'au *Petit Parisien*, mais tout aussi professionnel. Pour un quotidien qui compte désormais huit pages, le feuilleton représente 6,25 % du volume rédactionnel.

---

1. Par exemple, en 1913, fin janvier, fin février, fin avril, fin juin, début août, début octobre, fin novembre.

Avec chacun sa spécificité, les deux autres titres de la
« grande » presse populaire confirment largement le
constat. Au *Petit Journal*, on publie aussi huit ou neuf feuilletons par an, pour l'essentiel de longs (plus de cent vingt
livraisons), voire de très longs romans (jusqu'à cent cinquante et cent soixante-quinze livraisons). L'ensemble
atteint une moyenne de 2,12 « rez-de-chaussée » par jour
(8 % du volume), ce qui signifie la présence régulière de
deux feuilletons, et l'existence de séquences de chevauchement où, comme au *Petit Parisien*, sont publiés trois feuilletons. Au *Journal*, les choses sont différentes. Les « rez-de-
chaussée », situés pages 4 et 6, associent deux lignes de
publication : l'une feuilletonesque (un « grand roman »
signé Pierre Sales, Pierre Souvestre et Marcel Allain, Léon
Sazie...), l'autre plus « littéraire » qui, dans la tradition du
Journal première manière[1], publie des textes courts, nouvelles, contes ou souvenirs, composés par des auteurs issus
d'horizons plus « légitimes ». En dépit donc des dix-neuf
textes publiés en 1913, *Le Journal* est le moins feuilletonesque des quotidiens à grand tirage. Ses deux « rez-de-
chaussée » se diluent de surcroît dans une pagination très
volumineuse (huit pages en 1913, avec des pointes à dix,
lesquelles deviennent la règle à partir de février 1914, et se
voient parfois portées à douze), qui ne laisse au feuilleton
qu'un espace réduit (moins de 6 %), et en déclin.

• Août 14 : l'onde de choc et ses limites

La mobilisation, qui vide les bureaux et les ateliers, perturbe évidemment l'organisation des rédactions. Par rapport aux feuilles provinciales cependant, ou aux journaux
les moins établis, les grands quotidiens nationaux résistent
mieux à ces dérèglements[2]. Il faut vraiment le choc de l'in-

---

1. Sur cette tradition des « Contes », voir Patrick DUMONT, *Etude de menta-
lité : la petite bourgeoisie vue à travers les contes quotidiens du Journal (1894-
1895)*, Minard, 1973.
2. Voir sur ccs points P. ALBERT, « La presse dans la guerre de 1914-1918 »,
op. cit

vasion pour que la matière du journal soit effectivement altérée. L'exceptionnelle densité événementielle qui caractérise la fin juillet 1914 (procès d'Henriette Caillaux et crise diplomatique) n'interrompt par exemple en rien la prégnance du feuilleton. Le 1ᵉʳ août 1914, jour où *Le Petit Parisien* titre « Heures tragiques » et rend compte de l'assassinat de Jaurès et de l'engrenage diplomatico-militaire qui précède la mobilisation, le feuilleton (deux livraisons de *La Vierge en pleurs* de René Vincy qui débute ce jour-là, une signée Mérouvel, une quatrième de Jacques Brienne) occupe plus de 15 % de l'espace rédactionnel. Le lendemain, jour de l'annonce de la mobilisation, il représente encore 11,5 % du total. Ce n'est que le 3 août, invasion et état de siège obligent, que le feuilleton disparaît, sans qu'aucune explication d'ailleurs en soit donnée. Le journal, il est vrai, ne paraît ce jour-là que sur deux pages. L'étonnant, en un sens, est moins que le feuilleton ait ainsi résisté, mais plutôt qu'il disparaisse aussi brutalement, tant sa présence était consubstantielle au quotidien « populaire ». De fait, bien plus qu'une éventuelle décision éditoriale, seules les contingences matérielles et la pénurie de papier entraînent, à compter du 3 août, la suppression (suspension ?) des « rez-de-chaussée ».

Ce rationnement drastique du papier et la réduction du nombre de pages qu'il provoque dans la presse sont cependant de courte durée. L'invasion stoppée, le front stabilisé, le régime de la presse s'assouplit. Soulagés par l'arrivée de pâte à papier scandinave, les principaux quotidiens à grand tirage obtiennent, dès les premiers jours d'octobre 1914, de paraître sur quatre pages, et conservent cette pagination jusqu'au début de l'année 1917, avec quelques pointes à six pages en 1915. On savait désormais que la guerre était longue, mieux valait recommencer à lire.

Le retour des feuilletons accompagna presque d'emblée le passage à quatre pages ; à la mi-octobre, les « rez-de-chaussée » ont partout fait leur réapparition. Contrairement à une légende tenace, il ne fallut donc pas « attendre de longs mois pour qu'on retrouve des numéros de quatre

pages où figure un feuilleton[1] », deux mois suffirent, et très
peu de feuilletons interrompus restèrent « éternellement en
suspens ». Au *Petit Parisien*, seuls deux romans ne furent
jamais repris, *La Fée des bois* de Jacques Brienne, et *La
Vierge en pleurs*, de René Vincy, qui avait débuté le 1er août
et que l'auteur n'eut sans doute pas le goût de reprendre
(le romancier, qui publie peu de temps après d'autres feuilletons dans le même journal, ne fut donc pas mobilisé, mais
ses « collaborateurs » le furent certainement). Au *Journal*, la
fin du roman de Charles-Henri Hirsch, *Petit Louis boxeur*,
« oubliée » en octobre 1914, est finalement publiée durant
l'été 1918. Partout ailleurs, les feuilletons interrompus en
août 1914 sont repris en octobre, parfois avec un léger éta-
gement, toujours précédés de résumés ou de récapitulatifs,
mais sans aucune explication des rédactions, comme si leur
retour allait évidemment de soi.

Deux logiques prévalent alors. D'un côté, celle de la
réserve relative, illustrée par *Le Matin* et *Le Journal*. Une
fois liquidés les romans en suspens, les deux journaux ne
publient en effet qu'un seul « rez-de-chaussée » quotidien,
ce qui laisse au feuilleton, compte tenu de la réduction de
la pagination, une place assez stable dans l'économie rédactionnelle de ces titres (6,25 %). Dans les deux *Petits* à l'inverse, le retour du feuilleton s'accomplit dans la démesure.
Si *Le Petit Parisien* ne reprend qu'un seul roman (*Une race
qui sombre*, de Charles Mérouvel), il lui accorde selon
l'usage deux espaces en rez-de-chaussée (pages 3 et 4), ce
qui porte l'espace feuilletonesque à 11,3 % du total. Dès le
17 octobre, le quotidien s'engage dans une tapageuse campagne d'annonces destinée à présenter le nouveau roman
d'Arthur Bernède, *L'Espionne de Guillaume, le véritable
roman de l'avant-guerre*, suite de l'un des plus grands succès
dramatiques de l'année 1912, *Cœur de Française*[2]. Le

---

1. A.-M. THIESSE, *Le Roman du quotidien, op. cit.*, p. 111.
2. Arthur BERNÈDE et Aristide BRUANT, *Cœur de Française*, drame en 5 actes
et 8 tableaux, représenté pour la première fois au Théâtre de l'Ambigu le
23 octobre 1912, Editions du Monde illustré, 1912. Repris en fascicules par
Tallandier en 1913-1914.

22 novembre, outre les deux livraisons ordinaires du feuilleton, le quotidien consacre au roman de Bernède un immense placard en page 4. Ce jour-là, le feuilleton occupe, avec ses à-côtés, plus de 36 % de l'espace rédactionnel. Et si besoin était de justifier une telle emprise, il n'était qu'à lire le texte du feuilleton, véritable acte de guerre en lui-même. Les jours suivants, le journal publie régulièrement trois « rez-de-chaussée » (deux Bernède et un Mérouvel), pour quatre pages, soit près de 17 % du total. Le volume se tasse légèrement par la suite.

Au *Petit Journal*, la reprise se fait dans des conditions plus extrêmes encore. Non seulement les deux feuilletons interrompus en août sont repris en octobre, mais le journal en ajoute vite un troisième. Du 15 novembre au 9 décembre, ce sont donc trois feuilletons qui sont publiés par le quotidien, qui renoue en cette fin d'année avec les rythmes et la périodicité d'avant guerre, et un volume rédactionnel proportionnellement accru (11,85 %). Et pour couper court à toute critique, le quotidien va beaucoup plus loin que *Le Petit Parisien*, en publiant non pas un roman d'espionnage patriotique, genre ancien, mais un vrai roman de guerre, le premier, *Présent !* de Paul Segonzac, dont la parution est annoncée, date prémonitoire, le 11 novembre 1914.

• L'emprise du feuilleton

Si les logiques éditoriales évoquées ci-dessus perdurent pendant tout le conflit, deux séquences peuvent cependant être distinguées, que régit exclusivement l'évolution des contingentements du papier. Jusqu'au premier trimestre 1917, on en reste au schéma esquissé à l'automne 1914. Sur leur lancée, *Petit Journal* et *Petit Parisien* continuent à publier au moins deux feuilletons quotidiens, trois lors des périodes de lancement ou de soudure, accompagnant chaque roman jugé opportun d'un imposant dispositif d'annonces. Le 31 février 1915 par exemple, *Sur les routes sanglantes, récit de la Grande Guerre*, de Jules Mary, fait au

Petit Parisien l'objet d'un battage aussi impressionnant que celui effectué quelques mois auparavant pour *L'Espionne de Guillaume*. *Le Journal* et *Le Matin* demeurent eux aussi sur leurs positions, ne publiant qu'un feuilleton quotidien (complété au *Journal* par la série des « Contes héroïques »), mais plongeant à corps perdu, on le verra, dans la problématique patriotique. Un changement toutefois a lieu début 1916, qui voit *Le Matin* s'aligner sur les deux *Petits*. A compter du 1ᵉʳ mars en effet, le quotidien de Bunau-Varilla publie lui aussi deux feuilletons par jour, renouant donc, bien que dans une pagination très réduite, avec ses rythmes d'avant guerre. *Le Journal* demeure alors seul à ne publier qu'un feuilleton quotidien, mais leur physionomie s'y modifie : moins de nouvelles, ou de récits brefs, plus de romans, dont la longueur augmente, comme s'il fallait, en ces temps difficiles (le journal ne cesse de perdre des lecteurs), en passer par les usages à l'œuvre chez les concurrents. En dépit de ces disparités, le feuilleton a bien repris ses droits, et ses aises, dans le pays en guerre, bénéficiant d'un espace largement accru en proportion, et surtout de tirages beaucoup plus élevés (de 5,5 millions d'exemplaires en juin 1914 à 8,25 millions en juin 1917 [1]). Au *Petit Parisien,* qui atteint alors 2 millions d'exemplaires, ou au *Matin,* qui tire à 1,6 million, le roman-feuilleton vit sans doute ses plus belles heures.

La situation ne se modifie vraiment que dans le courant de l'année 1917, du fait de la crise du papier qui resurgit alors. Le décret du 7 février 1917 impose en effet une réduction sensible de la consommation, et celui du 30 avril 1917 astreint les quotidiens, quatre fois par semaine, à des éditions réduites à deux pages [2]. Exigences d'autant plus lourdes que le prix des journaux augmente, atteignant dix centimes en septembre 1917, quinze en janvier 1919, vingt en juin de la même année. Si les autorisations de parution

---

1. M. MARTIN, *Médias et journalistes de la République, op. cit.,* p. 113.
2. P. ALBERT, « La presse dans la guerre de 1914-1918 », *op. cit.* ; Alf. ADELINE, « La crise du papier », *Annuaire de la presse*, 1917, p. LXXIX-CVII.

à quatre pages se multiplient, ce n'est vraiment qu'à partir de mars 1919 que le quatre-pages redevint régulier (le rationnement, lui, ne disparut qu'en juin 1921). Autant qu'à l'incompréhension grandissante entre la presse et ses lecteurs, maintes fois évoquée, c'est à cette situation matérielle qu'est aussi redevable la « crise » qui affecte alors les journaux.

Les nombreux passages à deux pages entraînent, en 1917, une diminution sensible des « rez-de-chaussée » publiés. Au *Journal*, qui ne programmait qu'un feuilleton, on simplifie les choses en supprimant souvent le roman en cours, pendant un jour ou deux. Le ralentissement est plus net au *Matin*, qui ne publie durant une longue séquence (du 24 février au 7 septembre) qu'un seul feuilleton, signé de valeurs sûres (Leroux ou Zévaco). Phénomène similaire au *Petit Parisien* et au *Petit Journal*, qui limitent cependant la durée de cette période de vaches maigres (début avril-fin septembre). Ce qui n'empêche pas la moyenne quotidienne des publications romanesques d'y marquer le pas (1, 36 au *Petit Parisien*, 1, 45 au *Petit Journal*).

En 1918, le ralentissement se poursuivit, mais les quotidiens établirent une parade, qui consistait à programmer deux feuilletons, dont l'un était publié régulièrement et l'autre de façon intermittente, au gré des limitations de la pagination. Ainsi, au *Petit Parisien, Les Rapaces* de Jules Mary égrène-t-il ses cent six livraisons durant près de six mois ; au *Petit Journal, Le Navire invisible* d'Arthur Galopin, quatre-vingt-huit livraisons, s'étire sur plus de cinq mois. La pratique, qui permettait de passer du jour au lendemain d'un à deux (ou trois) feuilletons, témoigne de l'importance de cette « matière » pour les rédactions, et de leur souci de ne pas en limiter l'emprise. Ainsi, au *Petit Journal*, qui ne publia en 1918 qu'un peu plus de cinq cents « rez-de-chaussée » (soit en moyenne 1,43 par jour), il y eut toute l'année deux feuilletons en cours. En 1919, puis en 1920, pressées par l'afflux d'informations qu'il fallait insérer dans une pagination réduite, les rédactions se résolurent à abandonner une partie de leurs « rez-de-chaussée ». A l'exception du *Petit Journal*, qui continua à programmer et à publier, avec intermittence, deux feuilletons quotidiens, les autres titres limitèrent la publication à un feuilleton unique, qui pouvait cependant donner lieu, comme au *Petit Parisien*, à deux livraisons quotidiennes.

Sensible au bout du compte, la relative décrue du feuilleton, qui n'atteint vraiment les journaux qu'à partir de 1917, n'apparaît cependant motivée ni par des raisons éthiques ou patriotiques, ni par l'état d'anomie que pouvait provoquer le conflit, ni par un hypothétique bouleversement des représentations ou des « visions du monde ». Les contraintes sont ici matérielles, affectant le support-presse dans ce qu'il a de plus tangible, le papier. En ce sens, les fluctuations repérables de la périodicité s'inscrivent dans une seule logique médiatique et marchande, que commandent les flux matériels, leurs régularités et leurs astreintes.

Feuilletonistes en guerre

Il n'est bien sûr pas question d'envisager ici tous les bouleversements apportés par le conflit à la composition des équipes ou à la sociologie des auteurs. Initiée pour l'avant-guerre par quelques travaux novateurs[1], une telle étude nécessite d'imposantes ressources documentaires, que l'ouverture des archives du *Journal* permet sans doute de réunir[2], mais qui dérouterait l'objet initial de ce travail. On se contentera donc d'évaluer ici, à l'aune des signatures relevées au « rez-de-chaussée » des journaux retenus, les attitudes et les réflexes principaux qu'adoptent durant la guerre les rédactions et leurs auteurs.

---

1. A.-M. Thiesse, *Le Roman du quotidien, op. cit.*
2. AN, 8 AR. L'inventaire signale en effet l'existence de nombreuses pièces (contrats, correspondances, dossiers de feuilletonistes, campagnes d'annonces) concernant les années postérieures à 1900. Un tel ensemble vient opportunément compléter les dossiers individuels de la SGDL, souvent très décevants.

• Les bastions du feuilleton

L'un des traits les plus marquants qui affectent alors le microcosme des feuilletonistes réside dans l'absence quasi totale de renouvellement des auteurs. Au « rez-de-chaussée », où continuent à se succéder les mêmes noms célèbres, la mobilisation n'eut guère d'effets. La raison en est d'abord structurelle. Les auteurs qui, en 1914, ont passé contrat avec les grands quotidiens nationaux, sont pour la plupart de grandes plumes du feuilleton, romanciers reconnus dont la carrière est largement avancée. Souvent nés sous le second Empire, ils ont commencé à publier à la fin des années 1880 ou durant la décennie 1890, et récoltent en ce début de siècle les fruits de leur labeur. C'est le cas, entre autres, de Jules Mary, né en 1850, d'Henry Germain (1855), de Pierre Decourcelle (1856), de Michel Zévaco (1860), de Léon Sazie (1862) ou de Maurice Leblanc (1864). Ayant pour la plupart dépassé la cinquantaine, ils échappent donc à la mobilisation et font l'objet de demandes accrues de la part des rédactions. Certains sont plus âgés encore, comme Paul Bertnay (1846) ou Charles Mérouvel (1832), ce qui ne les empêche pas de publier un grand nombre de romans. Mais la guerre et la mobilisation expliquent aussi pourquoi si peu de signatures nouvelles émergent dans la période. Les jeunes auteurs en effet, qui s'échinaient avant guerre comme « secrétaires » d'une plume célèbre ou salariés d'un « atelier », furent pour la plupart mobilisés. Et l'exemple d'un Marcel Allain, né en 1885, classé service auxiliaire – conducteur d'automobile –, qui continue d'écrire des petits textes, jusqu'à ce qu'il soit rendu, en 1916, à la vie civile et au *Petit Journal*, demeure exceptionnel (à l'image d'ailleurs du succès de *Fantômas*, qui avait donné à ses débuts un démarrage foudroyant). Fauchés sur les champs de bataille ou coupés des réseaux du succès, la plupart des autres jeunes auteurs sont en revanche perdus pour la littérature. Plus étonnant est le faible contingent des femmes feuilletonistes (Lise Pascal, Marcelle Adam, Jeanne Lande, auxquelles s'ajoutent peut-être quelques pseudonymes masculins), qui ne parviennent pas à profiter de la situation pour imposer une signature[1]. En fait, tout se passe comme si les auteurs les mieux établis avaient alors resserré les rangs, et fait front pour maintenir leurs positions dans la presse nationale. Les seules exceptions à cette règle semblent avoir été les textes écrits (ou prétendument écrits) par des acteurs de la Grande Guerre. Ainsi de ce « Poilu » qui publie en 1915 *Le Roi des cuistots* dans *Le Matin* (mais dans lequel Yves Olivier-Martin voulut voir Julien et Marcel Priollet[2]). Ou encore du commandant Raynal, ou du capitaine Madon, qui signent en 1919 quelques récits de guerre au « rez-de-chaussée » du *Petit Journal*. Mais ces quelques exemples ne peuvent dissimuler l'essentiel, marqué par la surreprésentation des plumes célèbres et des auteurs à succès.

• Auteurs maison

Une des conséquences de ce faible renouvellement réside dans le repli qu'effectuent alors les quotidiens sur un petit groupe d'auteurs maison. Davantage qu'avant guerre, chacun gère son écurie, et les transfuges sont rares. Seuls Arnould Galopin, qui semble écrire indifféremment pour *Le Journal* et *Le Petit Journal* (quatre romans à chacun) et, dans une moindre mesure, Léon Sazie, qui publie régulièrement au *Petit Journal*, mais livre *Bochemar* au *Journal*, en juin 1916, dérogent à la règle. Les autres, s'ils publient par ailleurs dans des feuilles de province ou dans d'autres types de périodiques, restent attachés à une rédaction parisienne, qui mobilise et soigne ses poulains. Le phénomène majeur y est donc celui de la concentration des signatures, très supérieure en ces années de guerre à ce qu'elle était en 1913.

---

1. Sur les femmes et le feuilleton dans la période précédente, voir Luzila Gonçalves Ferreira, *Voix et Positions des femmes dans les feuilletons féminins au XIXᵉ siècle*, thèse de lettres, université Paris VII, 1995.
2. Yves Olivier-Martin, *Histoire du roman populaire en France*, Albin Michel, 1980, p. 233.

Ainsi au *Matin*, où existait déjà une équipe assez ramassée d'auteurs maison, les feuilletonistes furent amenés à produire davantage pour le journal, et le nombre moyen de romans publié par chacun d'eux s'éleva de 1,3 à 1,7 par an. Le phénomène affecta surtout les auteurs les plus prestigieux, comme Gaston Leroux, Michel Zévaco, Pierre Decourcelle ou Henri Germain, pour qui la guerre signifia donc une charge accrue de travail. Même concentration au *Petit Journal* (de 1,2 à 2 feuilletons par auteur en moyenne), où s'affirment quelques plumes maîtresses, comme celles de Paul Segonzac, qui signe un nombre croissant de romans, et aussi de Paul Bertnay, Léon Sazie ou Marcel Allain. Mais c'est au *Petit Parisien* que le phénomène est le plus manifeste. De 1913 à 1919, le nombre moyen de romans par auteur s'y élève en effet de 1,4 à 3,4. Mené par un trio de tête (Jules Mary : 7 romans ; Charles Mérouvel : 5 romans ; Arthur Bernède : 5 romans), que talonnent de près quelques suiveurs (Aristide Bruant, René Vincy, Jacques Brienne), un petit groupe de romanciers maison polarise ici l'espace feuilletonesque. Seul *Le Journal* qui, par tradition (Henri de Régnier en est alors le directeur littéraire), avait pris l'habitude de faire appel à un grand nombre de signatures extérieures, ne connut pas de véritable concentration. A compter de 1916 toutefois, il eut tendance lui aussi à réduire le nombre de ses collaborateurs, et à solliciter davantage le petit nombre de ceux dont on savait le talent et la disponibilité : Arnould Galopin, Maurice Leblanc, Charles-Henri Hirsch, Albert Boissière.

- Résistances à l'étranger

En dépit du contexte, qui pouvait s'y prêter, le risque d'une submersion par le roman étranger, américain notamment (on a évidemment oublié les fascicules de l'éditeur dresdois Eichler, dont l'importation cesse dès la déclaration de guerre), est partiellement évité. Le nombre des traductions est infime, ce qui est une tradition pour un roman-feuilleton qui, plus encore que la littérature « légitime »[1], se révèle d'un farouche protectionnisme littéraire. Seul *Le Journal* y recourt quelquefois, faisant traduire quelques textes de Stephen Crane, Philip Oppenheim, H.-G. Wells. Encore le phénomène est-il limité au dernier trimestre 1914, comme si la rédaction avait alors peiné à trouver la copie nécessaire à ses « rez-de-chaussée » renaissants. Pour le reste, les traductions sont inexistantes dans les journaux considérés, si l'on excepte bien sûr le cas des ciné-romans américains, introduits dans le pays à compter de novembre 1915.

Davantage cependant qu'une « invasion » menée tambour battant par l'industrie culturelle américaine, l'introduction du ciné-roman, qui ménagea les susceptibilités, put laisser croire à une sorte de francisation d'un produit étranger. Outre que les films de Jasset et de Feuillade pouvaient apparaître comme des précurseurs, tous les grands noms du roman-feuilleton s'attelèrent en effet à l'adaptation des ciné-romans américains, qu'ils signèrent de leur nom et nationalisèrent partiellement. Voici comment *Le Journal*, par exemple, présente *Le Cercle rouge,* un ciné-roman de Sherwood Mac Donald, adapté en novembre 1916 par Maurice Leblanc : « La signature de Maurice Leblanc est la garantie d'une œuvre saine, forte, puissamment composée [...] humaine dans son étrangeté et logique dans ses développements les plus imprévus. [...] Nos lecteurs y retrouveront toutes les qualités d'intérêt poignant qui ont fait l'immense succès des œuvres de Maurice Leblanc[2]. » Texte étonnant qui, en apportant au film américain la caution d'un « romancier français » au-dessus de tout soupçon, lui confère un authentique label « national ». Autant que des introducteurs du ciné-roman américain, Pierre Decourcelle, Maurice Leblanc, Marcel Allain, Guy de Téramond, furent aussi des contre-feux allumés pour tenter d'associer le marché

---

1. Christophe CHARLE, *Paris fin de siècle. Culture et politique*, Le Seuil, 1998, p. 177-199.
2. Cité par Jacques DEROUARD, *Maurice Leblanc ou Arsène Lupin malgré lui,* Séguier, 1989, p. 411-412.

national à une production vite perçue comme irrésistible. L'échange sans doute demeure inégal : aux uns l'image, l'invention, l'innovation, aux autres la copie, l'adaptation et la reproduction. Mais, ainsi frottés au nouveau mode de publication, ces auteurs, et d'autres (on pense surtout à Arthur Bernède, fondateur après guerre de la Société des ciné-romans) purent aussi concevoir, et mettre en œuvre, une riposte française à l'offensive américaine.

A l'exception de quelques grands espoirs de l'immédiat avant-guerre (Marcel Allain, Arthur Bernède, Guy de Téramond), qui voient leur succès confirmé, la guerre se solde donc, pour les feuilletonistes, par un *statu quo* général qui profite d'abord aux auteurs prestigieux. Si parler d'épuisement peut paraître excessif, la période ne connaît cependant ni relève, ni percée décisive ; on se cantonne à l'inverse dans des positions connues, et reconnues de longue date.

Innovations, pesanteurs et ressassements

Marqué par la rémanence de ses modes de périodicité et par la permanence de ses auteurs, le roman-feuilleton, genre casanier s'il en est, était alors peu disposé à innover. Deux « genres » toutefois, apparus en plein cœur du conflit, le roman de guerre et le ciné-roman, semblent venir contredire ce constat. On en évoquera brièvement l'émergence, ainsi que la part prise à la « culture » de la Grande Guerre.

• Les romans de l'énergie nationale ?

« Finie la tragédie sanglante qui nous a oppressés pendant cinq ans, vivent la paix et les beaux drames d'amour où il n'est question ni de la guerre, ni des boches ! C'est le cas de notre nouveau roman », écrit Paul Segonzac en ouverture *du Mystère de l'homme sans tête*, qui paraît *dans Le Petit Journal* du 28 décembre 1919. L'auteur, qui dépose ici les armes, avait été le premier à inaugurer le genre, d'emblée classique, du « roman de la Grande Guerre », avec

Présent ! grand roman patriotique inédit[1]. Entre ces deux dates, qu'a représenté le roman de la guerre ?

« Grands romans patriotiques », romans nationaux ou romans de la Grande Guerre constituent une part essentielle de la production feuilletonesque, plus de 43 % des « rez-de-chaussée » publiés par les « quatre grands » d'octobre 1914 à décembre 1919 (60/137), 49 % si l'on ne considère que la séquence 1914-1918 (54/111). Ensemble considérable, qui témoigne de l'effort de guerre de la littérature « populaire », mais qui n'épuise cependant pas son inspiration romanesque. Tous les quotidiens, de plus, ne sont pas également sensibles au sujet. En tête, *Le Petit Parisien* consacre plus de 60 % de sa production à la lutte « antiboche », qu'il décline sous toutes ses formes, de la classique intrigue d'espionnage aux combats héroïques, de la sauvagerie des barbares au dévouement infini des infirmières, de l'amour dans les ruines à la vengeance des fiancées. La proportion est moindre dans les autres quotidiens : 40 % au *Journal*, 39 % au *Petit Journal*, 30 % au *Matin*. Mais ces chiffres, qui concernent les seuls « rez-de-chaussée », délaissent la vaste production des récits, témoignages ou « contes de la guerre » qui prolifère en regard, ou à l'ombre, des feuilletons ordinaires.

La publication des romans patriotiques obéit à une chronologie assez simple. Leur heure ne sonne vraiment qu'en 1915. En octobre 1914, les journaux s'emploient d'abord à liquider les feuilletons demeurés en suspens, ce qui laisse un peu de temps aux auteurs pour soigner leurs récits. Dans les deux *Petits*, c'est à la mi-novembre que débutent les premiers textes (*Présent !* et *L'Espionne de Guillaume*). Au *Journal* (*Les Poilus du 9ᵉ*) et au *Matin* (*La Fille du boche*), il faut attendre le début de l'année 1915. A compter de là, ils saturent littéralement l'inspiration romanesque. Au *Petit Parisien*, ils monopolisent l'espace feuilletonesque jusqu'à décembre 1916, date à laquelle Jules Mary tente *Les Feuilles qui tombent*, un roman sentimental. La courbe est dès lors

---

1. *Le Petit Journal*, 15 novembre 1914 au 31 mars 1915.

décroissante. Situation analogue au *Journal*, où le roman patriotique occupe une position dominante en 1915 et au début 1916, puis s'efface lentement. Au *Matin*, le décrochage commence dès la mi-décembre 1915, avec le début des *Mystères de New York*, première grande échappée hors d'un contexte obsédant. Ce qui n'empêche pas le quotidien de publier l'année suivante les deux textes emblématiques de cette culture de guerre, *Confitou* et *La Colonne infernale* de Gaston Leroux. Mais le feuilleton sait désormais qu'il peut s'ouvrir à d'autres perspectives ; certains auteurs, Michel Zévaco, Jean de La Hire, Marcelle Adam, s'engouffrent alors dans la brèche, publiant des récits qui rompent avec la guerre et son discours. Inégal selon les titres, ce repli relatif du roman de guerre permet à la production plus classique, romans historiques, romans d'aventures sociales, sentimentales ou criminelles, d'effectuer un progressif retour à compter du second semestre 1916.

Contribution quotidienne à l'effort national, et parfois acte de guerre en lui-même, le feuilleton patriotique participe pleinement, on s'en doute, de cette « culture de guerre » qui, dès le début du conflit, émana d'un pays largement tendu vers le front. Tout dans sa tradition, sa rhétorique, l'économie de ses intrigues ou la sociologie de ses personnages l'engageait en effet à prendre en charge, d'un trait à peine plus épais peut-être, les représentations de la guerre qui se rassemblaient et s'organisaient alors. Il n'est donc pas étonnant que son propos apparaisse comme une sorte de précipité où se donnent à lire, presque à l'état pur, les motifs et *topoï* constitutifs de ce grand texte collectif. Trois composants principaux s'en dégagent. La monstruosité d'abord de la nature allemande, incarnation du Mal et du Vice, et rejetée de ce fait non seulement hors de la Civilisation et de la société des hommes, mais aussi hors de l'Humanité. De cette figure du « boche », repoussoir absolu, découlent presque mécaniquement les deux traits afférents : l'extrême violence, voire la cruauté, des représentations du combat, où à la brutalité du monstre répond celle, légitime, du Français ; l'étendue infinie de l'héroïsme national, celui des civils d'ailleurs autant que des soldats, que justifie l'enjeu d'une lutte dépassant les seuls intérêts hexagonaux pour atteindre à l'universel. Comme le rappelle la quatrième de couverture de la collection « Patrie », fascicules hebdomadaires publiés chez J. Rouff à partir de 1917, il s'agit avant tout de « perpétuer l'admiration pour les héros et l'exécration pour les barbares ». A la croisée de ces représentations figure celle, insistante, emblématique, hallucinée même, des « atrocités allemandes », vols, incendies, pillages, viols, assassinats, en un mot (celui de Gaston Leroux), celle de la « bocherie », définie par l'auteur comme « la sauvagerie déchaînée des instincts ancestraux de rapt et de pillage », le produit de « l'immense instinct dévastateur ancestral retenu depuis plus de quarante ans dans les forêts de la Germanie »[1].

Ces caractères cependant, esquissés ici à grands traits, ne sauraient dissimuler les profondes filiations qu'entretiennent ces récits à la tradition feuilletonesque. Car le genre (en est-il un ?) se signale avant tout par son extraordinaire capacité à absorber tous les autres, à agréger à son discours les problématiques ordinaires du roman-feuilleton, qu'elles soient d'ordre social (*Celles qui pleurent*, de René Vincy, consacré au destin des veuves de guerre), sentimental (*Elles n'oublient pas*, de Jules Mary), ou criminel (*Chantecoq, L'Eclat d'obus, Le Triangle d'or*). A quelques exceptions près, il n'y a pas d'auteurs patriotiques à temps plein, seulement des auteurs mobilisés pour un temps, et dont la guerre prend la forme d'un texte. Plus qu'un genre neuf, il s'agit là d'un devoir national, d'une sorte de sacrifice accompli par tous les membres, ou presque, de la société des feuilletonistes (dans sa thèse sur Michel Zévaco, Aline Demars souligne l'isolement d'un auteur, proche des milieux libertaires, qui ne se plia pas à la règle, et continua à publier imperturbablement des romans de cape et d'épée[2]). En ce

---

1. Gaston LEROUX, *La Colonne infernale* (1916), Laffont, 1993, p. 404 et 346. C'est dans ce texte que figure notamment cette scène « où les enfants des vainqueurs jouent aux billes avec les yeux des enfants des vaincus !... » (p. 346).

2. Aline DEMARS, *Michel Zévaco et le roman-feuilleton*, thèse de lettres, université de Paris IV, 1986.

sens, le roman patriotique n'est jamais qu'un roman de circonstances, entendons par là un roman-feuilleton qui a intériorisé la guerre et son contexte.

Au reste, par leurs ressorts comme par leur système de personnages, les feuilletons de la Grande Guerre demeurent inséparables des romans d'espionnage ou des romans patriotiques qui triomphent dans l'immédiat avant-guerre. Des pièces à succès comme *Cœur de Française*, de Bruant et Bernède, des romans d'anticipation militaire comme ceux de Danrit, ou des romans « de la Revanche » comme ceux de Paul Bertnay, de Jules Cardoze ou de Théodore Cahu, ne se différencient guère de beaucoup de récits publiés durant la guerre[1]. Tous puisent à la même source, celle du très vif regain national et germanophobe qui affecte la production culturelle des années d'avant guerre. C'est là, à compter de 1910 selon Jean-Marc Proust, plutôt vers 1912 selon Anne-Marie Thiesse, que se situe l'apogée du roman « anti-boche », là qu'est diffusé à grande échelle le stéréotype de ce monstre moral qu'est l'Allemand, fils d'une race maudite. En témoigne par exemple l'œuvre d'un auteur comme Paul Bertnay, cet autre engagé volontaire de 1870[2].

La marque de la guerre franco-prussienne se révèle en effet décisive dans la littérature de grande consommation. Si, comme l'a montré Paul Bleton[3], les romanciers populaires n'ont que fort peu représenté le conflit de 1870, ils

---

1. Sur *Cœur de Française*, voir note 2 p. 215. Sur Danrit, voir Daniel DAVID, *Armée, politique et littérature : Danrit ou le nationalisme en son temps,* thèse de lettres, université Paul-Valéry-Montpellier III, 1992. D'une façon plus générale, sur la littérature de la Revanche, voir Paul BLETON, « Espionnage, crime et châtiment, 1871-1918 », dans Jean-Claude VAREILLE (dir.), *Crime et Châtiment dans le roman populaire, op. cit.*, p. 107-136, ainsi que J.-M. PROUST, *Racisme et Nationalisme dans le roman populaire français (1870-1914)*, thèse de lettres, université Paris X, 1997.

2. Après avoir publié de très nombreux romans sentimentaux ou « intimes », Paul BERTNAY, ancien journaliste (il avait été rédacteur en chef de *L'Echo du Rhône* de 1877 à 1895), se donne très largement au roman « anti-boche », dont il prend en charge toutes les outrances. Signalons, parmi une œuvre très abondante, *Le Passeur de la Moselle*, Fayard, 1906, *L'Espionne du Bourget*, Fayard, 1908, *Les Millions de l'Oncle Fritz*, Fayard, 1912, *Orphelins d'Alsace*, Fayard, 1912, etc. Dossier SGDL de Paul Bertnay, AN, 454 AP 37.

3. Paul BLETON, « Les genres de la défaite », *Etudes françaises*, 34-1, 1998, p. 61-86.

ont en revanche largement mis en scène ce « Grand Récit nouveau », dont l'objet était bien de suturer la défaite. Quant aux genres les plus usuels des années 1870 à 1914, qu'il s'agisse du « roman de la victime » et de ses aventures sentimentales et sociales, ou du roman du surhomme, justicier ou redresseur de torts, il n'est guère difficile d'y lire, comme surimprimée, une vaste métaphore du destin de la France. De façon plus ou moins explicite, c'est toute la littérature populaire qui produit alors un corpus de valeurs, de motifs ou de représentations de la guerre, désormais disponible et prêt au réemploi. Le paroxysme de 1910-1912 y puise largement, celui de 1915-1916 plus encore, avec une différence qui semble de degré plus que de nature : en 1914, c'est la France tout entière qui devient alsacienne, et qui fait l'expérience de « la sauvagerie prussienne ».

Le ciné-roman

Apparu en plein cœur du conflit, le ciné-roman, défini quelques années plus tard par Guy de Téramond comme le « synchronisme du journal et de l'écran[1] », peut apparaître comme la seconde grande innovation du feuilleton en guerre, en même temps que la principale échappatoire au roman national et à ses obsessions. Cet apport de sang neuf, qui relance l'intérêt d'un genre parfois un peu languissant et en accélère le récit par l'adjonction d'un second rythme, hebdomadaire, constitue de toute évidence une nouveauté majeure. La chronologie des ciné-romans publiés par les « quatre grands » (lesquels n'épuisent d'ailleurs pas la production de ciné-romans) suffit à en dire l'importance. Lancé par *Le Matin* en décembre 1915 (*Les Mystères de New York*), puis réitéré en novembre 1916 (*Le Masque aux dents blanches*), le ciné-roman est vite récupéré par les autres quo-

---

1. Guy de TÉRAMOND, « Comment on écrit un ciné-roman », *Cinémagazine*, 28 janvier 1921, repris dans le *Bulletin des Amis du roman populaire*, 15, 1991. Voir aussi son étude sur « Le roman-cinéma », *Le Film*, 160, 20 mai 1919.

tidiens : *Le Journal* en novembre 1916 (*Le Cercle rouge*), *Le Petit Parisien* en janvier 1917 (*Judex*), *Le Petit Journal* en septembre 1917 (*Le Courrier de Washington !...*). La concordance, on le voit, est très nette entre l'usure constatée du roman patriotique et le développement d'un ciné-roman souvent considéré comme un objet pernicieux qui détache les enfants de la guerre et attise les passions interdites[1]. Avec une attention et des rythmes différents, les quatre quotidiens l'investissent donc largement : *Le Matin* le premier et le plus ostensiblement (quatre ciné-romans jusqu'à 1920), suivi du *Petit Journal* qui, tard venu, se rattrape surtout dans la séquence 1918-1919 (quatre), puis du *Journal* (trois), enfin du *Petit Parisien*, qui n'en publia que deux, mais signés de Bernède et Feuillade.

S'il n'émerge effectivement qu'au milieu de la guerre, porté par le dynamisme croissant de l'industrie cinématographique américaine, le ciné-roman était pourtant en germe, depuis quelques années, dans la production nationale. Le principe en était perceptible dès le début de la décennie 1910 (plus que simples adaptations, les *Fantômas* de Feuillade ou les *Zigomar* de Jasset avaient déjà senti les potentialités commerciales d'une périodisation couplée de l'image et du texte), voire dès les premiers films à épisodes de Jasset tournés pour les films Eclair en 1907. Pour de nombreux professionnels du roman populaire, le cinéma était alors apparu comme le meilleur moyen de faire face à la crise attendue de la production feuilletonesque. Créateur avec Eugène Gugenheim, en mars 1908, de la Société cinématographique des auteurs et gens de lettres[2], Pierre Decourcelle, qui adapta le premier ciné-roman, militait de longue date pour l'association du feuilleton et du film, dans laquelle il voyait la seule issue pour le genre un peu atone

---

1. Voir les appréciations de nombreux magistrats rapportées par Yves POUR-CHER, *Les Jours de guerre. La vie des Français au jour le jour entre 1914 et 1918*, Plon, 1994, p. 362-382.
2. Jean-Jacques MEUSY, « Aux origines de la Société cinématographique des auteurs et gens de lettres : le bluff de Pierre Decourcelle et Eugène Gugenheim », *1895*, n° 19, 1995, p. 7-18.

du « rez-de-chaussée ». L'enquête menée à partir de 1912 par *Le Cinéma et L'Echo du cinéma réunis* auprès des principaux romanciers populaires (Pierre Decourcelle, Pierre Sales, Michel Zévaco, Marc Mario, Jules Mary, Léon Sazie, Paul d'Ivoi, Jules Lermina...) avait souligné la grande disponibilité des romanciers[1]. « Il est temps de faire appel aux auteurs, qui ont pour métier de chercher et de trouver des idées nouvelles, et spécialement à ceux qui ont écrit déjà pour le peuple », déclarait Arthur Bernède en janvier 1913[2]. L'année suivante, Jules Mary, une vieille barbe du roman-feuilleton, invitait également les auteurs à investir le champ du cinéma[3]. Là encore, le conflit ne fit que précipiter une évolution sensible dès le début des années 1910.

Le propos, on l'aura compris, ne cherche nullement à minimiser la rupture que constitua la Grande Guerre, mais à insister sur la vigueur et sur l'emprise, en ce début de siècle, des formes et des objets culturels nés du processus d'industrialisation. Le premier d'entre eux, le roman-feuilleton, parvient en effet à traverser sans trop de dommages un conflit pourtant total. Non seulement ce dernier n'interrompt que très temporairement les modes usuels de diffusion ou de périodicité, mais il ne brise pas non plus les évolutions en cours, qu'il précipite davantage qu'il n'infléchit. Auteurs, genres, cycles même, franchissent la guerre sans grand encombre, au prix d'un seul accommodement aux circonstances nouvelles. En 1914, le pays est déjà trop solidement ancré dans le régime culturel moderne pour que la guerre, en dépit de son impact, en perturbe durablement le fonctionnement. A l'image de ceux du fait divers[4], les modes de production et d'écriture du roman-feuilleton paraissent alors suffisamment rodés pour s'adapter à de nouveaux contextes, fussent-ils ceux, tourmentés, de la

---

1. « Nos auteurs et le cinéma », *Le Cinéma et l'Echo du cinéma réunis*, 1912-1914, repris par le *Bulletin des Amis du roman populaire*, 16, 1992.
2. Le Cinéma et l'Echo du cinéma réunis, 10 janvier 1913.
3. Cité par A.-M. Thiesse, *Le Roman du quotidien*, *op. cit.*, p. 234.
4. Voir le chapitre précédent.

guerre mondiale. Sans doute le feuilleton, concurrencé par d'autres types de supports (le cinéma bien sûr, mais aussi les innombrables collections « populaires », de « petits livres » ou de fascicules à bon marché qui prolifèrent depuis le début du siècle), a-t-il déjà entamé son déclin, et n'est-il plus alors la forme reine de diffusion des fictions de masse. Et si le ciné-roman lui apporte provisoirement une seconde jeunesse, l'avènement du parlant lui porte quelques années plus tard un coup très rude[1]. Aux rythmes mécaniques du roman-feuilleton va succéder peu à peu une périodicité de flot, où seule la sérialité permet de découper des unités vives. L'horizon du lecteur, de plus, s'élargit lentement, l'amenant à plébisciter « enquêtes » et grands reportages, qui tendent à supplanter le feuilleton dans l'ordre et dans l'économie rédactionnelle des grands quotidiens[2]. Mais la guerre ne fait que brusquer certaines de ces évolutions, qui obéissent d'abord à des logiques internes, celles du support, de ses contraintes et de ses rythmes, celles du dispositif médiatique dans lequel il s'insère, avant de se soucier des contenus et des contextes.

---

1. Etienne GARCIN, « L'industrie du cinéroman », dans J. MIGOZZI, *De l'écrit à l'écran, op. cit.*, p. 135-150.
2. Voir François NAUD, *Des envoyés spéciaux aux grands reporters (1920-1930). La reconnaissance d'une profession*, thèse d'histoire, et Myriam BOUCHA-RENC, *L'Ecrivain-Reporter au cœur des années trente*, Lille, Septentrion, 2004.

TROISIÈME PARTIE

DÉLINQUANCE ET INSÉCURITÉ

11

L'attaque nocturne, une frayeur

Faute d'être une catégorie nette de la raison juridique ou pénale[1], l'« attaque nocturne » (entendons par là le vol à main armée commis la nuit sur la voie publique) s'est imposée comme un motif insistant de la conscience sociale. Longtemps associée aux modes traditionnels du brigandage rural (les « grands chemins »), elle s'est progressivement acclimatée à l'espace de la ville, jusqu'à en incarner bientôt les formes spécifiques de violence et de dangerosité. Dès la monarchie de Juillet, sa présence quasi obsédante dans les représentations urbaines signale l'achèvement du transfert progressif de l'insécurité délinquante des chemins de campagne vers les rues de la ville[2]. L'anxiété est particulièrement forte dans le Paris des années 1830-1840, qui semble

---

1. Aux yeux du Code en effet, dévaliser la nuit le passant attardé procède officiellement du vol qualifié (vol avec violences, art. 382) ou, lorsque le vol n'est pas identifié comme le mobile de l'agression, de coups et blessures, voire d'assassinat avec guet-apens (« le guet-apens consiste à attendre plus ou moins de temps, dans un ou divers lieux, un individu, soit pour lui donner la mort, soit pour exercer sur lui des actes de violence », art. 298). Dans la pratique, les parquets gardent toute latitude pour en correctionnaliser la répression.
2. Transfert apparemment peu sensible pour la jurisprudence, qui continue d'exclure de la catégorie « vols commis sur les chemins publics » (art. 383 du code pénal) ceux perpétrés dans les rues de la ville et de ses faubourgs, réputés plus sûres que les traditionnels « grands chemins ». Cf. Edouard DALLOZ et Charles VERGÉ, *Code pénal annoté et expliqué d'après la jurisprudence et la doctrine*, 1881, p. 661.

découvrir l'attaque nocturne en même temps que le noctambulisme[1]. La fin du XIXe siècle surtout en fait un thème fixé, sorte d'impératif narratif sur lequel convergent les symboles les plus prégnants de l'imagerie de la violence et du crime. Surreprésentée, codifiée, normalisée presque, l'attaque nocturne se hisse entre 1880 et 1914 au cœur d'un véritable système de représentations qui mobilise un très large éventail de supports (presse et littérature à grand tirage, guides et manuels de la vie quotidienne, iconographie, chanson, théâtre) pour dire les dangers de la rue une fois la nuit tombée. S'il emprunte évidemment à l'imaginaire « primitif » de la nuit et à celui, plus compulsif encore, de l'agression physique, le stéréotype qui se fixe alors n'en demeure pas moins profondément « historique », aux sources de discours et de pratiques sociales propres à la modernité urbaine.

Fureur descriptive

Rarement transgression bénéficia en effet d'une telle débauche descriptive. A mesure que la presse quotidienne (et pas seulement populaire) s'initiait aux rythmes et aux volumes de la production industrielle, l'attaque nocturne s'y s'imposa, du fait sans doute de sa haute productivité, comme l'un des faits divers les plus récurrents. Assorti de ses variantes ordinaires (« Agression nocturne », « Guet-Apens nocturne », « Sauvage agression », « Attaqué par des rôdeurs », etc.), l'expression « Attaque nocturne » devint l'un des titres, parfois seulement intertitre, les plus usités dans les grandes rédactions. S'ils donnaient rarement lieu à de longs développements, ces récits alimentaient une chronique luxuriante, succession de petits inserts secs et brefs qui étaient comme autant de rappels diurnes de la violence de la nuit. Ils devinrent des motifs d'autant plus familiers qu'ils pouvaient, en série et à peu de frais, donner prise à

---

1 S. DELATTRE, *Les Douze Heures noires...*, *op. cit.*, p. 454-468.

ces commentaires toujours opportuns qui dénonçaient l'insécurité des personnes et des biens. Au *Petit Parisien* par exemple, leur nombre doubla dans les vingt ans qui précédèrent la Grande Guerre. En 1914, on en raconte près de quatre par jour[1].

Du journal, le motif glissa naturellement au roman, notamment « populaire », dont la titrologie démarquait si souvent celle des faits divers quotidiens. Des *Mystères de Paris* à *Fantômas*, pour prendre deux exemples à la fois très célèbres et distants, l'attaque nocturne figure en bonne place[2], hésitant parfois entre le morceau de bravoure et la simple mention pour mémoire. Mais le thème est alors si prisé que des polygraphes à l'affût en font l'argument principal de « contes à émotion » ou de récits réalistes[3], de « variétés » amusées ou vaguement moralisatrices[4], de vaudevilles[5], voire de saynètes pour le café-concert[6]. Il n'est jusqu'aux poètes qui, sur le mode narquois, sacrifièrent à ce « genre » désormais prolifique :

> Les journaux ont un vieux cliché
> Un canard centenaire
> Qui, dans leurs colonnes niché,
> Fait grand peur au vulgaire :

1. Cf. D. KALIFA, *L'Encre et le Sang, op. cit.*, p. 120-121.

2. E. SUE, *Les Mystères de Paris* (1843), chap. VII, « La bourse ou la vie », où le Maître d'école et la Chouette attaquent Tom et Sarah au sortir du tapis-franc ; Pierre SOUVESTRE et Marcel ALLAIN, *La Main coupée*, Fayard, 1911, chap. X, « L'attaque nocturne », où l'inspecteur Juve est victime du coup du père François, « le vieux coup classique des apaches » (p. 130-145).

3. Jules GONDRY DU JARDINET, *Une attaque nocturne*, V. Palme, 1878.

4. Paul de SAINTE-MARTHE, *Une attaque nocturne*, J. Rouff, 1880 : deux voisins, auxquels leurs femmes ont transmis la phobie de l'attaque nocturne, finissent par s'entre-tuer sans se reconnaître au sortir d'une soirée un peu trop arrosée.

5. Cf. André DE LORDE et Alfred MASSON-FORESTIER, *Attaque nocturne*, pièce en deux actes, représentée au Théâtre-Antoine le 7 mai 1903, Librairie théâtrale, 1905, ou Alfred MASSON-FORESTIER, *L'Attaque nocturne*, Tallandier, 1905, qui développent le thème classique de l'attaque nocturne simulée pour sauver l'honneur d'une dame surprise avec son amant.

6. G. DE VILLE-ADAM, *L'Attaque nocturne*, saynète mimée sur une musique de Raoul Schubert, donnée au théâtre concert du Ba-Ta-Clan, Grande Imprimerie, 1892.

Ils prétendent que, quand
La nuit chasse l'astre diurne
Ce qui nous traque et nous poursuit
C'est l'attaque nocturne[1].

Plus que la littérature cependant, ce sont les diverses taxinomies du crime, florissantes tout au long du XIXᵉ siècle, qui donnèrent à l'attaque nocturne ses lettres de noblesse. Toujours parsemées de quelques expressions argotiques qui attestaient de l'authenticité du document, ces *Physiologies du monde des coquins*[2], souvent œuvres de moralistes ou de policiers, étaient autant de manuels du crime qui, sous couvert d'utilité sociale (connaître les méthodes des criminels pour mieux s'en prémunir), procédaient à une exploration complaisante de l'univers réputé interdit des bas-fonds. Du simple bonneteur au « dégringoleur de pantes », en passant par toutes les catégories de « tireurs » ou d'escrocs, elles proposaient une savante hiérarchie des pratiques criminelles, qui faisaient de l'attaque nocturne, toujours longuement décrite, le paroxysme de la criminalité violente. C'est le cas par exemple du célèbre *Paris-Escarpe* de Virmaître, qui entendait « passer la revue de cette armée du crime[3] », des innombrables enquêtes sur la criminalité professionnelle[4], des souvenirs de policiers ou encore de détectives qui, comme Eugène Villiod, voyaient dans leur œuvre « criminaliste » un indéniable argument commercial[5].

Portée par un tel mouvement, l'attaque nocturne finit par contaminer jusqu'aux publications officielles. Inauguré en

---

1. Jules MONTARIOL, *Mes attaques nocturnes*, Jules Juteau, 1869.
2. Titre de celle, célèbre, que publie L.-M. MOREAU-CHRISTOPHE chez Dentu en 1863-1865.
3. Charles VIRMAÎTRE, *Paris-Escarpe, op. cit.*, p. 39.
4. Par exemple Louis PUIBARAUD, *Les Malfaiteurs de profession,* Flammarion, 1893 ; Camille AYMARD, *La Profession du crime*, Bibliothèque indépendante, 1905 ; L. LATZARUS, « Les malfaiteurs parisiens », article cité.
5. Citons, parmi les nombreux ouvrages d'Eugène VILLIOD, ceux qui laissent la plus grande part aux descriptions de l'attaque nocturne : *Les Plaies sociales. Comment on nous vole, comment on nous tue*, chez l'auteur, 1905, et *La Pègre. Etudes réelles sur les malfaiteurs et leurs procédés*, chez l'auteur, s. d. (environs de 1910).

1880, l'*Annuaire statistique de la Ville de Paris* faisait ainsi de l'« attaque nocturne », catégorie inconnue de la loi, un des motifs justifiant certaines des arrestations opérées dans le département de la Seine[1]. Il est vrai que le même *Annuaire* retenait également, au chapitre du vol, des appellations qui devaient tout aux catégories policières et aux typologies qu'elles inspiraient : vol à l'américaine, à la tire, à la roulotte, au poivrier, au rendez-moi, etc. Comme si les évidences de la conscience sociale l'emportaient ici sans hésitation sur les finasseries du code !

Récit type

A cette omniprésence du motif répondait une débauche similaire dans les représentations de l'acte lui-même, sorte de plage surexposée et toujours complaisamment détaillée. A force d'être racontée, l'attaque nocturne, ce « coup d'Etat d'en bas » selon le mot de Hugo[2], finit par constituer un récit type très codifié, fondé sur un petit nombre d'invariants inlassablement ressassés. A commencer par la description de ses auteurs, qui obéissait toujours au même portrait-charge. Les malfaiteurs qui pratiquent l'attaque nocturne appartiennent en effet, tous les récits convergent pour le dire, au monde de la « basse pègre », aux « inférieurs » de l'armée du vice. C'est le crime sous sa forme brute, gros risques et petits profits, réservé de ce fait aux rôdeurs sans étoffe ou aux voyous « brûlés ». C'est le geste de « l'homme au couteau, celui qui vit dans les faubourgs,

---

1. Motif assez obscur au demeurant, puisqu'il voisine, sous la rubrique « Crimes et délits contre les personnes » (ce qui est déjà assez significatif), avec la catégorie « vols avec violence la nuit ». La distinction, qui tenait sans doute au caractère plus ou moins explicite du mobile, tendit d'ailleurs à s'effacer, par extinction progressive des « attaques » au bénéfice des « vols » nocturnes.

Attaques nocturnes : 86 en 1885 et en 1890, 68 en 1895, 53 en 1900, 9 en 1910, 2 en 1914.

Vols avec violences la nuit : 70 en 1885, 125 en 1890, 138 en 1895, 286 en 1900 et en 1910, 232 en 1914.

2. Victor Hugo, *Les Misérables* (1862), Laffont, 1985, p. 574.

peuple les bouges et les assommoirs[1] ». Encore existe-t-il
chez ces « sinistres individus », qui sont tous des « scélé-
rats » de profession, c'est-à-dire des récidivistes, deux
espèces très distinctes. La première est faite de ceux qui,
Parisiens pour l'essentiel, vivent de la prostitution et du
« travail en piaule » (le cambriolage). Pour eux, l'attaque
nocturne n'est qu'une extrémité, accomplie généralement
sans violence inutile. C'est parmi eux que l'on trouve les
« *sanguis* ou *poivriers* » qui « dévalisent en douceur ou en
violence les ivrognes qui s'attardent après minuit dans les
rues, sur les bancs, ou dans les bars douteux »[2]. Beaucoup
plus effrayante est l'autre catégorie, composée de ceux qui
« travaillent *sur le trimar* », rôdeurs de barrière et escarpes,
bêtes fauves qui tuent pour voler, se terrent la journée dans
les bouges et ne sortent la nuit que pour se jeter sur leurs
victimes[3]. Ce sont les voyous des faubourgs, évoqués avec
horreur en 1840 par Honoré Frégier, qui les décrit comme
de véritables hyènes, gangrenées par le vice et la propa-
gande des prisons, « prêts à tremper leurs mains dans le
sang, au premier cri ou au premier signe de résistance du
malheureux qu'ils dépouillent[4] ». Ceux-là semblent figés
dans l'intemporalité des bas-fonds et de la cruauté. « Ces
gredins-là ne connaissent ni père ni mère, écrit plus de
soixante ans plus tard l'ex-inspecteur Jaume, ils cambriolent
quelquefois, c'est rare, mais ils tuent ou ils essaient de tuer.
Ce sont ceux-là qui gîtent sur les talus, toujours à l'affût du
"pante", le "surin" à la main et le "reniflant" (revolver) à la
poche[5]. » Comme porté par une étrange manie taxino-
mique, qui fait écho à celle des médecins et des anthropologues, on ne cesse de les classer et de les qualifier. On les

---

1. L. LATZARUS, « Les malfaiteurs parisiens », article cité, p. 521.
2. « La basse pègre. Confessions et interviews recueillies et annotées par
René Cassellari », *Détective Magazine, revue hebdomadaire de police, d'information et de reportage universel*, 18 avril 1914.
3. *Larousse universel du XIXe siècle*, article « Escarpe ».
4. H.-A. FRÉGIER, *Des classes dangereuses de la population dans les grandes
villes et des moyens de les rendre meilleures*, J.-B. Baillière, 1840, t. 1, p. 237-
238.
5. *Le Matin*, 2 août 1907.

dit aussi « scionneurs » lorsqu'ils s'embusquent sur la voie publique, « les pieds couverts de chaussons de lisière qui assourdissent les pas », « ajusteurs de coins de rue », ou encore « serreurs »[1]. Après 1900, plus simplement, ils seront des « apaches ».

Codifiée à l'extrême, l'attaque nocturne avait ses jours, les samedis de quinzaine, soirs de paye, ses heures (entre minuit et 2 heures, heure de fermeture des débits de boisson), et surtout ses lieux spécifiques. A Paris, ceux-ci dessinaient deux espaces bien distincts. Celui d'abord de la périphérie, perçue comme l'aire naturelle de la délinquance et du crime. Les dix arrondissements excentriques de la capitale dont certains, comme Belleville, la Chapelle ou la Villette, étaient décrits de longue date comme de véritables coupe-gorge, violents, dangereux, criminogènes[2], ou encore comme Javel, Grenelle ou la Glacière, marges ouvrières du Sud parisien. Cette dangerosité s'accentuait à l'approche des fortifs, des boulevards extérieurs et des cabanes de la zone, postes avancés où la lie des barrières, disait-on, rançonnait tout passant attardé. Là était l'espace naturel de l'attaque nocturne, de sa violence primitive et de son imaginaire tourmenté. C'est autour des fortifs notamment que s'élabora toute cette poésie sombre qui chantait l'infinie tristesse de la pègre et des marges de la ville. « L'soir on rencontre plus d'un' fripouille / Extra muros / Qui vous assomme et vous dépouille / De vot'pauvre os / C'est pas la peine d'app'ler du monde / D'vos cris plaintifs... / N'y a que l'écho qui vous réponde / Sur les fortifs », soupire ainsi Victor Meusy[3]. Au-delà de la zone s'étendait l'espace réputé incertain des communes suburbaines, où l'attaque nocturne prospéra d'autant plus facilement que les insuffisances de la police y étaient criantes, donnant lieu à compter des années 1900-1905 à de virulentes campagnes de presse.

---

1. *Larousse universel, op. cit.* ; *Le Matin*, 10 novembre 1906 ; « La basse pègre », *loc. cit.*
2. Cf. G. Jacquemet, *Belleville au XIXᵉ siècle, op. cit.*, p. 343-344 ; Louis Chevalier, *Montmartre du plaisir et du crime*, Laffont, 1980, p. 203.
3. Victor Meusy, *Sur les fortifs*, Ferreyrol, 1887.

L'autre espace naturel de l'agression était le centre de la capitale : le périmètre des Halles et du quartier Beaubourg, le Sébasto, les quais de la Seine, les jardins des Tuileries et du Palais-Royal, plus loin les quartiers du Mail et de Bonne-Nouvelle. Le vieux Paris criminel en quelque sorte, et qui le demeurait, on l'a vu, en dépit des bouleversements haussmanniens.

Restait alors à jouer le dernier acte, le plus prisé évidemment, celui de l'agression proprement dite. La règle voulait qu'on la pratique en bande, le plus souvent en petits groupes comme la « tierce[1] », et qu'on évite l'arme à feu, trop bruyante, au profit du tiers-point affûté, du casse-tête ou de l'os de mouton. Deux modes s'individualisèrent, au point de devenir des archétypes de représentation. Le moins sauvage consistait à griser quelque noctambule (la tâche des « filles » généralement), puis à l'entraîner dans une ruelle sombre ou dans un bouge et à le détrousser. On appelait « faire danser la Saint-Martin l'opération qui consiste à griser abominablement un homme qui a une bourse rondelette et à lui offrir ensuite de le reconduire chez lui ; à peine dans une rue propice, il est dévalisé et roué de coups », note un détective[2]. C'était la technique des Coco de la Maub' ou des nombreuses bandes de *sanguis* qui opéraient aux Halles, dans les bistros de la rue Montorgueil, de la rue Saint-Martin ou Aubry-le-Boucher. Infiniment plus brutal, l'autre mode d'agression, le célèbre « coup du père François » (parfois appelé aussi « charriage à la mécanique »), était aussi la plus représentée et la plus ritualisée des pratiques délinquantes. En voici deux versions, composées sur des registres différents, et choisies parmi des dizaines d'autres :

> Nos lecteurs ne sont pas sans connaître en quoi consiste le coup du père François. Le malfaiteur, tenant un solide foulard par ses deux extrémités, le jette au cou de sa proie,

1. Henry JOLY, *La France criminelle*, Léopold Cerf, 1889.
2. « La basse pègre », *loc. cit.*

puis il se retourne rapidement et fait basculer sur son dos la victime qui perd pied. Le foulard étrangle le malheureux qui ne peut faire entendre le moindre gémissement. Pendant ce temps, un complice de l'étrangleur fouille la victime.

Au bout d'une demi-minute, un commencement d'asphyxie se produit, et quand le pauvre diable est enfin délivré, il s'affaisse évanoui sur le sol où les passants le prendront pour un ivrogne. Plus tard, remis sur pied par quelque noctambule bienfaisant, il sera dans l'absolue impossibilité de donner le plus petit détail sur ses agresseurs. Il n'a pas vu leur visage, ne sait ni d'où ils venaient, ni la direction dans laquelle ils se sont enfuis.

C'est au point qu'il pourrait se croire le jouet d'un mauvais rêve, si son larynx meurtri ne témoignait de la cruelle réalité[1].

> Pour faire le *coup du père François*,
> Vous prenez un foulard de soie.
> Près du client en tapinois,
> Vous vous glissez sans qu'il vous voie.
> Et crac ! vous lui coupez la voix.
> Sitôt qu'il est devenu d'bois
> Vous lui prenez son os, ses noix
> Et c'est ainsi qu'en Pantinois
> On fait fortune avec ses doigts[2].

Les plus féroces des rôdeurs achevaient alors leur victime en lui plantant un couteau entre les épaules, « en lui défonçant la poitrine à coups de botte, en lui broyant le crâne à coups de pierre », ou encore en le *sonnant*, « c'est-à-dire en finissant de lui fracasser le crâne en frappant comme d'un marteau la bordure du trottoir[3] ». Il existait bien sûr d'autres formes d'agression, comme l'attaque « en costaud », qui consistait à étourdir sa victime d'un coup de tête dans l'estomac, ou encore à lui assener sur le crâne un coup

---

1. « Une bande d'étrangleurs », supplément illustré du *Petit Parisien*, 28 mai 1899.
2. Chanson attribuée à l'un des élèves du père François, Louis le bull-dogue. Cité par Ch. Virmaître, *op. cit.*, p. 59-60.
3. E. Villiod, *Les Plaies sociales, op. cit.*, p. 356-357.

d'os de mouton ou de casse-tête. Ou encore cette variante qui nécessitait la présence de prostituées, comme dans les fourrés des bois de Vincennes, de Boulogne ou Bois-Noir à Lyon. « Des filles s'embusquaient la nuit venue, et attiraient dans les fossés des pauvres vieux, des petits rentiers économes, qui se laissaient entraîner dans la Cythère des pauvres. Puis, le moment venu, les souteneurs s'élançaient, rouaient de coups les malheureux et les dévalisaient. Quand les clients de ces Dryades des forêts échappaient à la mort, ils se relevaient et rentraient chez eux, sans porter plainte, peu soucieux de donner leurs noms à la police[1]. » Mais le coup du père François, inlassablement représenté, était comme le ressort de toutes ces histoires.

A l'exclusion des agents, cibles privilégiées de la vindicte apache, quelles étaient les principales victimes de ces attaques sauvages ? Bien sûr le bourgeois, agressé pour sa bourse. Encore fallait-il que celui-ci se fasse bien imprudent (tous ces récits n'étaient-ils pas autant de mises en garde ?), qu'il l'ait un peu « cherché ». Ce sera donc plutôt « l'ouvrier qui s'attardera à boire un soir de paye, le provincial ignorant des dangers de Paris » et surtout « l'homme qui, excité par la boisson, cédera à une passion malsaine et aux avances d'une drôlesse chargée du rabattage »[2]. Mais il était aussi des victimes innocentes. Certains rôdeurs en effet, signalent les faits divers, pratiquent l'attaque nocturne comme un passe-temps ou un divertissement[3]. D'autres encore comme un rite de passage : « Pour faire partie des Cinq Points, nul n'ignore qu'il faut avoir, ainsi que le disent ces messieurs, dégringolé un pante[4]. » Sans parler de ceux qui tout à coup se mettent à « voir rouge » et s'écrient : « Nom de Dieu, il faut que je tue quelqu'un[5]. »

---

1. François-Marie GORON, *L'Amour à Paris*, J. Rouff, 1899, t. 1, p. 39.
2. E. VILLIOD, *Les Plaies sociales, op. cit.*, p. 355.
3. « Un apache parie qu'il tuera un passant et le fait », *Le Matin*, 4 janvier 1897.
4. *Le Matin*, 21 avril 1906.
5. *Le Journal*, 22 juillet 1904.

Imaginaire nocturne ?

On peut, face à de tels récits, légitimement s'interroger sur la part d'affabulation déployée, et notamment sur le rôle de la nuit dans cet imaginaire. Pour nombre de contemporains en effet, nul doute ne subsistait sur le caractère fantaisiste de ces attaques nocturnes. Dès 1845, le préfet Delessert invitait les commissaires à ne pas utiliser cette qualification impropre[1]. En 1880, en pleine psychose anti-rôdeurs, le conseil municipal de Paris demanda des précisions à la Préfecture de police, laquelle établit que sur 143 attaques nocturnes recensées par la presse durant le mois d'octobre 1880, la moitié relevaient de la pure invention[2]. Même constat en mars 1881, lorsqu'une enquête du *Télégraphe*, fondée sur une série de récits d'agressions publiés dans les journaux, fit apparaître que les deux tiers des événements rapportés étaient inconnus dans les commissariats et les rues où ils étaient censés s'être déroulés[3]. Quelques années plus tard, l'ex-préfet Andrieux contesta lui aussi l'authenticité d'agressions qui « fournissent d'ailleurs d'utiles prétextes à bien des gens dont l'imagination vient en aide à celle du journaliste ». Et de citer pêle-mêle le jeune homme qui a perdu au jeu l'argent qu'on lui avait confié, le mari embarrassé par une rentrée tardive, le soldat qui a vendu pour boire ses bottes ou son képi. « A ceux-là et à bien d'autres, le journaliste tend la perche de l'attaque nocturne[4]. » Un tel avis fit rapidement l'unanimité parmi les policiers qui, comme Louis Puibaraud, chef de la direction des recherches à la Préfecture, estimaient qu'il s'agissait là d'« un truc commode pour expliquer le vide du porte-

---

1. Cité par S. DELATTRE, *Les Douze Heures noires..., op. cit.*, p. 454.
2. L. PUIBARAUD, *Les Malfaiteurs de profession, op. cit.*, p. 11.
3. A.P.P., *La Ville de Paris*, 29 mars 1881. Cf. aussi A.P.P., DB/45, et Jean-Marc BERLIÈRE, *Le Préfet Lépine. Vers la naissance de la police moderne*, Denoël, 1993, p. 212-218.
4. L. ANDRIEUX, *Souvenirs d'un préfet de police, op. cit.*, t. 1, p. 63.

monnaie ». « Méfions-nous ! Méfions-nous d'autant plus de
ces récits que presque jamais la cour d'assises n'a à s'occuper d'agressions nocturnes [...] Ce crime, dont les journaux entretiennent incessamment leurs lecteurs, est un des
plus rares qui se commettent à Paris. » L'attaque nocturne,
estimait-il, n'était jamais que la conséquence d'une impru-
dence, boire plus que de raison ou fréquenter des filles
publiques. « Jamais un honnête homme, tranquille et
sérieux, qui rentre chez lui le soir, ne sera attaqué »,
concluait le policier, qui proposait de poser à tout Parisien
habitué à rentrer tard cette question : « Avez-vous jamais
été attaqué ? Avez-vous jamais eu l'occasion de redouter
une agression nocturne ? Nous connaissons par avance sa
réponse : jamais. Paris n'est point un coupe-gorge[1]. » En
dépit de l'hystérie anti-apaches qui sévit quelques années
plus tard, et de l'épidémie d'attaques nocturnes qui en
résulta dans la presse, des observateurs comme Latzarus ou
des policiers comme Mouquin, le successeur de Puibaraud,
tenaient quinze ans plus tard des propos analogues, soulignant notamment combien il serait imprudent de déduire
d'une chronique travestie pour être d'une lecture émouvante l'existence d'une réelle insécurité[2]. Accusé de négliger
la sécurité des parisiens, le préfet Lépine crut bon de
s'expliquer lui-même en 1906 :

> On exagère beaucoup le nombre des agressions nocturnes
> commises à Paris et si le public s'alarme réellement, comme
> le disent les journaux, c'est cette exagération qui en est la
> cause. Il y a beaucoup plus de sécurité dans les rues de Paris,
> la nuit, que ne le disent couramment les braves gens qui ne
> sortent jamais de chez eux[3].

On comprend évidemment la constance des efforts
déployés par la Préfecture, et derrière elle par l'institution

---

1. L. Puibaraud, *Les Malfaiteurs de profession*, *op. cit.*, p. 11-16.
2. L. Latzarus, « Les malfaiteurs parisiens », article cité, p. 532 ; « Histoires
de brigands », *Le Matin*, 14 novembre 1904.
3. *Le Soleil*, 12 août 1906.

policière tout entière, pour contester la réalité de ces attaques nocturnes. D'autant que ces dernières étaient également un motif très souvent exploité dans les conflits à répétition qui opposaient le conseil municipal à la Préfecture, voire un argument politique avancé par l'opposition radicale dans sa lutte contre le préfet Gigot en 1879, ou contre son successeur Andrieux en 1881[1]. Il serait pour autant difficile de nier le caractère fantaisiste de la plupart de ces récits lorsqu'on sait combien la question du crime et de la « sécurité publique » fut un élément décisif dans la genèse des politiques rédactionnelles poursuivies par les quotidiens populaires, et combien ce type de récits, incontrôlables, comptaient parmi les plus fréquents « canards » que les faits-diversiers, toujours à l'affût de quelques lignes supplémentaires, aimaient à lâcher dans la capitale[2].

Si elle témoignait d'impératifs professionnels, et bien sûr de l'attention croissante que ce siècle porta au corps et à l'intégrité physique, cette profusion de récits devait aussi beaucoup à l'imaginaire nocturne, et notamment aux profondeurs de cette nuit métaphorique qui est celle du chaos, de l'abîme et du Mal. Il n'entre évidemment pas dans notre propos de sonder ici les profondeurs de la terreur nocturne, opération pour laquelle l'historien n'est pas le mieux armé. Mais la nuit, à l'évidence, demeure la clé de toutes ces histoires. Comme si la sur-représentation de ces attaques nocturnes n'avait pour fonction que de lutter contre l'opacité de l'acte en lui-même ! Car les récits ont beau se succéder, recommencer toujours le même scénario figé, leur trop-plein descriptif peine à dissiper l'ombre qui les entoure. « Les récits de presse eux-mêmes sont pleins d'obscurité », notait Louis Chevalier[3]. En dépit de leur insistance en effet,

---

1. André Rossigneux, *La Vérité sur la démission de M. Albert Gigot*, Vienne, H. Martin, 1922, p. 16-17 ; L. Andrieux, *Souvenirs d'un préfet de police, op. cit.*, t. 2, p. 214.

2. Paul Pottier, « Les journalistes », *L'Action populaire*, 143, 1907, p. 22-23. Pour une perspective d'ensemble sur ce sujet, cf. D. Kalifa, *L'Encre et le Sang, op. cit.*, notamment p. 82-97.

3. L. Chevalier, *Classes laborieuses..., op. cit.*, p. 204.

que disent toutes ces histoires ? Les rôdeurs ? des silhouette dont on ne sait rien, surgies de l'ombre et vouées à la rejoindre. Les lieux ? estompés par la nuit qui en brouille les contours, « des rues désertes, tortueuses et mal éclairées, qu'anime quelquefois la silhouette louche d'un rôdeur, d'une fille[1]... ». L'agression ? hors du ressassement de quelques figures imposées ou de rares relations un peu plus soutenues[2], on n'en sait presque rien. On en reste le plus souvent à un lexique imprécis qui privilégie les termes génériques (dévaliser, rançonner, écumer, terroriser), et dilue l'acte en lui-même dans le silence de quelque drame obscur que les lignes d'usage, diffuses et incertaines, ne permettent pas de percer :

> — Joseph Parat, 30 ans, fumiste, 53, rue Tocqueville, a été frappé la nuit dernière, rue Victor-Hugo, à Levallois, de deux coups de couteau par des rôdeurs.
> Le blessé a été transporté à l'hôpital Beaujon. Son état est très grave.
> — Rue du Faubourg-Saint-Antoine, un chauffeur, M. Landreloup, demeurant boulevard de la Gare, a été attaqué par des rôdeurs qui, pour pouvoir le dévaliser tout à leur aise, lui avaient passé une corde au cou. Par bonheur, des agents sont arrivés à temps pour le délivrer[3].

La victime elle-même n'est-elle pas peu à peu gagnée par cette nuit intérieure que provoquent l'émotion, le choc, ou le début d'asphyxie qui suit le coup du père François ? Tout donc ici s'estompe dans l'obscurité de la nuit. Seule subsiste, au cœur de cette imprécision, l'omniprésence de ce délit de l'ombre, qui fait de toute silhouette un transgresseur potentiel. L'attaque, c'est la nuit qui la mène, les ténèbres, l'obscurité criminelle, l'insondable opacité de l'abîme, comme l'avait bien saisi Hugo qui la met en scène

---

1. *Le Matin*, 29 décembre 1910.
2. « Le pauvre diable veut fuir... D'un bond, il se retourne... Deux autres rôdeurs sont là, dirigeant vers lui la pointe acérée de leurs poignards. Leurs pas feutrés n'avaient pas frappé son oreille », *Le Matin*, 29 décembre 1910.
3. *L'Écho de Paris*, 11 janvier 1910 ; *La Liberté*, 26 août 1902.

dans les profondeurs de son « troisième dessous ». Ces silhouettes entrevues vers minuit sur le boulevard désert n'ont plus rien d'humain :

> Ils ne semblent pas des hommes, mais des formes faites de brume vivante ; on dirait qu'ils font habituellement bloc avec les ténèbres, qu'ils n'en sont pas distincts, qu'ils n'ont pas d'autre âme que l'ombre, et que c'est momentanément, et pour vivre quelques minutes d'une vie monstrueuse, qu'ils se sont désagrégés de la nuit.

Obéissent-elles d'ailleurs à autre chose qu'à la « logique de l'ombre », celle des dessous du sol social, des profondeurs hideuses où l'« incurable noirceur gagne le dedans de l'homme et y devient le Mal » ? La bande de Patron-Minette, dont le nom provenait « de l'heure à laquelle leur besogne finissait, l'aube étant l'instant de l'évanouissement des fantômes et de la séparation des bandits », synthétise cette noirceur extrême, de l'extraction, de l'acte, de l'âme[1]. A tel point qu'il pourrait suffire, comme le préconisait Hugo, d'éclairer ces bas-fonds pour qu'ils se désagrègent aussitôt. « Ils s'éloignent. Nous entrons dans la lumière[2] », note Jules Renard pris de frayeur à la vue de silhouettes entr'aperçues dans l'ombre. Et ne suffirait-il pas, avance un moraliste, d'autoriser les cafés à rester ouverts pour briser « la solitude de la nuit » et mettre un terme à toute attaque nocturne[3] ? « Plus nous aurons de lumière et de mouvement dans les rues, moins nous aurons d'attaques nocturnes », confirme le préfet Andrieux qui repousse en conséquence à 2 heures du matin la fermeture des débits de boisson[4].

La loi elle-même prend acte de cet imaginaire en faisant de la nuit une circonstance aggravante. Signe de lâcheté et

---

1. V. HUGO, *Les Misérables*, *op. cit.*, p. 574-576.
2. Jules RENARD, *Journal*, 8 février 1897.
3. Charles DESMAZE, *Le Crime et la Débauche à Paris*, Charpentier, 1881, p. 21-22.
4. L. ANDRIEUX, *Souvenirs d'un préfet de police*, *op. cit.*, p. 152.

de scélératesse, elle amplifie la dimension perverse et immorale du crime. A Genève, au siècle des Lumières, la
« nocturnité » d'un vol ou d'un meurtre (expression du procureur Du Roveray, en 1780) est une « circonstance atro-
ce », au même titre que la préméditation ou la récidive, et
détermine une pénalité d'élimination sociale[1]. En France, si
la nuit à elle seule ne peut suffire à qualifier le vol, elle
est, avec l'usage de la violence, d'une arme, l'association et
l'effraction, l'une des cinq circonstances aggravantes qui
vont le définir comme crime (art. 381 du Code pénal). « Par
la raison qu'elle rend la défense moins efficace, l'exécution
de l'attentat plus facile et la violence plus à craindre »,
expliquent des juristes à la fin du XIXe siècle[2]. Encore conve-
nait-il de s'entendre sur le sens et la durée de la nuit, objet
de nombreuses controverses. S'agissait-il de la nuit réelle,
entre crépuscule du soir et crépuscule du matin ? ou de la
nuit d'usage (après que chacun se fut retiré dans son logis) ?
ou encore de la nuit légale (de 19 heures à 4 heures du
matin entre le 1er avril et le 30 septembre, de 18 heures à
6 heures du matin entre le 1er octobre et le 31 mars) ? Plai-
dant pour le bon sens, les tribunaux s'accordèrent finalement à définir la nuit comme la plage séparant le coucher
du lever du soleil.

Matérialités

Que l'attaque nocturne ait constitué un argument
commode, propre à servir les intérêts de certaines catégories
professionnelles, ou qu'elle ait donné à rêver aux ingénues
de seize ans[3], ne signifie pas pour autant qu'elle relevait du
seul champ de l'imaginaire. Si le péril mis en scène était à
l'évidence surévalué, il serait vite intenable de récuser la

---

1. Michel Porret, *Le Crime et ses circonstances. De l'esprit de l'arbitraire au
siècle des Lumières selon les réquisitoires des procureurs généraux de Genève*,
Genève, Droz, 1995, p. 258 et 285-291.
2. E. Dalloz et C. Vergé, *Code pénal...*, *op. cit.*, p. 656-657.
3. Colette, *L'Ingénue libertine*, Ollendorf, 1909.

réalité de certaines « bandes » spécialisées dans l'attaque nocturne et qui purent, pour de courtes périodes il est vrai, susciter de véritables psychoses locales. Ainsi par exemple de la fameuse bande des « escarpes », maîtresse des abords du canal Saint-Martin au début des années 1840. Ou plus tard de la bande Marquelet, à Neuilly, convaincue en 1883 d'avoir commis plus de vingt attaques nocturnes sur les boulevards extérieurs[1]. Ou de cette seconde bande de Neuilly qui, en 1897, dans le périmètre Neuilly, Levallois, Courbevoie, a ressuscité « le banditisme tel qu'il existait au Moyen Age, guettant les passants attardés, leur mettant le poignard ou le revolver à la gorge pour obtenir leur bourse, les frappant avec la dernière violence, les jetant même à l'eau s'ils opposaient la moindre résistance[2] ». S'ils n'étaient évidemment pas responsables de tous les cadavres repêchés dans la Seine entre Puteaux et Saint-Ouen, ces jeunes ouvriers en rupture d'atelier, jugés aux assises de la Seine en janvier 1899, furent lourdement condamnés pour dix attaques nocturnes commises dans la nuit du 12 au 13 juillet 1897 près des boulevards ou des fortifs. Ou encore des apaches de Belleville, que l'affaire de la rue Piat en décembre 1900 (l'agression et l'assassinat de deux ouvriers qui rentraient un peu soûls) projeta sur le devant de la scène, bien avant que l'affaire Casque d'or ne les fasse entrer dans la légende. Ou, à la même période, des exactions de ce groupe de voyous qui dévalisèrent un temps les passants le long de l'avenue Mac-Mahon, et violèrent quelques femmes en les traînant du côté de la zone militaire[3]. Ou encore de ces « égorgeurs » qui, en février 1905, agressaient aux Halles des passants à coups de rasoir[4]. Si de telles affaires, bien réelles au demeurant, purent provoquer de légitimes inquiétudes, elles furent rares cependant, et de courte durée, l'essentiel des « attaques nocturnes »

---

1. L. PUIBARAUD, *Les Malfaiteurs de profession*, *op. cit.*, p. 23.
2. *Le Petit Parisien*, 2 janvier 1899.
3. *Le Journal*, 28 décembre 1900.
4. *Le Petit Parisie*n, 27 février 1905.

consistant bien plutôt à délester quelque ouvrier aviné, au hasard d'une rixe simulée à la sortie du bistrot.

Il faut, à cette matérialité de l'attaque nocturne, en ajouter une autre, infiniment plus tangible, qui tient à ses effets dans l'ordre du discours comme dans celui des pratiques. Symbole de la dangerosité et de l'insécurité urbaines, l'attaque nocturne fut en effet, avec le cambriolage, le principal point d'appui des campagnes de presse menées sur ce thème à la fin du XIXᵉ siècle. Multiforme, celle des années 1880 venait dire à la fois l'hostilité des milieux radicaux envers une Préfecture de police honnie, celle des monarchistes envers une République incapable d'assurer la sécurité des « honnêtes gens », mais aussi les inquiétudes de l'opinion face au mal d'un récidivisme que la statistique venait de mettre au jour et que la criminologie naissante s'efforçait de circonscrire. Plus virulentes, les campagnes pour la « sécurité publique » qui caractérisent les années 1900 firent de l'attaque nocturne un motif rebattu (15 % des faits divers criminels rapportés par *Le Petit Parisien* dans la période), exacerbé encore par la figure de l'apache que ces années d'avant guerre agitèrent jusqu'à l'obsession. L'attaque nocturne fut ainsi la matière d'une multitude de chroniques (« Paris la nuit », « Nuit sanglante », « La série rouge », « L'insécurité », etc.) qui juxtaposaient quelques brèves sans relief sous des chapeaux alarmistes :

> Les attaques nocturnes se multiplient depuis quelques jours de façon inquiétante. Hier encore, vers minuit...

> Il ne se passe pas de nuit sans qu'on ait à enregistrer de nouvelles attaques nocturnes. Hier encore[1]...

Sorte de tout-venant du fait divers, ces récits ne prenaient corps qu'en série. Mais, assortis de commentaires périphériques propres à diluer le déficit d'information dans une rhétorique envahissante, attisant les frayeurs éventuelles de

---

1. *Le Matin*, 4 juin 1900 ; *La Petite République*, 29 août 1899.

celui qui, « la nuit venue, ne réintègre plus son domicile qu'en tremblant, hanté par le "coup du père François" qui l'attend à chaque carrefour [1] », ils furent aux sources d'une problématique sécuritaire en partie originale qui parvint à mobiliser temporairement l'opinion et à attirer l'attention de quelques politiques, qui virent en cette question un thème porteur et un angle d'attaque inédit [2].

Les pratiques policières furent elles-mêmes souvent tributaires de l'attaque nocturne et de ses représentations. Une large partie des critiques adressées à la police fut en effet, tout au long du XIXᵉ siècle, motivée par la hantise de l'agression. En témoignent les nombreux projets de « gardes de nuit » que des commerçant ou bourgeois apeurés, et insatisfaits des mesures officielles (patrouilles grises [3] puis rondes de nuit), transmirent régulièrement à la Préfecture. Dès janvier 1812 par exemple, un particulier, Lesavre-Caillier, adressait au préfet son idée d'une garde de nuit capable de « purger la capitale des êtres corrompus qui l'infestaient ». Le projet prévoyait la création de vingt-quatre compagnies de cinq hommes, circulant en patrouilles, payées par les locataires et mandatés pour conduire au poste toute personne circulant à pied, entre minuit et l'aube. Laquelle, après s'être acquittée d'une somme de cinquante centimes (à l'exclusion des titulaires de la Légion d'honneur, des fonctionnaires, des médecins, des sages-femmes et des conducteurs de voitures), se verrait attribuer un laisser-passer [4]. En dépit des réorganisations périodiques du service des rondes de nuit, pris en charge par le budget communal en 1832, de nombreuses autres propositions furent, en 1826 et en 1848 notamment, présentées sur un modèle similaire, dont le *Recueil de projets sur la police municipale* a conservé

---

1. *Le Matin*, 14 novembre 1904.
2. Cf. Dominique KALIFA, « Insécurité et opinion publique au début du XXᵉ siècle », *Cahiers de la sécurité intérieure*, 17, 1994, p. 65-76.
3. On appelait ainsi les patrouilles d'agents de la sûreté qui, enveloppés de grands manteaux couleur de muraille, circulaient de 11 heures le soir à 4 h 30 du matin.
4. APP, DB/40.

la trace. Plus abouti, un *Projet d'institution d'une surveillance spéciale de nuit pour la sûreté publique* fut publié en 1843, qui prévoyait un service privé de « de gardiens échelonnés de trente en trente maisons, et communiquant entre eux par signaux spéciaux[1] ». L'initiative vint parfois de communes, comme celle de Neuilly qui créa en 1869 un service régulier de veilleurs de nuit pour surveiller l'éclairage et l'octroi, et escorter la nuit les passants attardés[2], ou encore de Béziers dont les veilleurs de nuit (*serenos*) étaient attestés de longue date. A Paris, Georges Berry, député du IXe arrondissement, préconisa en 1891 la création d'un service de surveillance nocturne de deux à trois mille vigiles dont l'entretien serait laissé à la charge des habitants, mais dont les membres seraient accrédités par la Préfecture. En dépit de la généralisation après 1900 de la bicyclette, qui renforça l'efficacité de l'îlotage et de la ronde de nuit, les projets de garde privée demeurèrent[3]. Portée par l'hystérie anti-apaches des années 1905-1907, l'idée rebondit sous la forme du projet du conseiller municipal Emile Massard, discuté en juin 1906 au conseil municipal : un corps de veilleurs de nuit, nommés par le préfet, recrutés parmi les anciens agents mais payés par les propriétaires dans les îlots qui en feraient la demande. L'entreprise n'aboutit pas, mais la publicité dont elle bénéficia encouragea le développement, à Paris, à Lille, à Nice, d'un actif commerce du gardiennage et de la sécurité privée : Vigilants parisiens, Union pour la protection et la défense des individus et de la propriété, Vigiles de la Seine, etc.[4]. Certaines de ces officines de police privée, comme les Détectives parisiens, spécialisés dans la prévention antirôdeurs, se targuèrent de jouer un rôle actif dans la diminution des agressions nocturnes. Ne venaient-ils pas, en 1907, d'administrer « une formidable volée à trois bandits qui se livraient aux douceurs de l'at-

---

1. Aimée Lucas, *Projet d'institution d'une surveillance spéciale de nuit pour la sûreté publique*, Librairie Bohaire, 1843, p. 6.
2. *La Presse*, 9 oct 1869.
3. J.-M. Berlière, *Le Préfet Lépine, op. cit.*, p. 223-224.
4. Cf. Dominique Kalifa, *Naissance de la police privée, op. cit.*

taque nocturne dans le bois de Boulogne. L'un d'eux, André Gillier, vingt-six ans, sans domicile fixe, a été laissé à demi mort sur le carreau. Et ce n'est que le début de notre œuvre d'épuration sociale[1] ». En 1913 débutèrent les opérations effectives de la Garde de nuit, qui mettait ses vigiles et ses chiens à la disposition des particuliers pour « rendre tout cambriolage et agressions nocturnes impossibles[2] ». En parallèle était vanté le recours à l'initiative individuelle : port généralisé du sifflet à roulette, armement des honnêtes gens, « légitime défense ». Photographies à l'appui, des manuels d'autodéfense enseignaient à tous les citoyens, y compris aux dames, les divers moyens de résister aux rôdeurs, et des publicistes conseillaient aux passants de tirer sur les apaches[3].

Violation radicale de toute forme de contrat social, l'attaque nocturne s'est ainsi imposée, au long du XIXᵉ siècle, comme la figure extrême de la dangerosité urbaine. En elle en effet semblent se superposer les trois grands pôles de la criminalité, l'économique, le corporel et le sexuel, dont la menace est latente lors de chaque agression. Et sans doute est-ce du caractère incertain et équivoque de ce péril surgi de l'ombre que proviennent le besoin de tant le représenter et le normaliser. Rassurante attaque nocturne au bout du compte, qui rationalise cette frayeur primitive et compulsive qu'est celle de l'agression. Ainsi médiatisée et codifiée, réduite à l'état de stéréotype, la voici comme néantisée[4]. A tel point qu'elle finit par devenir, *a contrario*, un motif conventionnel. La véritable audace, les vraies frayeurs, n'est-ce pas hors de la nuit

---

1. *Le Détective. Etudes d'épuration sociale*, n° 10, 24-30 novembre 1907.
2. Prospectus de la Garde de nuit, APP, DB/40.
3. Jean JOSEPH-RENAUD, *La Défense dans la rue*, Lafitte, 1912 ; Charles PÉCHARD, *Le Jiu-Jitsu pratique. Méthode de défense et d'attaque enseignant cent moyens d'arrêter, immobiliser, terrasser, conduire ou emporter un malfaiteur, même armé*, J. Rueff, 1906, qui explique notamment comment parer au fameux coup du père François ; cf. aussi D. KALIFA, *L'Encre et le Sang, op. cit.*, p. 261-265.
4. Henry-Pierre JEUDY, *La Peur et les médias*, PUF, 1979.

qu'il faut alors les chercher ? « Ils volaient même en plein jour », disait Vidocq des brigands qui opéraient à l'automne 1822 dans les environs de Paris[1]. Stupeur analogue presque un siècle plus tard, devant l'abjection de ceux qui dévalisaient les femmes au beau milieu de la matinée ou qui, comme la bande à Bonnot, mitraillaient les passants « en pleine rue, en plein jour[2] ».

---

1. Vidocq, *Les Voleurs* (1836), Editions de Paris, 1957, p. 106.
2. *Excelsior*, 15 février 1912 ; *Le Petit Parisie*n, 22 décembre 1911.

12

« Dangerosité » et « défense sociale »
au début du XXᵉ siècle

Les premières années du XXᵉ siècle furent marquées, en France, par une sensibilité exacerbée au phénomène criminel. Des apaches à la bande à Bonnot, en passant par les formes revivifiées d'une délinquance rurale organisée (bandits d'Hazebrouck, caravane à Pépère, « chauffeurs » de la Drôme), les années 1900-1913 virent la question criminelle, désormais désignée comme un des risques majeurs de la Cité, accéder au rang de priorité politique et sociale. Amplifiées par les campagnes de la presse à grand tirage, relayées par un Parlement de plus en plus attentif aux questions de « sécurité publique », ces inquiétudes donnèrent naissance à une véritable psychose, aux sources d'une rhétorique sécuritaire dont la thématique et l'argumentaire s'ordonnaient peu à peu[1]. Dans le domaine de la pénalité, le phénomène suscita une violente remise en cause de la politique suivie depuis une vingtaine d'années, qui connut d'ailleurs un temps d'arrêt après l'échec de la tentative d'abolition de la peine de mort en 1908. Se développa alors, à l'intérieur comme à l'extérieur du champ judiciaire, le sentiment prégnant d'une « crise de la répression », engendrée par l'in-

---

1. Cf. D. KALIFA, « Insécurité et opinion publique au début du XXᵉ siècle », article cité.

dulgence excessive de lois et de tribunaux coupables de « délit d'humanitarisme »[1]. Popularisés par les journaux, les termes de « défense » ou de « préservation sociale » furent dès lors sous toutes les plumes. Or c'est dans les mêmes années que s'épanouit en Europe le mouvement de la « défense sociale ». Issu du grand débat « criminologique » né en dans le dernier tiers du XIXe siècle, celui-ci s'organisa peu à peu et affina son outillage conceptuel. Ce sont les principales notions développées par ce mouvement, celle de « dangerosité » et celle de « sentences indéterminées », que l'on examinera ici, afin d'en mesurer l'emprise sur les analyses et les débats publics qui se multiplièrent alors dans le pays.

Anthropologie criminelle et défense sociale

S'il s'épanouit dans la décennie qui précède la Grande Guerre, le mouvement de la « défense sociale » s'inscrit plus largement dans le vaste courant de réaction contre la pénalité classique qui affecta la seconde moitié du XIXe siècle[2]. Au système beccarien, fondé sur la responsabilité morale du criminel et la stricte légalité de peines rétributives, s'opposèrent progressivement, notamment sous l'influence de l'aliénisme et de la récidive que la statistique judiciaire avait mise en lumière[3], de nouveaux modes de punir centrés sur la personnalité du délinquant. On sait l'impulsion décisive donnée à ce renversement de perspective par les travaux de l'école positiviste italienne. Avec Lombroso, Garofalo ou Ferri, introducteurs de l'expression

---

1. Cette question sera abordée au chapitre suivant.
2. Pour une perspective d'ensemble, voir Marc ANCEL, *La Défense sociale*, PUF, 1985. Cf. aussi l'analyse de Michel FOUCAULT, « L'évolution de la notion d'"individu dangereux" dans la psychiatrie légale du XIXe siècle » (1977), *Dits et Écrits*, t. 2, Gallimard, 2001, p. 443-464, et Françoise TULKENS, « Généalogie de la défense sociale en Belgique (1880-1914) », *Actes. Les cahiers d'action juridiques*, n° 54, 1983, p. 38-41.
3. Bernard SCHNAPPER, « La récidive, une obsession créatrice au XIXe siècle », dans *Le Récidivisme*, PUF, 1983, p. 25-64.

« défense sociale », le regard glissa peu à peu de l'acte incriminé à l'auteur du délit et à ses motifs, qu'il s'agissait désormais d'appréhender dans leurs déterminations biologiques ou sociales. Rendant plus incertaine la question de la responsabilité morale du criminel, l'accent porté sur ces facteurs incita à se dégager des pénalités rétributives au profit de formes rationalisées et en prise sur l'avenir. Amender le criminel ou, à défaut, protéger la société contre toute infraction future, apparut dès lors comme la principale fonction de la peine, que seule justifiait son opérativité au strict plan de la protection sociale. Une autre conception de la pénalité s'esquissait, où punir le coupable semblait moins importer que défendre la société. Sensible tout au long du siècle, le mouvement d'individualisation de la peine témoignait lui aussi de cette inflexion capitale[1]. Les controverses qui divisèrent les « écoles » italienne et française de criminologie n'affectèrent guère cette tendance générale[2]. Qu'il s'agisse d'atavisme biologique ou de déterminisme social, le type de criminel, dont le potentiel de dangerosité constituait désormais la menace à neutraliser, l'emportait sur la nature du crime. Sur l'échelle réglementaire des délits et des peines se surimposa ainsi une classification des criminels en deux groupes distincts : délinquants primaires ou occasionnels, à l'encontre desquels pouvaient prévaloir des mesures préventives et « humaines » ; récidivistes et incorrigibles, qu'il s'agissait à l'inverse de réduire à l'impuissance ou d'éliminer. C'est en ce sens que furent prises les principales dispositions législatives françaises de la fin du XIXᵉ siècle : relégation et libération conditionnelle en 1885, loi de sursis en 1892. L'atténuation des polémiques criminologiques et le consensus relatif qui se dessina à partir de la décennie 1890 permirent au mouvement de « défense sociale »

---

1. Raymond SALEILLE, *L'Individualisation de la peine*, Alcan, 1898. Sur Saleille, voir Annie STORA-LAMARRE, « Raymond Saleille ou l'édification d'une morale juridique, 1870-1914 », dans S. MICHAUD (dir.), *L'Édification. Morales et cultures au XIXᵉ siècle*, Grâne, Créaphis, 1993, p. 59-77.
2. Laurent MUCCHIELLI (dir.), *Histoire de la criminologie française*, L'Harmattan, 1994.

d'esquisser une synthèse de cette nouvelle philosophie de la pénalité.

Fondée en 1889, l'Union internationale de droit pénal s'imposa rapidement comme l'épicentre du mouvement. Ses principaux promoteurs, le Belge Adolphe Prins, le Hollandais Gerard Van Hamel et l'Allemand Franz von Listz, en affinèrent la doctrine, toute centrée sur l'association de ces deux termes complémentaires : amendement et reclassement des délinquants occasionnels, isolement et mise hors d'état de nuire des criminels dangereux. *La Défense sociale et les transformations du droit pénal*, que publia Prins en 1910, en constitua la première synthèse argumentée[1]. Soulignant combien la complexité de la nature humaine rendait relatif le droit pénal, il y montrait notamment la nécessité d'abandonner la notion subjective de responsabilité du criminel au profit de conceptions utilitaires, dont la finalité consistait à ajuster les mesures répressives à la nature du danger que représentait le criminel au regard de l'ordre public. « On en arrive à cette solution hardie, contraire aux tradition du droit romain et du code Napoléon : ne plus faire dépendre le rétablissement du droit de la preuve de la faute » (p. 56). Dès lors s'imposaient les deux notions conjointes d' « état dangereux » et de « sentences indéterminées », autour desquelles s'articulait l'essentiel du dispositif.

« *Etat dangereux* » et « *sentences indéterminées* »

Introduit lors des débats sur la « monomanie homicide » par les aliénistes du premier XIXe siècle[2], le concept d'« état dangereux », que réactive en 1882 le criminologue italien Raffaele Garofalo sous les termes de *temebilite* et de *pericolosita*, apparaît comme la clé de voûte sur laquelle reposait

---

1. Adolphe PRINS, *La Défense sociale et les transformations du droit pénal*, Bruxelles, Misch et Thron, 1910.
2. Sur ce sujet, voir Marc RENNEVILLE, *Crime et Folie. Deux siècles d'enquêtes médicales et judiciaires*, Fayard, 2003.

l'équilibre de l'édifice. La défense de ce principe, déjà formulé par von Listz et par Prins aux congrès internationaux de Hambourg en 1905 et d'Amsterdam en 1909, occupe près de la moitié de l'ouvrage de Prins : « Les transformations du droit pénal nous font apercevoir un état dangereux même là où il n'y a pas encore de délinquant et un droit d'intervention de l'Etat même là où il n'y a ni crime ni délit » (p. 141). Inspirée des mesures en vigueur à l'encontre des aliénés et des « criminels défectueux », cette prophylaxie sociale entendait ainsi, une fois étendue à l'ensemble des catégories d'individus dangereux, éviter toute infraction à venir. C'est à sa discussion que fut consacré l'essentiel des travaux du congrès international de droit pénal réuni à Bruxelles en août 1910 : « Dans quels cas, déterminés par la loi, la notion de l'état dangereux du délinquant peut-elle être substituée à celle de la nature de l'acte poursuivi, et dans quelles conditions, aussi déterminées dans la loi, est-elle compatible, au point de vue des mesures de défense sociale, avec les garanties de la liberté individuelle[1] ? » Prudente, la question n'en constituait pas moins une attaque en règle contre le principe traditionnel, qui faisait du délit la condition de toute sanction pénale, au profit de l'idée du danger potentiel que pouvait constituer le criminel. « Le pivot de la répression, y avait déclaré Adolphe Prins, ne doit plus être la responsabilité du délinquant, mais son état dangereux pour la société », et von Listz avait surenchéri en préconisant la substitution de la notion d'« état dangereux » à celle de délit, ainsi que la liberté pour le juge de déclarer dangereux un individu même s'il n'a pas commis d'infraction. Représentant d'un courant français plus modéré, Paul Cuche estimait également qu'il fallait punir des manières d'être ou de vivre, et atteindre la prédisposition criminelle de certains individus « alors même qu'aucune atteinte à l'ordre social ne leur est actuellement reprochée[2] ». Tout le dispositif de la pénalité beccarienne semblait ici mis en cause.

---

1. *Revue pénitentiaire*, 1910, p. 248-255.
2. *Ibid.*, p. 254.

La question ne pouvait cependant faire l'économie d'une réflexion sur les critères de la dangerosité et leurs risques d'arbitraire, comme l'avait souligné quelques mois auparavant le IIIe congrès français de droit pénal, réuni à Rennes en mai 1910. Si l'on s'y était accordé sur le principe : « Il existe des individus qui, soit à raison de leur état mental, soit à raison de leur vie criminelle, doivent être considérés comme dangereux », la motion finale en avait souligné le danger au regard des libertés individuelles et conclu à la nécessité de conserver au délit sa fonction première : « C'est la loi qui doit déterminer les conditions de l'état dangereux et elle ne peut le faire qu'en prenant en considération la gravité objective ou la répétition des crimes[1]. » Les réticences furent de même nature à Bruxelles, où la majorité des congressistes se rallia à la proposition française formulée par Emile Garçon, qui, tout en reconnaissant l'existence d'individus dangereux « vis-à-vis desquels il faut prendre des mesures particulières de sûreté et de défense sociale », reprenait en substance les conclusions du congrès de Rennes. « La loi doit établir des mesures spéciales de sécurité sociale contre les délinquants dangereux soit à raison de leur état de récidive légale, soit de leur habitude de vie qu'elle définit, soit de leurs antécédents héréditaires et personnels manifestés par un crime ou un délit qu'elle détermine », spécifiait la résolution finale[2]. Si la formulation, irénique, témoignait davantage de positions bloquées que d'un véritable consensus (on devait d'ailleurs en discuter à nouveau les modalités à Copenhague en août 1912[3]), l'opérativité du concept n'en était pas moins unanimement reconnue.

A cette idée d'« état dangereux » s'ajoutaient, dans un évident rapport de complémentarité, les notions de peines et de sentences indéterminées. Puisque c'était le potentiel de dangerosité du criminel qu'il s'agissait de neutraliser, la

---

1. *Ibid.*, p. 952-973.
2. *Ibid.*, p. 1062-1070.
3. *Ibid.*, 1913, p. 250-253.

peine fixe ne se justifiait plus. Soit le criminel demeurait dangereux, et l'on ne pouvait se résoudre à le libérer à date fixe, soit il témoignait d'une capacité d'amendement, et l'on devait lui rendre la liberté au plus tôt. Dans les deux cas, la peine devait être proportionnelle à son degré d'incorrigibilité et non plus à la gravité de son infraction. Mesures de grâce et libération conditionnelle n'allaient-elles pas d'ailleurs dans ce sens ? Perçue comme l'aboutissement du processus d'individualisation de la peine, la sentence indéterminée offrait surtout l'avantage d'être à la fois une peine de réforme et une peine de sûreté, conforme en cela aux principes de la « défense sociale ». Introduite par les théoriciens de l'amendement dès le premier tiers du XIXᵉ siècle, la notion fut réactivée à compter de 1877, à l'aune des expériences réalisées au pénitencier d'Almira, dans l'Etat de New York, et l'on en débattit l'année suivante au congrès pénitentiaire de Stockholm[1]. Elle fut également adoptée par l'école italienne, qui y vit surtout une mesure d'élimination à l'encontre des incorrigibles[2]. En France, la Société générale des prisons, qui constituait depuis 1877 le principal laboratoire de réflexion sur le droit et la pénalité républicaine, l'inscrivit à son ordre du jour en 1899[3]. On s'accorda à y voir, assorti toutefois d'un minimum et d'un maximum légaux auxquels juristes et pénalistes français restaient très attachés, un instrument de reclassement et surtout une peine de préservation et de sûreté, prononcée dès le premier crime « lorsque celui-ci ferait naître la crainte d'une récidive ». Très vif, le débat avait toutefois mis en lumière les dangers de la mesure : risques d'arbitraire, d'atteintes aux libertés individuelles ou d'injustes aggravations de peine, d'autant que c'était aux surveillants de prison, dont on contestait les compétences en la matière, qu'incomberait pour l'essentiel la charge d'évaluer périodiquement moralité

1. B. Schnapper, « La récidive... », *op. cit.*, p. 46.

2. Martine Kaluszinsky, *La Criminologie en mouvement. Naissance et développement d'une science sociale à la fin du XIXᵉ siècle*, thèse d'histoire, université de Paris VII, 1988, p. 91.

3. *Revue pénitentiaire*, 1899, p. 663-702 ; 769-817.

et aptitude au reclassement des détenus. Les mêmes
réserves furent émises au congrès pénitentiaire de Bruxelles
en 1900, puis au congrès d'anthropologie criminelle d'Amsterdam en 1901[1]. Mais l'idée progressait, et Prins, qui y
voyait le contrepoint naturel de la notion d'« état dangereux » et une mesure infiniment moins grave, une fois
limités les risques d'arbitraire, que les peines perpétuelles,
en défendit le principe dans sa *Défense sociale* (p. 131-137).
Sur l'initiative du comte von Gleispach, le VIIe congrès
d'anthropologie criminelle, réuni à Cologne en 1911,
recommandait également l'introduction de « la condamnation indéterminée, c'est-à-dire la condamnation à une peine
dont la durée (qui pourrait d'ailleurs avoir des limites très
étendues) dépendra du degré d'adaptation du sujet à l'ordre
social[2] ».

Usages publics

Si l'on peut déceler dans ces principes, et dans le processus de dépénalisation qu'ils induisent, des risques d'arbitraire et surtout d'alourdissement de l'assujettissement
individuel ou du contrôle social (repérer les groupes poten-
tiellement dangereux justifiait l'extension des pratiques
d'identification, de fichage et de surveillance[3]), il n'est bien
sûr pas question de faire de ce mouvement un séminaire de
l'idéologie sécuritaire, telle qu'elle s'exprima dans la France
du tournant du siècle. Pour l'essentiel en effet, les conceptions de la « défense sociale » relevaient d'une démarche
prophylactique et « humaniste », aux antipodes du tout
répressif alors revendiqué par les tenants de mesures sécuritaires. « Le devoir social consiste uniquement à mettre la
société à l'abri du crime » en éloignant ceux « qu'elle n'a
pu empêcher de devenir criminels », écrivait Jean-Louis de

1. Voir M. KALUSZINSKY, *La Criminologie en mouvement, op. cit.*, p. 890.
2. *Ibid.*, p. 900.
3. Sur ce sujet, cf. Christian PHÉLINE, « L'image accusatrice », *Les Cahiers de
la photographie*, n° 17, 1985.

Lanessan, qui contestait en conséquence toute peine de caractère répressif[1]. Dangerosité et sentences indéterminées, qui restèrent d'ailleurs à l'état de projet, ne pouvaient donc être dissociées du volet pédagogique et préventif qui les complétait. Au reste, c'est bien en réaction contre la relativité des peines préconisée par la « défense sociale » que furent formulées les principales critiques, celles des journalistes comme celles du procureur lyonnais Guillaume Loubat. Dénonçant l'excès de philanthropie, de psychologisme et l'impunité des malfaiteurs qui en résultait, ce dernier prônait la primauté de la répression, la restriction des mesures d'individualisation et la stricte application des peines, qu'il souhaitait exemplaires ou intimidantes. Significatif apparaît à cet égard son réquisitoire contre la « responsabilité atténuée » qu'une circulaire du garde des Sceaux Chaumié avait tenté de faire entrer dans les mœurs judiciaires[2]. L'analyse, largement soutenue par l'ensemble de la presse nationale, rejoignait aussi celle de nombreux magistrats et juristes soucieux de réhabiliter la responsabilité ou le « droit de punir[3] », et s'imposa comme une véritable antienne. Si Prins put estimer fondé le signal d'alarme lancé par le procureur lyonnais, et dénoncer lui aussi la « sensiblerie » conquérante qui entamait la crédibilité de la justice, il s'opposa en revanche à la révision des lois libérales et à l'instauration des mesures répressives réclamées par Loubat, notamment le rétablissement des châtiments corporels : « nous sommes partisans de mesures de sécurité sociale, d'élimination sociale et d'hygiène sociale, mais pas de celles-là[4] ». Récusant ce qu'il considérait comme un mouvement de réaction et un retour à la barbarie, Emile Garçon lui fit écho lors des travaux du IVe congrès national de droit pénal (Grenoble, mai 1912), où « crise de la répression » et abus

---

1. Jean-Louis DE LANESSAN, *La Lutte contre le crime*, Alcan, 1910, p. 292.
2. *Le Temps*, 3 août 1913. Pour la circulaire Chaumié, cf. *Revue de médecine légale*, 1, 1906, p. 46-47.
3. Cf. Louis PROAL, *Le Crime et la Peine*, Alcan, 1892. Pour les réactions des magistrats aux thèses de Loubat, voir le chapitre suivant.
4. *Revue pénitentiaire*, 1912, p. 687.

des circonstances atténuantes étaient au cœur des débats :
« L'impression produite par quelques crimes retentissants
ne saurait entraîner la France républicaine à se jeter, sous
la suggestion de la peur, dans la plus aveugle des
répressions [1]. »

Dans ce contexte enflammé, rares furent donc ceux qui,
comme Lanessan, demeurèrent attachés aux seules mesures
préventives. Juristes et pénalistes s'étaient en effet toujours
montrés très attentifs aux mouvements d'opinion. Gabriel
Tarde, s'il admettait que les peines « ne servent peut-être
souvent qu'à rassurer les honnêtes gens, avantage non à
mépriser », estimait cependant qu'elles avaient à long terme
une influence sur les foules, et soulignait la nécessité de les
asseoir sur la volonté générale [2]. Emile Garçon, pourtant
hostile aux politiques exclusivement répressives, avait lui
aussi mis en garde contre le danger de se couper des courants d'opinion : « Le jour où l'opinion publique sentira
vraiment menacés l'ordre et la discipline sociale, elle saura
rétablir cette discipline par des moyens que, pour ma part,
je voudrais éviter. Si vous désarmez la société, craignez les
excès d'une réaction violente [3]. »

Duales, les conceptions de la défense sociale tendirent
alors à s'infléchir dans le sens d'une pénalisation accrue. La
recherche de l'« état dangereux » devint l'objet principal de
l'intervention pénale, et la caution conceptuelle des peines
éliminatoires. La notion possédait aussi cet immense avantage de favoriser le processus d'acculturation réciproque
entre magistrats et médecins, puisqu'elle permettait à ces
derniers d'accepter, au nom de la sécurité publique, que
l'on condamne en justice un individu à la responsabilité
pourtant « atténuée ». Si elle dissocia l'aliénisme de son élan
philanthropique initial, cette inflexion permit alors à la
« conquête clinique » de progresser sans heurt majeur avec

---

1. *Ibid.*, 1913, p. 186.
2. Gabriel TARDE, *La Philosophie pénale* (1890) Lyon, Storck, 1900, p. 483
et 507-509.
3. *Revue pénitentiaire*, 1909, p. 826.

l'institution judiciaire[1]. En dépit de leurs disparités doctrinales, l'essentiel des « criminalistes » français prit donc position en faveur d'une plus stricte application des peines, à l'exception du terrain de l'enfance sur lequel tous s'accordaient à prôner des mesures préventives. Limitation du jeu des circonstances atténuantes, peine de mort, voire pour certains châtiments corporels, furent dès lors perçus comme indispensables à l'arsenal de la défense sociale. Transportation et relégation, dont le fiasco moral et économique était pourtant dénoncé de longue date, notamment par le sénateur Bérenger, furent également approuvées en 1909 par la Société générale des prisons, au titre de la « sécurité publique » et de la protection de la société[2].

Flous, ambigus, interprétables à l'envi, les termes de « défense » ou de « préservation sociale » furent dès lors sous toutes les plumes, y compris chez ceux qui souhaitaient un alourdissement du système répressif, difficilement conciliable pourtant avec l'équilibre entre peines préventives et mesures éliminatrices prôné par les initiateurs de la défense sociale. La presse surtout, qui n'en était pas à un contresens près, en fit un usage immodéré. Ainsi lit-on par exemple dans *Le Français* du 3 mai 1904 : « Le souci de la préservation sociale, de cette préservation sociale qui est l'objectif de la loi, disparaît dans l'attendrissement que provoque l'"étude psychologique" du vagabond [...] La justice ne peut pénétrer et sonder les intentions. Elle doit se borner à apprécier objectivement la quantité de danger que telle action délictueuses présente pour la société. Les lois nouvelles ont fait dévier la justice de son rôle. » Sous le titre « Le crime et la défense sociale », un éditorial du *Petit Parisien*, en date du 15 février 1907, procéda à une attaque en règle contre les « tickets de liberté » (libération conditionnelle), les prisons paradis et l'humanitarisme de la justice, auquel il opposait la juste et salutaire peine de mort. Pris au pied de la lettre, le terme fut désormais utilisé pour

---

1. M. RENNEVILLE, *Crime et Folie, op. cit.*
2. *Revue pénitentiaire*, p. 492-520, 642-681, 794-850.

revendiquer les seules mesures de sûreté et d'élimination[1]. Isolées de leur dispositif d'ensemble, les notions de dangerosité et de sentences indéterminées furent ainsi incorporées aux programmes les plus répressifs, auxquels elles fournissaient une sorte de légitimation conceptuelle. Initialement conçu pour rendre compte des « grands crimes » monstrueux ou mystérieux qui affectaient essentiellement la sphère domestique, le concept de dangerosité fut rapidement étendu à la petite délinquance et aux désordres quotidiens. Mesure de soupçon à la scientificité suspecte (affirmée sans délit nécessaire, elle ne se vérifiait qu'après coup, voire pas du tout si le délinquant était neutralisé), la notion légitimait l'idée d'irrécupérabilité et autorisait l'anticipation de la répression. Caution inespérée pour ceux qui réclamaient une nouvelle « loi des suspects » stigmatisant des populations que leurs modes de vie rendaient marginales, « la *gouape*, la *pègre*, la grande tribu rebelle, vagabonde, à qui tout ce qui est social est étranger[2] », et sur lesquelles pesait depuis longtemps une présomption d'incorrigibilité. « Les rôdeurs des villes ayant vécu déjà de la prostitution ou tout au moins dans le milieu des souteneurs, vagabonds par paresse ou par vice, sont incurables pour la plupart », avait noté le chanoine Raux[3]. Au nom de la dangerosité, on étendit la théorie de la prédisposition à toute une frange réputée antisociale : récidivistes, nomades, vagabonds et mendiants, souteneurs et apaches, cet archétype du délinquant dangereux doué de la capacité virtuelle de déclencher l'agression. Maniée sans nuances, la notion permettait les classifications les plus arbitraires visant à l'élimination des criminels « dangereux » (relégation, internement de sûreté, peine de mort), ou à des mesures ségrégatives pénalisant les manières d'être et les comporte-

---

1. Cf. les nombreux exemples donnés par Robert A. NYE, *Crime, Madness and Politics in Modern France. The Medical Concept of National Decline*, Princeton, University Press, 1984, p. 171-226.
2. C. AYMARD, *La Profession du crime, op. cit.*, p. 31.
3. M. RAUX, *Nos jeunes détenus : étude sur l'enfance coupable avant, pendant et après son séjour au quartier correctionnel*, Lyon, Storck, 1890, p. 205.

ments. C'est notamment le cas de la loi sur la circulation des nomades de juillet 1912. Contre le libéré, cet « homme disqualifié et que l'emprisonnement qu'il a subi rend légitimement suspect », le rétablissement de la surveillance de haute police pouvait également apparaître comme une mesure de défense sociale et une version atténuée des sentences indéterminées[1]. Publié en 1912, *Le Crime et la défense sociale* de Jean Signorel, substitut du procureur de Toulouse, offre un bon exemple de cette exploitation abusive[2]. Dénonçant, dans le sillage de Loubat, la « crise du droit pénal » suscitée par les lois et « doctrines dissolvantes de cette sentimentalité niaise qui, depuis tantôt vingt ans, ne cesse de faire des ravages dans notre pays en émoussant le glaive de la répression » (p. 13), il y préconisait, outre de nouvelles mesures répressives (fouet, *hard labour*), l'introduction du critère d' « état dangereux » et des sentences indéterminées, envisagées toutefois dans le seul sens de l'aggravation des peines, grâces et libérations conditionnelles ayant jusqu'à présent été accordées de façon trop laxiste.

Sans doute ces acceptations de la « défense sociale », dont on ne retenait pour l'accentuer que l'aspect répressif, et l'usage envahissant que l'on faisait du terme relevaient-ils pour partie de la contrefaçon. Mais, dans une société que l'on continuait à penser, par-delà les configurations sociales, sur un modèle microbien où s'affrontaient pathologie criminelle et principes d'autodéfense, les principaux concepts développés par le mouvement, dangerosité et sentences indéterminées, purent servir de fondement aux tenants d'une stricte politique d'élimination ou aux contempteurs de l'énervement de la pénalité. Objectivant les diverses formes du risque criminel, ils alimentèrent une virulente hétérophobie, où tout Autre devenait un suspect potentiel. Joints aux contraintes qu'imposaient alors les campagnes

---

1. POUX-FRANKLIN, « La surveillance de haute police », *Revue politique et parlementaire*, 1897, p. 530-559.
2. Jean SIGNOREL, *Le Crime et la défense sociale*, Berger-Levrault, 1912.

de presse et les mouvements d'opinion, et au scepticisme croissant que rencontraient les solutions préventives, ils purent ainsi cautionner, voire entretenir, les motifs les plus extrêmes de l'argumentaire sécuritaire. De même que l'anthropologie criminelle avait, paradoxalement, contribué à déshumaniser le criminel[1], la « défense sociale », telle qu'elle fut entendue dans la France de ce début de siècle, tendit également à le désocialiser.

---

1. Jean-François BRAUNSTEIN, *Frénésie*, n° 5, 1988, p. 7-16.

13

Crises de la répression ?

« Vous n'ignorez pas que depuis quinze à vingt ans, une grande partie des lois ont été faites en faveur des malfaiteurs : prisons confortables, saines, hygiéniques, loi de sursis, etc., dans le but de faire revenir à de meilleurs sentiments ces égarés. Ajoutez à cela la suppression à peu près complète de la peine de mort et vous aurez la clé du résultat obtenu : multiplication effroyable du nombre des bandits, souffrances terribles de leurs victimes, veuves, orphelins, longues agonies des mourants, voilà succinctement le résultat de la douceur pour ces monstres [1]. » Adressée au garde des Sceaux le 18 mai 1912, en pleine « crise de la répression », cette lettre anonyme rend assez bien compte de l'effervescence qui agitait alors l'institution et le monde judiciaires, et que la presse à grand tirage s'employa à transformer en véritable question « de société ». L'argument en était assez simple : associée à une pénalité marquée depuis les Lumières par un « humanitarisme » croissant, l'indulgence des magistrats a engendré un rapide essor de la criminalité, et conduit le pays au bord de l'abîme. Paralysé sur le plan moral, maintenu dans un état d'incroyable « faiblesse sociale », celui-ci est devenu incapable de faire face aux assauts de l'« armée du crime ». De telles apprécia-

---

1. AN, BB18 2369.

tions n'étaient évidemment pas inédites, mais elles acquirent dans ces années d'immédiat avant-guerre une soudaine et brutale actualité. Celle-ci devait bien sûr au contexte de « psychose » sécuritaire que la presse populaire, soutenue par certains parlementaires et entrepreneurs moraux, entretenait depuis le début du siècle, et que l'affaire des « bandits en automobile » porta en 1911 à un véritable paroxysme. Mais la « crise » est aussi liée à la double et énergique intervention d'un acteur décisif, le procureur général de la cour d'appel de Lyon, Guillaume Loubat, qui ramassa dans un « système » cohérent un argumentaire jusque-là épars, et s'employa à infléchir par la contrainte la pratique des tribunaux de son ressort. Outre qu'elle conférait à cette question un retentissement national, l'initiative de ce haut fonctionnaire suscita un affrontement assez vif avec la Chancellerie, et aboutit à l'ouverture d'une vaste enquête auprès des vingt-sept cours d'appel du pays (Algérie incluse), interrogées sur l'état de la répression dans leurs juridictions et sur les éventuelles réformes qu'il convenait de mettre en œuvre. A trois égards au moins, cette effervescence du printemps 1912 mérite qu'on s'y attarde. D'abord parce qu'elle permet de cerner au plus près le programme répressif de tous ceux qui, en ce début de XXᵉ siècle, contestent les orientations et les mutations alors à l'œuvre dans l'économie pénale du pays. Ensuite parce qu'elle introduit au cœur d'une crise institutionnelle moderne, opposant un haut fonctionnaire à son ministre, sous l'œil attentif de médias bien décidés à jouer leur rôle de quatrième pouvoir. Enfin parce qu'elle permet d'entendre la voix d'acteurs que le devoir de réserve muselle généralement sur la scène publique, les hauts magistrats, invités ici à faire part de leurs conceptions en matière de répression, de pénalité et de sécurité publique.

La « *philosophie* » contre la sécurité publique

Si elle trouva avec l'affaire Bonnot et l'exacerbation de l'anxiété publique qui s'ensuivit un contexte très favorable, la « crise de la répression » était un vieux réflexe qui s'alimentait à la critique des Lumières et du « rousseauisme », dont l'irruption dans la sphère judiciaire demeurait liée à l'œuvre de Beccaria[1]. Soucieuse d'« appliquer la philosophie à la jurisprudence », d'humaniser et de laïciser le droit pénal, désormais pensé comme un système universel et rationnel, la pensée beccarienne n'avait en effet jamais fait l'unanimité dans les milieux juridiques. Son volontarisme, qui visait davantage à l'amendement individuel qu'à la dissuasion générale, s'était souvent heurté à ce mélange de dogmatisme et de pragmatisme que les professionnels de la justice opposaient aux « idéologues ». C'est sur ce vieux fonds antilibéral que repose une large partie du *corpus* doctrinal de la crise de la répression. L'avènement de la République avait contribué à relancer cette sourde opposition, et l'idée cheminait qu'un tel régime, héritier des Lumières, ne pouvait que hâter le processus de dégénérescence sociale et « morale » initié au milieu du XVIIIe siècle. A ces considérations, plus ou moins implicites dans une période de forte républicanisation de la magistrature, s'ajoutait l'hostilité d'une large partie des milieux judiciaires à l'encontre des théories de l'amendement et à l'arsenal préventif de la défense sociale, dans lesquels ils ne voyaient qu'une limitation de leurs prérogatives. Dès 1888, le congrès des sociétés savantes avait dénoncé les excès de sentimentalisme qui « énervaient » la répression[2], et le thème était récurrent dans les publications juridiques. En 1894 par exemple, Paul Cuche déplorait l'abus des circonstances atténuantes et Amédée Rouvin voyait dans

---

1. Voir Michel PORRET (dir.), *Beccaria et la culture juridique des Lumières*, Genève, Droz, 1997, et *Beccaria. Le droit de punir*, Michalon, 2004.
2. *Revue pénitentiaire*, 1894, p. 324-336.

l'indulgence des tribunaux la cause principale du mal dont souffrait le pays[1]. « Ainsi la répression s'énerve pendant que la criminalité s'accentue », écrivait en 1895 Ernest Crémieux, en commentant une livraison du *Compte général de l'administration de la justice criminelle*[2].

Dans un article célèbre publié en 1896 par *Le Correspondant*, Henry Joly avait proposé une première synthèse argumentée de ce « krach de la répression ». La réduction de l'emprisonnement, l'application abusive du sursis, l'échec de la relégation, l'illusion surtout de vouloir « remplacer la répression par une sorte d'hospitalisation philanthropique » engendraient irrémédiablement, expliquait-il, l'essor de la criminalité[3]. Chef de file modéré, mais actif, de la criminologie catholique, Joly reprit dès lors cette antienne dans de nombreuses publications, où il critiquait sans retenue une philanthropie qui ne se souciait pas également de punir[4]. L'idée progressa ainsi dans le monde judiciaire des dangers d'un humanitarisme excessif. « Trop d'acquittement ! Trop de non-lieu ! Trop d'indulgence dans la répression ! » notait en 1902 le chroniqueur judiciaire de la pourtant très mesurée *Revue pénitentiaire*. « Les honnêtes gens demandent à être protégés efficacement contre les malfaiteurs ! [...] Ce mouvement de réaction devait fatalement se produire : quand la question de sécurité se pose, les systèmes philosophiques ont tort[5]. »

Une telle conception était également défendue par les policiers, qui s'indignaient périodiquement des non-lieux et des libérations conditionnelles prononcés par les juges. Que les tribunaux relâchent les criminels arrêtés par la police constituait en effet à leurs yeux un dysfonctionnement diffi-

---

1. Paul Cuche, « L'avenir de l'intimidation », *Revue pénitentiaire*, 1894, p. 786-805 ; Amédée Rouvin, *De la réforme pénale*, Marchal et Billard, 1894.
2. *Revue pénitentiaire*, 1895, p. 861.
3. Henry Joly, « Le krach de la répression », *Le Correspondant*, 25 février 1896, p. 733-749.
4. Voir par exemple « L'accroissement de la criminalité et la diminution de la répression », *Le Correspondant*, 10 avril 1902, ou encore « Assistance et répression », *Revue des Deux Mondes*, 1ᵉʳ septembre 1905, p. 17-151.
5. *Revue pénitentiaire*, 1902, p. 886.

cilement compréhensible ! Dès 1885, le préfet de police Andrieux, qui accusait les magistrats de « jalousie professionnelle », expliquait la recrudescence des « attaques nocturnes » et de la petite délinquance par l'action des parquets, qui libéraient les vagabonds et les souteneurs que ses agents s'évertuaient à arrêter[1]. Ce type de réactions fut récurrent dans les années qui suivirent, et le préfet Lépine fut sans doute l'un des plus virulents contempteurs de « l'inconséquence » des tribunaux. Dans un rapport du 20 octobre 1907, il expliqua au garde des Sceaux que « la cause principale [de l'augmentation de la criminalité], il ne faut pas hésiter à le dire, provient du relâchement de la répression » et de la non-application des lois par les magistrats[2]. Trois ans plus tard, sur la tombe de l'agent Pelletier assassiné par un apache, il fustigea « les doctrines dissolvantes de cette sentimentalité niaise qui, depuis bientôt vingt ans, ne cesse de faire des ravages dans notre pays en émoussant le glaive de la répression[3] ». Une telle analyse était devenue un véritable *topos* dans l'institution policière, et certains la formulaient de façon plus brutale encore. « Nous avons la preuve certaine, aujourd'hui, que le Parquet encourage les apaches[4] », écrivent par exemple d'anciens policiers en 1907. L'idée faisait à tel point partie des clichés en vigueur qu'on pouvait la soutenir quel que soit l'état des réalités criminelles. Ainsi le secrétaire général de la police à la préfecture du Rhône pouvait-il se féliciter que la sécurité soit totale à Lyon, et déplorer en même temps l'insuffisance de la répression et la mansuétude des tribunaux[5].

A la Chancellerie, on était cependant longtemps demeuré rétif à ces interprétations. Le 20 janvier 1900 par exemple, s'appuyant sur les résultats satisfaisants du *Compte général*,

---

1. L. ANDRIEUX, *Souvenirs d'un préfet de police, op. cit.*, p. 62-63.
2. AN, BB18 2363/2.
3. Cité par J. SIGNOREL, *Le Crime et la défense sociale, op. cit.*, p. 13.
4. *Le Détective. Etudes d'épuration sociale*, nouvelle série, n° 4, 13 au 19 octobre 1907.
5. *La Petite République*, 27 septembre 1907.

le garde des Sceaux Monis publiait une circulaire « sur l'heureux adoucissement de la Justice », qui prenait l'exact contre-pied de ces analyses :

> La rudesse de notre Code d'instruction criminelle et la rigueur de notre législation pénale ont été depuis quelques années corrigées et adoucies sur beaucoup de points. Le respect toujours grandissant des droits de la défense et de la liberté individuelle, un sens plus affiné et plus sûr de la justice, l'idée que la répression doit être équitable, indulgente et, poursuivant moins le châtiment que l'amendement du coupable, laisser au malheureux qu'elle atteint l'espoir et le moyen de se relever, ont inspiré aux Chambres républicaines des lois généreuses et bienfaisantes.

Evoquant l'ensemble des dispositions récentes (libération conditionnelle, loi de sursis, instruction contradictoire, etc.), le ministre estimait que ces mesures ne constituaient que « la préface d'une refonte de notre Code pénal dans des formes moins dures ». Il invitait en conséquence les tribunaux à user davantage du sursis et à limiter les arrestations préventives. C'était aussi ce que recommandait à ses substituts le procureur Bulot, le 8 juillet 1901[1]. La publication en 1903 du très optimiste volume rétrospectif (1880-1900) du *Compte général* allait dans le même sens. En fait, jusqu'en 1906, date à laquelle le ministère Sarrien déposa un projet d'abolition de la peine de mort, pensé comme l'aboutissement naturel de ce procès d'humanisation, la doctrine officielle demeura celle de l'assistance et de la prévention.

Le contexte pourtant n'était guère favorable. Depuis le début du siècle, un mouvement se dessinait en faveur du retour à une pénalité plus rigoureuse. A compter de 1902 se multiplièrent notamment les vœux des jurys et des conseils généraux qui réclamaient des peines plus sévères ou plus exemplaires[2]. Les journaux, qui jouaient la carte de l'alar-

---

1. AN, BB18 2204.
2. Elles sont réunies dans de multiples cartons, notamment AN, BB18 2476/2, 2487, 2507, 2513.

misme, s'étaient également engagés dans de tapageuses campagnes pour la « sécurité publique », qui dénonçaient l'action néfaste des tribunaux et l'indulgence excessive des magistrats, tenus pour directement responsables de l'accroissement supposé de la criminalité[1]. De tels propos n'étaient d'ailleurs pas limités à la presse « populaire ». Un quotidien comme *Le Temps,* par exemple, très sensible à ces arguments, fut un actif propagandiste de cette représentation d'une magistrature coupable. Autrefois célébré pour ses arrêts humanistes, le « bon juge » Magnaud, président du tribunal de Château-Thierry, incarnait désormais le type du magistrat irresponsable[2]. Et que ses sympathies fussent notoires à l'égard de l'aile gauche du parti radical et du parti unifié permettait au débat de se politiser. Progressivement, la « sécurité publique » s'imposait comme un enjeu essentiel, capable de mobiliser des acteurs de plus en plus divers, journalistes, entrepreneurs de morale, parlementaires et hommes politiques. L'extrême agitation que suscita dans ces conditions les débats de 1907-1908 sur la peine de mort assura le triomphe du thème de la « répression ». « Qu'on protège le juge contre sa faiblesse », s'était écrié en 1907 le président du tribunal correctionnel de Toulouse[3]. Deux ans durant, cette question s'imposa comme un leitmotiv obsédant, qui satura les feuilles à grand tirage et les revues judiciaires. En « rétablissant » la peine capitale, le vote de décembre 1908 fut perçu comme une victoire du bon sens, qui devait non seulement mettre un terme à l'offensive des « humanitaristes », mais aussi marquer le début d'une phase de réaction généralisée[4]. De fait, le débat autour de la peine de mort avait mobilisé les énergies, et les voix se firent de plus en plus nombreuses pour critiquer les

---

1. Voir D. KALIFA, « Insécurité et opinion publique au début du XXᵉ siècle », article cité.
2. Sur Paul Magnaud, voir André ROSSEL, *Le Bon Juge,* L'Arbre verdoyant, 1983. Cf. aussi Robert BADINTER, *La Prison républicaine, op. cit.*
3. *La Petite République,* 8 octobre 1907.
4. L'essentiel de ces débats a été publié dans « Abolir la peine de mort. Le débat parlementaire de 1908 », *Jean Jaurès, bulletin de la Société d'Études jaurésiennes,* nº 126, 1992.

lois émollientes et l'« énervement » de la répression. De la Chancellerie elle-même émanaient désormais des circulaires qui invitaient à frapper plus sévèrement les criminels, et le procureur général de la Seine demandait à ses substituts une « application plus rigoureuse de la loi aux récidivistes incorrigibles qui créent aujourd'hui un péril social dont on a trop raison de s'alarmer[1] ». Commentant l'édition 1909 du *Compte général de la justice criminelle*, Louis Barthou, alors garde des Sceaux, reconnut officiellement que « depuis trente ans, l'affaiblissement de la répression s'est accentué de jour en jour ». En matière pénale également se dessinait à la veille de la guerre un moment de « retour à l'ordre[2] ».

Le « système Loubat »

En publiant en juin 1911 dans la *Revue politique et parlementaire* un article très remarqué intitulé « La crise de la répression », Guillaume Loubat, procureur général près la cour d'appel de Lyon, ne faisait donc que profiter d'un contexte opportun pour relancer un débat plus ancien[3]. Mais il sut en resserrer l'argumentation dans une synthèse ordonnée, et lui donner une impulsion décisive, de l'intérieur même de l'institution judiciaire. Que la dénonciation de l'indulgence des juges émane d'un magistrat en poste conférait au propos une incontestable légitimité. Au printemps 1912, Loubat eut l'occasion d'affiner son analyse au cours d'une « séance houleuse » de la Société générale des

---

1. Circulaire du 11 juillet 1910, citée par la *Revue pénitentiaire*, 1910, p. 1052 ; circulaire du 9 février 1910, *ibid.*, 1910, p. 288-289.
2. Kenneth E. SILVER, *Vers le retour à l'ordre. L'avant-garde parisienne et la Première Guerre mondiale*, Flammarion, 1991. Voir également Annie STORA-LAMARRE, *L'Enfer de la IIIe République. Censeurs et pornographes (1881-1914)*, Imago, 1990, et Christophe PROCHASSON, *Les Années électriques (1880-1910)*, La Découverte, 1991, qui signalent le durcissement des mots d'ordre en matière culturelle et « morale ».
3. Guillaume LOUBAT, « La crise de la répression », *Revue politique et parlementaire*, juin 1911, p. 434-468, et juillet 1911, p. 5-27.

prisons[1]. Si le constat était classique (l'inefficacité de l'appareil répressif a provoqué une hausse « vertigineuse » de la criminalité, dont la statistique judiciaire fournit la mesure scientifique), l'originalité de son discours tenait à son analyse de la pénalité républicaine comme « système », dont il détaillait les différentes pièces. Sept lois, toutes votées depuis l'établissement de la République, étaient ainsi mises en accusation : 1) La loi du 5 juin 1875, qui avait institué la réduction du quart de la peine lorsqu'elle était subie au régime individuel. 2) La loi du 14 août 1885 sur la libération conditionnelle, accordée selon lui sans contrepartie et par seul souci d'économie budgétaire. 3) La loi Bérenger sur le sursis à l'emprisonnement (1891) qui, de mesure exceptionnelle, était devenue un instrument d'impunité et un « permis gratuit de recommencer ». 4) La loi du 15 novembre 1892, qui déduisait la détention préventive de la durée de la peine, annulant de ce fait l'exemplarité des peines prononcées. 5) La loi du 5 avril 1899 qui effaçait certains délits du casier judiciaire et procédait à des réhabilitations de droit. 6) La loi du 12 avril 1906, qui relevait de seize à dix-huit ans la majorité pénale au moment même où « se manifeste une inquiétante poussée de la criminalité juvénile ». 7) Les amnisties régulièrement votées par la Chambre. « Et maintenant, faisons l'addition, concluait le magistrat. Réduction du quart sur l'emprisonnement cellulaire, réduction de moitié des trois quarts restant par la libération conditionnelle, imputation de la détention préventive, sursis, réhabilitation de plein droit, amnistie, que reste-t-il ? Une poussière, des atomes de peine[2] ! » Et encore ce recensement ne prenait-il en compte ni l'octroi devenu automatique selon lui des circonstances atténuantes, cette « vaste fissure par où s'échappe toute la force de la

---

1. Guillaume LOUBAT, « La crise de la répression », *Revue pénitentiaire*, avril 1912, p. 654-692, et mai 1912, p. 800-843. La qualification de « houleux » est donnée par *Le Temps*, 26 avril 1912. Un appendice fut donné par Loubat à ces contributions : « Programme minimum de réformes pénales », *Revue politique et parlementaire*, février 1913, p. 199-218, mars 1913, p. 435-458.

2 *Revue pénitentiaire*, 1912, p. 645.

répression[1] », ni la loi de 1897 sur l'instruction contradictoire, ni les réticences des magistrats à appliquer la peine
de la relégation. Cette faillite de la répression était jugée
directement responsable de l'essor de la criminalité : dans
la guerre sans merci opposant bandits et honnêtes gens, la
faiblesse de l'un des combattants signifiait irrémédiablement le triomphe de l'autre. Une telle représentation finissait évidemment par mettre en cause le régime et ses
fondements philosophiques. « La République, explique
Loubat, portant en soi un idéal d'humanité et de justice,
était plus exposée que tout autre gouvernement à tomber
dans un excès de bonté[2]. »

Pour mettre un terme à ce qu'il considérait comme un
sinistre état de fait, Loubat proposait de répondre par une
énergique reprise en main. « Puisque l'indulgence et la douceur ont échoué, l'heure est venue d'essayer la fermeté[3]. » Il
fallait d'abord appliquer les lois existantes, notamment la
relégation, l'interdiction de séjour et la peine de mort, que le
droit de grâce limitait dangereusement. « Il est inadmissible,
écrit-il, que la peine de mort soit remplacée en cas de grâce
par la peine bénigne des travaux forcés, avec liberté relative,
vie de plein air – même un peu chaud – et l'espoir toujours
vivant de s'évader[4]. » Il convenait également de revenir sur
toutes les mesures citées précédemment, qui devaient être
scrupuleusement motivées, et donc devenir exceptionnelles.
Enfin, pour redonner un peu de vigueur à une justice « éner-
vée », l'introduction de quelques peines nouvelles s'avérait
nécessaire. Le fouet et les châtiments corporels, que les journalistes et quelques juristes venaient de remettre au goût du
jour, apparaissaient au magistrat lyonnais comme un recours
favorable. « La douleur, explique-t-il, est une condition
essentielle d'efficacité du châtiment[5] », surtout lorsque son
usage s'accompagne des recommandations morales ou religieuses dispensées par les sociétés de patronage.

---

1. *Revue politique et parlementaire,* juin 1911, p. 438.
2. *Ibid.*
3. *Revue pénitentiaire,* 1912, p. 649.
4. *Ibid.,* p. 672.
5. *Revue politique et parlementaire,* juin 1911, p. 17.

Le fonctionnaire qui prenait ainsi le risque de mettre le feu aux poudres n'était pourtant pas un novice ou un ambitieux en quête de succès faciles. Né en 1856, il avait gravi tous les échelons de la carrière, tour à tour substitut, procureur, puis avocat général[1]. Nommé procureur général à quarante-deux ans, en 1898, il exerça d'abord à Nîmes puis à Grenoble, avant de prendre la tête du ressort lyonnais. Dès 1884, il avait publié quelques essais sur la législation pénale, mais s'était surtout fait remarquer au lendemain des attentats anarchistes par le long commentaire qu'il proposa des « lois scélérates » de 1893 et 1894[2]. Magistrat reconnu et chevronné, Loubat apparaissait donc en 1911 comme un homme de principe et de conviction[3], que seule la gravité de la situation avait entraîné au débat public. L'accueil réservé à son intervention fut d'ailleurs très favorable. Les journaux à grand tirage, qui défendaient de longue date un tel programme « de bon sens », furent quasi unanimes à soutenir les idées de Loubat, promu représentant officiel du « parti des honnêtes gens ». On saluait surtout « le beau courage » d'un magistrat qui n'hésitait pas à porter la critique dans son propre camp, et « nous fait bien augurer de l'avenir »[4]. Nul ne remarqua cependant le paradoxe que constituait ce soutien actif des journaux, vilipendés par Loubat pour leur versatilité et leurs responsabilités dans la « démoralisation » du pays[5]. Plus politique, *Le Temps* en

---

1. *Annuaire de la magistrature*, 1942. Le dossier individuel de G. Loubat (AN, BB6 II 1032) est pratiquement vide. J'emprunte ces éléments sur la biographie et la carrière de Loubat à Julia MONGEAL, *Loubat et la crise de la répression*, maîtrise d'histoire, université de Paris VII, 1998, p. 6-8.

2. Guillaume LOUBAT, « Essais sur la législation criminelle ancienne et moderne », *Revue pratique du droit français*, 1884, t. 56, p. 5-52 ; *Code de la législation contre les anarchistes (commentaire des lois du 28 juillet 1894, 12 décembre 1893 et 18 décembre 1893*, Chevalier Magesque et Cie éditeurs, 1895.

3. Même s'il était, en 1884, partisan de l'abolition de la peine de mort (« Essai sur la législation... », loc. cit.)

4. *Le Siècle*, 26 avril 1912, cité par J. MONGEAL, *W. Loubat et la crise de la répression, op. cit.*, p. 44.

5. « Il faut purifier la voie publique de la corruption qui s'y étale sous la forme de journaux, de livres ou d'images, et empoisonne les jeunes cerveaux », *Revue politique et parlementaire*, juillet 1911, p. 22.

profita pour mener une sévère critique des parlementaires et du gouvernement qui paralysaient l'action des magistrats. A droite, on s'engouffra évidemment dans cette brèche inespérée. Dans une charge violente publiée par *L'Echo de Paris*, Jules Delafosse fustigea « le régime institué chez nous depuis 1875 » qui a favorisé le « brigandage organisé »[1].

Les réactions des milieux juridiques furent beaucoup plus contrastées. Les discussions furent particulièrement tendues à la Société générale des prisons, qui accepta avec courage de débattre avec celui qui contestait l'essentiel de son apport législatif. Les déclarations les plus critiques émanèrent des membres étrangers, notamment ceux originaires d'Etats autoritaires qui voyaient dans les propositions de Loubat une brutale régression. « J'éprouvais en me levant un certain sentiment de malaise, car il me semblait que je me trouvais brusquement transporté dans un centre scientifique ancien, dans une sorte de musée de Cluny criminaliste, lorsque j'assistais à une charge à fond contre toutes les réforme pour lesquelles j'ai eu l'honneur de lutter dans mon pays », déclare par exemple le Russe Nabokoff, professeur de droit pénal à l'université de Saint-Pétersbourg et ancien président de la Douma. « En remontant la Seine, renchérit le Roumain Visoiu-Cornateanu, j'ai rencontré un jour une statue en bronze qui représentait un flambeau. J'ai demandé ce que c'était, on m'a dit, c'est la France qui éclaire le monde[2]. » Les réactions des juristes français furent plus mesurées. Dans une longue intervention, le sénateur Bérenger, qui était à l'origine de presque toutes les mesures dénoncées par Loubat, s'étonna que le magistrat lyonnais s'en prît aux lois alors que seule leur application était en jeu. C'est sur cette position prudente que se retrouvèrent la plupart des sociétaires. Si l'on estima le constat excessif, et certaines des propositions, les châtiments corporels par exemple, contraires à l'esprit du pays, un consensus s'établit

---

1. *L'Echo de Paris*, 1ᵉʳ avril 1912, cité par J. MONGEAL, *W. Loubat et la crise de la répression, op. cit.*, p. 54.
2. *Revue pénitentiaire*, 1912, p. 684 ; *ibid.*, p. 690-691.

pour reconnaître l'existence sinon d'une « crise », du moins d'un « fléchissement des énergies » et de la « discipline sociale ». En rehaussant le « droit de punir », Loubat flattait incontestablement l'un des penchants naturels des juristes et des magistrats présents. Mais le sentiment dominant fut celui d'un ralliement par pragmatisme, afin de ne pas se couper d'une « opinion publique » massivement acquise aux thèses du procureur lyonnais.

Crise dans l'institution

Ce n'est cependant pas de ces débats « professionnels » que naquit le scandale. Il provint des initiatives plus pratiques du magistrat pour faire prévaloir ses vues dans les tribunaux de son ressort. Le 2 mai 1912 en effet, Loubat adressa à ses substituts une circulaire dans laquelle, après avoir relevé « la faiblesse scandaleuse » de quelques jugements récents, il invitait les magistrats à réclamer « des peines impitoyables » contre les récidivistes, à leur refuser notamment les circonstances atténuantes ou le bénéfice du sursis, à appliquer la relégation « toutes les fois qu'elle est encourue »[1]. « Je suis obligé de rappeler, poursuivait-il, qu'il ne suffit pas aux magistrats d'être consciencieux et impartiaux mais qu'ils ont aussi le devoir de défendre l'ordre public en se montrant énergiques et résolus envers le crime. » Si le ton était assez vigoureux, le propos demeurait somme toute habituel et conforme aux recommandations récentes du ministère. Tout l'effet et la portée du texte étaient en fait contenus dans ses deux dernières phrases :

> Enfin, pour que mes instructions aient une sanction effective, vous aurez à vous expliquer nettement dans vos propositions pour le tableau d'avancement sur le degré de fermeté des magistrats. Désormais je ne présenterai plus pour ce

---

1. AN, BB18 2491. Tous les documents relatifs à cette affaire, aux polémiques et aux enquêtes qu'elle suscita, sont conservés dans cet épais carton.

tableau ni pour un poste supérieur aucun magistrat s'étant fait remarquer par sa faiblesse dans la répression.

La réaction de la Chancellerie fut immédiate. Dès le lendemain, un télégramme signé du garde des Sceaux Aristide Briand s'étonnait en ces termes :

> Je lis dans la presse un extrait d'instruction que vous auriez adressé à vos substituts sur la crise de la répression. Veuillez me faire savoir si ces instructions ont bien été envoyées et dans l'affirmative m'en communiquer le texte intégral. Mais j'ai peine à croire à l'authenticité de ce document au sujet duquel vous n'avez ni demandé, ni obtenu mon assentiment. Il ne vous échappera pas en effet que de telles instructions sur les conditions générales d'application des lois répressives ne sauraient émaner que du ministère de la Justice et ne peuvent faire l'objet d'instructions propres à chaque ressort et variables suivant les procureurs généraux.

Débuta alors, sous l'œil attentif des journaux qui n'en perdirent aucun des rebondissements, une sorte de feuilleton judiciaire d'un genre nouveau. Le 4 mai, Loubat adressa au garde des Sceaux une longue lettre, dont le ton balançait entre l'obéissance résignée et la surprise un peu outrée. Avouant ne pas s'expliquer le mécontentement de la Chancellerie, il s'efforçait surtout de justifier son initiative. Il y détaillait notamment les récents jugements « scandaleux » qui avaient motivé sa circulaire[1], et y reprenait le propos désormais bien rodé sur la faiblesse des tribunaux, le découragement de la police, l'incompréhension de la « conscience publique ». Mais il s'étonnait surtout de la teneur du télégramme. Aucune prescription officielle n'exigeait selon lui que de telles circulaires, qui relevaient des compétences ordinaires d'un procureur général, soient soumises à la

---

1. Condamnation avec sursis accordé par défaut à deux jeunes voleurs ; acquittement du journal *La Culotte rouge,* poursuivi pour outrage aux bonnes mœurs.

Chancellerie. « Je n'ai pas cru qu'il fût nécessaire de vous demander une autorisation préalable pour envoyer aux parquets de mon ressort des instructions de ce genre, qui sont motivées par les résultats de la statistique criminelle de 1911. » Une circulaire analogue, transmise à ses parquets en octobre 1910, n'avait d'ailleurs fait l'objet d'aucune réaction officielle[1]. Mais le magistrat lyonnais oubliait de préciser que, contrairement à l'objet du litige, le texte de 1910 ne faisait aucune référence à d'éventuelles sanctions ou au gel de l'avancement. Davantage que les idées de Loubat, qui bénéficiaient d'un consensus grandissant, c'était la procédure employée qui avait déclenché l'indignation de la Chancellerie. Qu'on ait pris connaissance de la circulaire par voie de presse constituait déjà un obstacle, que Loubat utilise le tableau d'avancement pour faire pression sur ses subordonnés était perçu comme un intolérable abus de pouvoir. L'avancement, note le directeur des affaires criminelles et des grâces, ne peut « se mesurer au nombre et à la rigueur des condamnations ». Pour une magistrature qui était depuis les années 1880 l'objet d'une constante attention politique[2], les questions d'avancement constituaient un ter-

---

1. Le 5 octobre 1910, Loubat avait en effet adressé aux parquets de son ressort une très énergique circulaire sur « l'énervement de la répression ». Face à l'audace croissante des criminels et à l'émotion de l'opinion, il y rappelait la nécessité de relever le niveau de la répression et de lutter contre « la sensibilité maladive qui s'est développée depuis ces vingt dernières années ». Etait notamment préconisé d'éviter les libérations conditionnelles inconsidérées, de multiplier les procédures de flagrant délit, de correctionnaliser avec modération, sans se laisser « impressionner par le jeune âge des coupables puisqu'il est avéré que les pires malfaiteurs se recrutent dans les rangs de la jeunesse », d'appliquer méthodiquement la peine de la relégation, « moyen radical sans doute, mais le plus efficace de tous »), de s'élever enfin contre l'usage excessif et systématique du sursis. « En face de la sécurité publique en péril, l'heure n'est plus à l'indulgence aveugle, mais aux résolutions viriles », concluait la circulaire. AN, BB18 2363/2.

2. Sur la situation de la magistrature à la fin du XIXᵉ siècle, voir Jean-Pierre ROYER, *La Société judiciaire depuis le XVIIIᵉ siècle*, PUF, 1979 ; Jean-Pierre ROYER, Renée MARTINAGE et Pierre LECOQ, *Juges et Notables au XIXᵉ siècle*, PUF, 1982 ; Jean-Pierre MACHELON, « La magistrature sous la IIIᵉ République à travers le *Journal officiel* », *Annales de la faculté de droit et de science politique*, Clermont-Ferrand, 1984, p. 5-124 ; Jean-Pierre ROYER, *Histoire de la justice en France de la monarchie absolue à la république*, PUF, 1995 ; Frédéric CHAUVAUD (avec la collaboration de Jean-Jacques YVOREL), *Le Juge, le Tribun et le*

rain particulièrement sensible. Bien que continuellement critiqué, le tableau d'avancement, institué en 1879, constituait une pièce maîtresse d'un système fonctionnant toujours sur le mode du patronage politique. Pour obtenir de l'avancement, il convenait d'y être inscrit par une commission de classement qui comprenait le premier président, le procureur général, quatre conseillers de la Cour de cassation, ainsi que les directeurs du ministère, ce qui laissait la Chancellerie largement maîtresse des promotions et des nominations. On comprend, dans ces conditions, combien l'initiative de Loubat put paraître déplacée, et justifier le blâme qui lui fut adressé. Relayant la position officielle, la *Revue judiciaire* considéra une telle initiative comme « un véritable défi aux principes de la Justice », et déplora que le magistrat incite ses subordonnés à « un système de délation basé sur la violation constante du secret des délibérations [...] Après les fiches dans l'armée, les fiches dans la magistrature[1]... ! ». A cela s'ajoutaient également les prises de position d'un magistrat qui multipliait depuis un an les interventions publiques et donnait le sentiment de sortir à la fois de son devoir de réserve et de sa fonction de procureur.

Une intense correspondance fut échangée durant le mois de mai 1912 entre le magistrat lyonnais et le garde des Sceaux. « Le blâme que vous m'avez adressé m'a profondément surpris et peiné. J'ai la ferme confiance que, mieux renseigné, vous approuveriez ma conduite », écrit Loubat le 13 mai. Il multiplia dès lors les rapports pour convaincre le ministre de la faiblesse « scandaleuse » du tribunal de Lyon[2]. L'affaire, surtout, faisait grand bruit. Dans le contexte d'effervescence permanente que suscitaient alors les questions criminelles et la « sécurité publique », la sanc-

---

Comptable. *Histoire de l'organisation judiciaire entre les pouvoirs, les savoirs et les discours (1789-1930)*, Anthropos, 1995.
  1. « Une circulaire regrettable », *Revue judiciaire*, 25 mai 1912, p. 131-134. Cité par J. Mongeal, *W. Loubat et la crise de la répression, op. cit.*, p. 70-72.
  2. Du 13 novembre 1911 au 7 mai 1912, la cour d'appel aggrava, dans quarante affaires différentes, les jugements rendus par le tribunal de Lyon.

tion infligée au procureur général était commentée avec passion par les journaux. A l'exception des quotidiens socialistes, qui se réjouirent de la « leçon » infligée à celui qui voulait faire des coupes sombres dans les lois de la République[1] et dénoncèrent la manœuvre politique que constituait cette « campagne de délire et de bassesse[2] », la plupart des journaux s'indignèrent du sort réservé au courageux procureur lyonnais. Porte-parole de l'ensemble de la presse populaire, Jean Lecoq applaudit dans *Le Petit Journal* à « la courageuse intervention de Loubat qui, au milieu de la veulerie générale, a osé élever la voix pour faire le procès de nos lois humanitaires. [...] Mais quoi ! Il paraît qu'un magistrat n'a pas le droit de dire là-dessus tout haut son avis, quand cet avis n'est pas conforme aux idées de quelques politiciens humanitaires dont les rêvasseries saugrenues nous valent le formidable accroissement de criminalité que chacun déplore aujourd'hui[3] ». Défenseur attitré du procureur Loubat, *Le Temps* opta pour une position plus nuancée. Le journal expliqua en effet que le « blâme » ne visait nullement les « courageuses idées » du procureur, qui faisaient désormais l'unanimité à la Chancellerie, mais une simple question de procédure, et qu'il n'avait été décidé qu'à contrecœur[4]. C'est sur cette position consensuelle que Briand s'efforça d'apaiser les esprits. « Je vous ai dit que je partageais la plupart des idées que vous avez exprimées dans ce document, mais j'ai cru bon de vous faire remarquer qu'il ne vous appartenait pas de prendre des initiatives en pareille matière », écrit-il à Loubat le 29 mai[5]. Le même jour, la Chancellerie faisait publier une note dans *Le Temps*, qui précisait qu'aucune mesure disciplinaire n'avait été

---

1. *La Bataille syndicaliste*, 24 mai 1912.
2. Jean JAURÈS, « Une honte », *L'Humanité*, 10 mai 1912. Voir la présentation qu'en fait Julia MONGEAL, « Jaurès, le crime et la presse », *Jean Jaurès, cahiers trimestriels*, n° 153, 1999. Signalons encore les propos dissonants de Paul Richard dans *L'Aurore* (4 et 24 mai 1912), qui accuse Loubat de vouloir exploiter à son profit la « saute d'humeur » de l'opinion.
3. *Le Petit Journal*, 26 mai 1912.
4. *Le Temps*, 25 mai 1912.
5. AN, BB18 2491.

prise à l'égard du procureur Loubat. Elle annonçait surtout que « le garde des Sceaux a ouvert une enquête auprès de tous les procureurs généraux sur la question de la crise de la répression ». Cette mise au point marquait en un sens la revanche de Loubat, dont les idées étaient à ce point reconnues qu'elles faisaient l'objet d'une consultation nationale. L'annonce de cette enquête éclairait également d'un autre jour les griefs de la Chancellerie à l'encontre du magistrat lyonnais, dont l'initiative avait court-circuité celle du ministre. C'est en effet par un télégramme daté du 3 mai 1912, c'est-à-dire du jour même où l'on prit connaissance à Paris de la circulaire « malheureuse », que l'enquête sur la crise de la répression fut officiellement notifiée aux procureurs généraux :

> Je crois devoir appeler votre attention sur les débats auxquels donne lieu actuellement devant l'opinion publique ce qu'on a appelé la crise de la répression. Je vous prie de me faire connaître si vous estimez que cette crise existe dans votre ressort, et dans le cas de l'affirmative, quelles en seraient les causes, quels remèdes pourraient y être apportés, soit par voie de modification législative, soit par modification des conditions d'application des textes existants. Je me propose d'après les résultats de cette enquête de vous envoyer des instructions d'ordre général et je vous prie jusque-là de vous abstenir d'adresser des instructions particulières à vos substituts sur ce sujet, pour assurer l'unité de vues indispensable et empêcher que les conditions de la répression ne varient d'un ressort à l'autre[1].

La France répressive en 1912

Les réponses qui parvinrent au ministère constituent un très bel instantané, pris à la veille de la guerre, des concep-

---

1. *Ibid.* Les réponses à l'enquête sont également conservées dans ce carton, à l'exception de celui de la cour d'appel de Bastia, conservé sous la cote BB18 2891 (banditisme en Corse).

tions de la magistrature en matière de répression et de pénalité. Une ambiguïté traverse cependant l'ensemble du
dossier. Quel sens attribuer en effet à l'expression « crise
de la répression », qui ne fait l'objet d'aucune définition ?
S'agit-il de spécifier l'arsenal répressif, et son fondement
doctrinal, ou la seule pratique des tribunaux et leur application de la législation ? Ne faut-il pas déplacer la question
en amont, comme le suggèrent quelques magistrats, et l'envisager comme une « crise » d'opinion, voire une crise de
civilisation ? La diversité des appréciations prime à cet
égard, contribuant à rendre malaisé tout essai de synthèse.
Un large consensus se dessine en revanche pour souligner
d'une part la hausse de la criminalité, et de l'autre la responsabilité de la justice pénale dans cet accroissement présumé.
Seul le procureur général de Chambéry se refuse à considérer comme allant de soi ce double postulat.

A la question d'ensemble sur l'existence éventuelle d'une
« crise de la répression », les réponses apparaissent extrêmement contrastées. Sur les vingt-sept cours d'appel que
compte le pays, dix concluent à l'existence d'une « crise »[1],
seize estiment qu'elle n'existe pas[2], celle de Pau considérant
que le phénomène est sensible au criminel, mais pas en correctionnelle. Une telle distribution ne rend cependant pas
compte des sentiments réels des magistrats. Aux yeux de
nombreux procureurs, reconnaître l'existence de la « crise »
revenait en effet à admettre celle de graves dysfonctionnements dans les tribunaux de leur ressort. La réponse, de
plus, était souvent le résultat d'un compromis entre les procureurs généraux et leurs substituts, lesquels pouvaient pro-
fesser des sensibilités différentes sur le sujet. A Amiens par
exemple, le procureur transmet l'avis de ses substituts, qui
estiment que la crise n'existe pas, alors qu'il fustige pour sa
part les lois « émollientes » et la juridiction de la faiblesse,

---

1. Agen, Amiens, Bastia, Dijon, Douai, Lyon, Paris, Poitiers, Rennes et
Toulouse.
2. Aix, Alger, Angers, Besançon, Bourges, Bordeaux (qui estime qu'il existe
en revanche une « crise de la criminalité »), Caen, Chambéry, Grenoble,
Limoges, Montpellier, Nancy, Nîmes, Orléans, Riom et Rouen.

allusion transparente aux arrêts rendus par le juge Magnaud en son tribunal de Château-Thierry. Certains magistrats pouvaient encore estimer que la crise n'existait pas dans leur ressort, mais qu'elle affectait bel et bien le reste du pays. C'est le cas notamment des procureurs de Bourges, de Montpellier ou encore de Chambéry, qui se félicite de la répression exemplaire qui sévit dans sa juridiction, mais déplore les vices d'une législation qui « favorise les criminels ». On s'aperçoit en fait à la lecture des dossiers qu'une large majorité des procureurs (21 sur 27), même lorsqu'ils récusent l'existence de la « crise » dans leur juridiction, se retrouvent largement sur les positions de Loubat. Outre l'influence du battage médiatique qui recouvre cette question, on mesure ici toute l'ambiguïté d'une expression et d'un questionnaire qui mêlent des appréciations d'ordres administratif, professionnel et idéologique. Rarement fondées sur des données empiriques, les réponses sont à l'unisson, traduisant d'abord les conceptions des magistrats en matière de répression ou d'ordre public.

C'est donc bien davantage dans les critiques ou propositions diverses que transparaissent les sentiments réels des magistrats. Ceux-ci apparaissent d'abord étroitement refermés sur leurs propres pratiques. Les questions de police, par exemple, sont étrangement délaissées ; cinq cours seulement estiment que des réformes simples, comme l'augmentation du nombre des brigades mobiles ou l'étatisation de l'ensemble des polices municipales, permettraient de relever substantiellement le niveau de la répression. Les procureurs se montrent en revanche beaucoup plus prolixes dès lors qu'il s'agit de mettre l'accent sur ce qui limite leurs prérogatives. La loi du 8 décembre 1897 sur l'instruction contradictoire est ainsi l'objet de constantes récriminations. Sous des motifs divers – inégalité des armes entre le juge et l'inculpé, inégalité sociale face au coût d'un avocat, possibilité pour ce dernier de détruire des preuves ou d'intimider les témoins –, une majorité de magistrats propose d'en modifier les dispositions. Mais seul le procureur de Bourges prône la suppression pure et simple de la présence de l'avocat durant l'instruction, les autres s'accordant plutôt à remanier l'article 10, en vertu duquel les avocats reçoivent la veille de chaque interrogatoire le détail de la procédure du lendemain.

L'instruction et le procès ne font l'objet que d'assez peu de remarques, hors des reproches traditionnels à l'encontre des journalistes qui divulguent des pièces de la procédure, ou des jurés qu'il faudrait sélectionner avec davantage de soin. Reprenant les termes d'un débat assez vif dans les années qui précèdent [1], huit cours estiment cependant que le jury devrait être associé à l'application des peines. Ces dernières sont bien sûr au cœur de la réflexion. Si, à l'exception du procureur de Bourges qui se déclare favorable à l'introduction des châtiments corporels, la plupart des magistrats refusent les positions trop accusées, une majorité s'entend pour alourdir le régime des peines, notamment à l'encontre des récidivistes. Simplifier et généraliser la relégation, exclure les multirécidivistes du bénéfice des circonstances atténuantes, recourir dans certains cas à un régime plus pénible de travaux forcés, apparaissent ainsi comme des mesures simples et efficaces. Aucun mouvement d'ensemble ne se dessine en ce qui concerne l'accomplissement des peines. Le régime cellulaire, par exemple, fait l'objet d'appréciations diverses, certains se proposant de le supprimer, d'autres de le généraliser, d'autres encore de l'appliquer sans réduction de peine. Des propositions plus isolées visent à la création d'établissements spéciaux pour mineurs, ainsi que pour les mendiants et les vagabonds. La plupart des magistrats se retrouvent en revanche pour condamner la pratique des amnisties, décrites comme abusives, des grâces et surtout des mesures de libération conditionnelle, qu'une majorité (18 sur 27) s'accorde à vouloir amender.

Deux logiques différentes semblent en fait commander les réponses des magistrats. La première procède d'une

---

1. Voir notamment A. BOUGON, *De la participation du jury à l'application de la peine*, Rousseau, 1900. Sur l'hostilité récurrente des magistrats à l'encontre du jury, voir la synthèse de James M. DONOVAN, « Magistrate and Juries in France, 1791-1952 », *French Historical Studies*, 22-3, 1999, p. 379-420.

sorte de prudence ou de réserve instinctive, celles de fonctionnaires traditionnellement muselés sur la scène publique,
et dont les déclarations, l'affaire Loubat en témoigne, font
l'objet d'une extrême attention de la part de leurs autorités
de tutelle. Si une majorité de procureurs se retrouve finalement sur les positions du magistrat lyonnais, rares sont ceux
qui expriment ouvertement leur soutien ou leur approba-
tion. On en reste pour l'essentiel à un discours convenu et
sans relief, soucieux de rester dans la mesure ou se conten-
tant de dénoncer, comme le fait le procureur d'Amiens,
l'« effacement progressif du principe d'autorité ». Seuls
deux magistrats affirment clairement leurs points de vue.
Soutenant explicitement les initiatives de Loubat, le procureur général de Bourges tient un discours virulent et très
politique. Les responsabilités sont pour lui à chercher chez
« certains meneurs de l'opinion publique qui ont repris,
souvent dans le seul but de satisfaire des intérêts électoraux,
les niaiseries humanitaires du XVIIIᵉ siècle et les tirades sur
la bonté naturelle de l'homme corrompu par la société ».
C'est pourquoi il appelle à « profiter de l'heureux état du
moment » pour substituer « à la manière "flasque" qui a si
lamentablement échoué » des solutions fortes et énergiques.
A l'opposé, le procureur général de Nancy est seul lui aussi
à défendre la pénalité républicaine et à contester l'idée
même d'une crise de la répression. « Ce que l'on appelle
ainsi me paraît être simplement une de ces vagues périodiques qui sont chargées tantôt de sentiments de pure
humanité, tantôt d'idées de sévérité dans la répression.
Celle qui passe en ce moment a sa source dans une conception erronée de la réalité des faits criminels. La criminalité
véritable, celle qui naît soit de passions instinctives, soit de
l'absence d'éducation et de direction morale, ne s'accroît
pas. La crainte du châtiment persiste. Il n'est pas vrai que
nos lois plus humaines l'aient abolie. » Entre ces deux
extrêmes s'épanche un discours plus que prudent qui
explique certains des paradoxes de l'enquête, que seize
cours par exemple puissent estimer la répression bien assu-

rée, et dix-huit, parfois les mêmes, déplorer la législation
« humanitaire » et l'esprit qui la guide.

Mais cette retenue initiale se double d'une profonde indignation dès lors que semble en jeu l'intégrité du droit et du
pouvoir de juger. Comme le montre l'hostilité générale
envers l'instruction contradictoire, les amnisties ou les
grâces, c'est toute la profession qui s'élève contre ce qui
peut venir, de l'extérieur du champ judiciaire, restreindre
ses prérogatives : les journalistes, les avocats, les jurés, « les
théories médico-légales, dont le fondement scientifique est
loin d'être démontré » (Rouen), la « sociologie présentant
les criminels comme les victimes d'une organisation sociale
imparfaite » (Toulouse) et surtout « l'ingérence, toujours
plus grande, de l'influence parlementaire dans l'œuvre de
justice » (Amiens). S'exprime ici le commun idéal d'une justice close et professionnelle, débarrassée des innombrables
parasites qui perturbent le fonctionnement de l'institution.
Largement partagé, ce sentiment explique pour partie
l'adhésion implicite aux thèses de Loubat. Il permet aussi
de comprendre le peu de crédit accordé par les magistrats
aux théories de la défense sociale, qui dominent pourtant
alors la réflexion internationale.

L'importance prêtée à cette affaire par les journaux et
l'« opinion publique » explique sans doute l'extrême rapidité avec laquelle l'opération fut réalisée. Moins de trois
mois après son lancement, le 9 août 1912, le garde des
Sceaux disposait d'une synthèse dactylographiée sur « La
crise de la répression », accompagnée d'un document de
travail intitulé « Mouvement statistique sur les dix dernières
années portant sur les crimes et délits intéressant particulièrement l'ordre et la sécurité publique ». Compilés à partir
des données du *Compte général*, les quatre tableaux de ce
dernier document se révèlent particulièrement riches d'enseignements. Le choix des rubriques, d'abord, délimite avec
une grande précision les quelques points névralgiques vers
lesquels convergent alors la réprobation et l'anxiété sociales.
Criminalité juvénile, permanence des violences interperson-
nelles et contestation de l'autorité publique semblent ainsi

constituer, bien devant les affaires de vol, le cœur du contentieux national. On y reconnaît bien sûr tous les attributs de l'apache, cette figure redoutable projetée depuis douze ans au centre du malaise sécuritaire. Mais la nature d'un tel document, et notamment la séquence très courte sur laquelle il se fonde (cinq ou dix ans) signale également combien le crime et la délinquance sont désormais devenus des enjeux autour desquels peuvent se nouer des questions décisives, notamment politiques. Il rend compte enfin du sentiment général qui semblait s'imposer à la Chancellerie, progressivement acquise aux thèses du procureur lyonnais. Le choix du très court terme par exemple, peu compatible avec un usage raisonné de la statistique, favorise une lecture « dramatique ». Mais c'est surtout par la place laissée aux « impunis » que ces tableaux surprennent. Ces affaires sont en effet systématiquement recensées et totalisées, comme si elles rendaient compte, au même titre que les transgressions effectivement constatées et punies, des « crimes » affectant le pays. Or l'on sait combien une telle rubrique, qui faisait l'objet depuis quelques années d'une réflexion multiforme[1], s'alimentait à des sources diverses : plaintes sans objet ni fondement, enquêtes abandonnées, affaires classées sans suite, non-lieux, etc. Les comptabiliser au titre d'impunis équivalait à gonfler considérablement le volume de la « criminalité »[2], et à en expliquer l'essor par la faiblesse de tribunaux qui classaient au lieu de punir. Le phénomène était particulièrement net dans le cas de la criminalité juvénile, où les chiffres étaient fournis en vrac, sans que fussent précisés les types de délit ou de crime. La conclusion s'imposait d'elle-même : l'impunité atteignait des sommets qui expliquaient pour une large part l'essor de la criminalité. Tel est bien d'ailleurs la signification qui traverse tout le

---

1. Voir notamment Gabriel TARDE, « Les délits impoursuivis », *Archives d'anthropologie criminelle*, 1894, p. 641-651, et « Les transformations de l'impunité », *La Réforme sociale*, 1898, p. 709-727.

2. D'autant que les chiffres sont imposants : dans la séquence retenue, les « impoursuivis » représentent plus de 88 % des crimes et de 59 % des délits jugés.

document, dont les présupposés viennent apporter une évidente caution statistique aux thèses de Loubat. De fait, tout se passe comme s'il avait été rédigé pour convaincre un ministre ou des directeurs encore réticents de l'existence de la fameuse « crise de la répression ».

Les réactions du garde des Sceaux Aristide Briand demeurèrent cependant mesurées. Prenant acte des résultats de cette enquête, il adressa dès le 10 août un communiqué aux journaux, dans lequel il notait l'indulgence excessive de certains tribunaux à l'égard des mineurs et des récidivistes, la non-application de la relégation ainsi que l'abus de libérations conditionnelles, et annonça la création de deux commissions sur statuer sur ces questions[1]. Aucune directive plus contraignante ne fut cependant décidée par un ministre qu'on sentait entraîné un peu contre son gré dans une telle problématique. Le débat public se prolongeait pourtant. La question avait été au centre des discussions du IVe congrès national de droit pénal, réuni à Grenoble en mai 1912. Lucide, Emile Garçon l'avait interprétée comme « un retour de balancier », qui faisait suite à un mouvement excessif en faveur des criminels. S'il comprenait l'émotion d'une opinion surexcitée par la presse et la littérature, il refusait cependant de s'y associer, et conseillait de garder la mesure. « L'impression produite par quelques crimes retentissants, écrivait-il, ne saurait entraîner la France républicaine à se jeter, sous les suggestions de la peur, dans la plus aveugle des réactions[2]. » Le conseil fut suivi par Briand, dont l'opération s'apparentait à une sorte de contre-feu. Emanant de juristes, de magistrats, de médecins, de journalistes, les ouvrages se multipliaient pourtant, qui redoublaient de suggestions pour mettre un terme à l'« énervement » de la répression[3]. Loubat lui-même pour-

---

1. Voir notamment *Le Temps,* 11 août 1912, et *Le Journal,* 13 août 1912.
2. *Revue pénitentiaire,* 1913, p. 182-186.
3. Cf., parmi une bibliographie très abondante, Hippolyte LAURENT, *Les Châtiments corporels,* thèse de droit, Lyon, Phily, 1912 ; J. SIGNOREL, *Le Crime et la défense sociale, op. cit.* ; Dr H. THULIÉ, *La Lutte contre la dégénérescence et la criminalité,* Vigot Frères, 1912 ; Hippolyte LAURENT, *Le Fouet contre le crime,* Lyon, Phily, 1913 ; VITAL-MAREILLE, *L'Assassinat triomphant,* Société française d'imprimerie et de librairie, 1913.

suivait son action, s'en prenant en août 1913 à l'idée de responsabilité atténuée et dénonçant les réductions de peines effectuées en son nom[1]. Les journaux surtout continuaient de colporter les mêmes représentations outrancières qui faisaient de la « coupable indulgence de l'administration[2] » la cause principale des exactions apaches. Fidèle à sa ligne, *Le Temps* continua également de dénoncer la « conspiration sentimentale[3] ». En mars 1914 encore, un magistrat écrivait au *Matin* pour déplorer « la crise de la justice criminelle » qui laisse « le juge d'instruction impuissant devant le crime[4] ». Seule la guerre vint, quelques semaines plus tard, mettre fin à ces inquiétudes et aux propositions qu'elles portaient.

La « crise de la répression » ne constitue donc qu'un « moment » dans la réflexion pénale du pays, qu'il convient bien sûr de ne pas surestimer. En dépit du consensus qu'il parvint à dessiner dans les années d'immédiat avant-guerre, il n'eut guère d'incidence pratique sur le mouvement de la législation, et la minorité active qui l'animait ne réussit pas à entraîner derrière elle l'ensemble de la classe judiciaire. Comme en d'autres domaines, le programme de retour à l'ordre qu'il signalait s'abîma dans la Grande Guerre et ses implications. L'événement n'est pourtant pas sans portée. A son aune peut en effet se lire une large part du malaise qui affectait alors la magistrature et pesa sur son attitude tout au long du XXe siècle. Maltraités par la presse, oubliés des budgets, soupçonnés d'antirépublicanisme par un pouvoir qui exerçait sur eux une surveillance constante, les

---

1. *Le Temps*, 3 août 1913. La notion de responsabilité atténuée, appliquée aux « demi-fous », avait été introduite dans les mœurs judiciaires par la circulaire Chaumié du 12 décembre 1905. Loubat continua après guerre à stigmatiser l'indulgence des tribunaux. « L'audace grandissante de la pègre semble devoir arrêter enfin la contagion de sensiblerie qui a si longtemps sévi sinon sur le pays, du moins dans certains milieux, car les masses profondes de la population sont restées indemnes de cette malaria », écrit-il dans *Le Matin*, le 9 septembre 1921.
2. *L'Eclaireur de Nice,* 3 janvier 1913.
3. *Le Temps*, 1er janvier 1913.
4. *Le Matin,* 16 mars 1914.

magistrats vivaient dans l'amertume et la désillusion l'entrée dans la modernité. La « crise de la répression » fait en ce sens figure de cri d'alarme, et de symptôme d'un mal plus ample et plus structurel[1]. Elle préfigure ainsi la lenteur avec laquelle la France de l'entre-deux-guerres s'initia aux perspectives nouvelles de la « défense sociale ». Mais cette effervescence pose aussi, au cœur des problématiques contemporaines de l'insécurité, la question décisive du rôle et de la place (ou de l'absence présumée) de l'Etat dans les logiques de régulation et de protection des citoyens[2]. Elle montre enfin combien les questions juridiques et les normes pénales demeurent, au XXᵉ siècle tout comme à l'époque des Lumières, au centre d'affrontements idéologiques largement constitutifs de la démocratie moderne[3].

---

1. Alain BANCAUD, *La Haute Magistrature judiciaire entre politique et sacerdoce, ou le Culte des vertus moyennes*, Librairie générale de droit et de jurisprudence, 1993.
2. Philippe ROBERT, *Le Citoyen, le crime et l'État*, Genève, Droz, 1999. Cf. aussi Marcel GAUCHET, « La société d'insécurité. Les effets sociaux de l'individualisme de masse », dans J. DONZELOT (dir.), *Face à l'exclusion. Le modèle français*, Editions Esprit, 1991, p. 169-187.
3. M. PORRET, *Beccaria et la culture juridique..., op. cit.*

14

L'« insécurité » vue d'ailleurs.
Courriers de l'Oise

Les premières années du XXᵉ siècle furent marquées, on l'a dit, par l'irruption de ce qu'un chroniqueur bien inspiré nomma en 1903 le « malaise de la sécurité publique[1] ». Sous la convergence encore largement inédite d'une presse de masse, avide de tirages et de prestige social, et d'une démocratie parlementaire, crime et délinquance furent en effet désignés comme des risques majeurs de la cité et vinrent alimenter, aux sources du discours sécuritaire contemporain, une rhétorique obsessionnelle et déversoir. Fondés sur une exploitation souvent grossière de la statistique judiciaire et du danger qu'incarnaient les deux figures complémentaires de l'apache et du vagabond – le jeune délinquant des villes et l'antique chemineau des campagnes –, des propos ulcérés tendirent à présenter le pays comme une citadelle assiégée par les hordes de l'« armée du crime ». Portée par les grands titres de la presse nationale, cette scénographie alarmiste privilégiait surtout la situation parisienne ou celles de quelques grandes villes comme Marseille, Bordeaux, Nantes ou Toulouse. On signalait bien sûr l'existence de nombreux vagabonds et de quelques bandes organisées en milieu rural, comme celle d'Abel Pollet dans

---

1. *Revue pénitentiaire*, 1903, p. 280.

le Nord ou des nouveaux « chauffeurs » dans la Drôme, mais la menace était surtout urbaine, focalisée sur la figure toute-puissante du « rôdeur » des faubourgs ou de sa compagne du trottoir. Que pesaient de telles images dans un pays encore très majoritairement rural, attaché au rythme villageois, au cycle des travaux agricoles ou aux « cloches de la terre[1] » ? Comment les questions de crimes et d'insécurité, largement tributaires de l'effervescence tapageuse des rédactions parisiennes, furent-elles perçues, analysées et surtout reformulées dans des départements ruraux où l'inquiétude, nécessairement, se posait en d'autres termes ? Loin, mais sans trop, des fracas de la capitale, l'Oise offre un bon exemple où mesurer l'incidence d'une telle agitation sur le « pays réel ».

Le cours ordinaire du crime

A en croire les journaux départementaux, dont les collections ont été consultées pour quelques années clés[2], la question de la « sécurité publique » ne se posa guère, à Compiègne ou Beauvais, en termes très pressants. Le crime pourtant occupait dans les feuilles locales une traditionnelle et confortable position. Souvent très nombreux, les faits divers criminels y relevaient de cette triple approche qui caractérise habituellement la presse d'arrondissement. La première était constituée de cet « infiniment petit » du fait divers, nouvelles « en trois lignes », articulets ou entrefilets relatés en rubriques et le plus souvent en page trois. C'est l'univers des vols d'artichauts ou des incendies de meules, du braconnage et des délits de chasse, des rixes et des « exploits » d'ivrognes, parfois même de querelles plus sanglantes, comme celles qui opposaient à Beauvais les ouvriers belges à leurs collègues français, ou à Creil les apprentis

---

1. Alain CORBIN, *Les Cloches de la terre. Paysage sonore et culture sensible au XIXᵉ siècle,* Albin Michel, 1993.
2. 1901-1902, 1907-1908 et 1911-1912.

verriers entre eux[1]. Si elle pouvait nourrir les conversations et constituer le socle d'une véritable culture de l'ordinaire, cette multitude de brèves et d'occurrences sans relief n'était, ici pas plus qu'ailleurs, capable d'alimenter la chronique sécuritaire. Plus inquiétante, la deuxième strate se composait de ces crimes ou délits susceptibles d'émouvoir l'« opinion » : cambriolages spectaculaires, comme celui de la bijouterie de l'Orangerie à Compiègne, où d'« audacieux » malfaiteurs s'emparèrent de 10 295 francs de bijoux[2], ou comme ceux effectués par la bande de pilleurs d'églises qui opéra à Libermont en 1908[3] ; meurtres et assassinats surtout, qu'il s'agisse d'infanticides, de drames de la passion ou d'affaires crapuleuses, à l'image de l'abominable crime d'Ognolles, en 1907, où une rentière de quatre-vingt-onze ans est dévalisée et assassinée dans son domicile[4]. Autant d'affaires qui pouvaient parfois donner lieu à un article de tête et accéder ainsi aux honneurs de la une. Plus classique et plus « noble », le troisième niveau était constitué de la chronique judiciaire. Affaires correctionnelles bien sûr, mais aussi et surtout les sessions périodiques de la cour d'assises de Beauvais qui bénéficiaient toujours de longs et minutieux comptes rendus, le plus souvent en première page.

Quel que fût cependant le type de relation, le ton en restait presque toujours celui du récit pittoresque, marqué par le réalisme, voire la sauvagerie de la description, le sens du détail ou le souci de l'édification. Multiplier les faits divers en effet, même les plus sanguinaires, ne signifiait pas pour autant activer les mises en scènes de l'insécurité. Plus que le nombre, ce sont ici les formes et les mots qui importent. Conservant l'éclairage à la fois horrifié et naïf hérité des canards, la plupart des faits divers relatés continuaient de porter sur le crime un regard simple et cru, soucieux avant tout de moraliser ou d'édifier. Sans doute certaines histoires de rôdeurs étaient-elles parfois rapportées, on le

---

1. *La Gazette de l'Oise*, 13 juin 1907.
2. *La Dépêche de l'Oise*, 22 janvier 1908.
3. *La Gazette de l'Oise*, 17 décembre 1908.
4. *La Gazette de l'Oise*, 14, 15 et 16 avril 1907.

verra, avec des accents irrités, mais la plupart des récits, exempts de commentaires périphériques, se contentaient de rendre compte de cette criminalité d'occasion, familiale ou domestique, passionnelle ou impulsive, qui donnait rarement prise à des propos exaspérés ou alarmistes.

Un bon indice de ces pratiques « archaïques » est fourni par l'usage du terme « apache ». On a rappelé en effet combien cette expression, lancée par les journaux parisiens en 1900, s'imposa très rapidement comme le principal motif capable de cristalliser l'anxiété. Or on est frappé, à la lecture de la presse départementale, du très faible emploi d'un terme devenu dans la presse nationale un vocable à la mode. Ainsi ces jeunes voyous qui, en mai 1907, traînent en bande dans les rues de Mouchy-Saint-Eloi et y tirent même quelques coups de revolver, ne sont pas des apaches[1]. Pas plus d'ailleurs que cette troupe de jeunes noctambules compiégnois qui, en novembre de la même année, fait du tapage au bal Pinson et finit par en blesser le gardien[2]. Plus étonnant, cet ouvrier peintre de dix-neuf ans, souteneur à l'occasion, qui assassine en août 1907 un bourgeois attardé sur le boulevard du Cours à Compiègne, n'est pas non plus qualifié d'apache[3]. Les choses tendirent cependant à changer, lentement. Ainsi à Buny près de Clermont, en septembre 1907, la bande de « jeunes vauriens » et de jeunes « crapules » dite bande Saint-Epin est bien composée, elle, d'authentiques apaches[4]. L'emploi du terme dès lors progressa légèrement. En février 1911 par exemple, ce sont bien des apaches qui brisent les vitres et agressent des spectateurs du café-concert, place de la République à Noyon[5]. Mais l'on reste très loin cependant de l'hystérie anti-apache qui sévit alors dans la presse à grand tirage.

A quelques exceptions près, donc, on ne trouve dans la presse locale ni ce « reportérisme » outrancier, ni cet alar-

---

1. *La Gazette de l'Oise*, 7 mai 1907.
2. *La Dépêche de l'Oise*, 15 novembre 1907.
3. *La Gazette de l'Oise*, 27 août 1907.
4. *La Gazette de l'Oise*, 10 septembre 1907.
5. *La Dépêche de l'Oise*, 17 février 1911.

misme intempestif qui caractérisent par ailleurs les campagnes sécuritaires de la presse à grand tirage. Il n'existait du reste que bien de peu de reporters dans une presse qui, par tradition comme par nécessité, maniait davantage le ciseau et la colle que le carnet de route. L'aventure de Jules Tollaire, rédacteur au *Moniteur de l'Oise* de Beauvais, qui fit scandale en 1906 en refusant, au nom du secret professionnel, de révéler au juge d'instruction la source des informations inédites qu'il avait utilisées dans son reportage sur l'assassinat d'une rentière à Ons-en-Bray[1], demeure un cas bien isolé. La question du crime et de la délinquance ne donnait d'ailleurs que très rarement lieu à des éditoriaux ou des articles de fond. Signalant par exemple la présence à Compiègne, en février 1908, d'une bande de cambrioleurs professionnels et « tournants », déjà repérée dans les environs de Saint-Quentin et de Château-Thierry, les rédacteurs se contentent, hors de tout alarmisme, de mettre en garde les habitants en diffusant le signalement de l'un des malfaiteurs[2]. Seul l'énorme impact provoqué, en mars 1912, par le cambriolage meurtrier de la Société générale de Chantilly, second grand « exploit » de la bande à Bonnot, provoqua dans certaines feuilles une débauche d'interviews, d'enquêtes, de comptes rendus[3]. Ici comme ailleurs, chacun crut voir, une semaine durant, des « autos grises » un peu partout. Mais le sentiment dominant releva davantage de la stupeur ou de l'abattement que de l'alarmisme exaspéré.

Effets de médiatisation

Celui-ci toutefois progressa par petites touches, comme si les rédacteurs des feuilles locales s'étaient progressivement

---

1. *Revue pénitentiaire*, 1906, p. 1260-1264. Condamné en justice, le journaliste s'efforça de saisir, en vain, le Comité général des associations de presse, mais provoqua sur cette question du « secret professionnel » un débat assez vif qui divisa la profession.
2. *La Dépêche de l'Oise*, 16, 18 et 21 février 1908.
3. Cf. notamment *La Gazette de l'Oise*, 28 mars au 10 avril 1912.

sentis contraints, sous la pression d'un contexte insistant, de recourir à cette rhétorique envahissante qui faisait les choux gras de la presse nationale. « Décidément, les routes n'offrent plus, même en plein jour, la moindre sécurité. En voici une preuve de plus... », note un journaliste qui relate une agression commise à Trumilly par quelques « garnements »[1]. Effets de médiatisation, ces propos apparaissaient cependant largement déplacés, et artificiellement plaqués sur les réalités locales. Il en est de même de l'écho donné, dans la presse départementale, aux plus retentissantes des affaires nationales, relatées en quelques lignes et le plus souvent « entre deux numéros » (c'est sous ce titre que *La Dépêche de l'Oise* qui, comme beaucoup de journaux d'arrondissements, ne paraissait que trois fois par semaine, regroupait les événements « marquants » survenus dans l'intervalle de ses éditions). En 1907, au plus fort des campagnes anti-apaches, les principaux journaux de l'Oise consacrèrent quelques articles à l'insécurité grandissante du pays. « Plusieurs de nos départements du Nord, certains quartiers de Paris et la plupart de nos grandes capitales provinciales sont, en ce moment, la proie de véritables bandes organisées qui y volent, violent, cambriolent, assassinent à indiscrétion [*sic*]. Ce ne sont pas là, comme on pourrait croire, racontars de journaux avides d'informations sensationnelles », écrit par exemple *La Gazette de l'Oise* en mars[2]. En septembre, un rédacteur de *La Dépêche de l'Oise* y alla aussi de son éditorial sur « La question des apaches[3] », simple décalque des articles quotidiens du *Matin* ou du *Petit Parisien*. Après avoir décrit la « terreur » sévissant dans ces villes où personne n'ose sortir (Paris, Marseille), le journaliste concluait : « Il en résulte une véritable crise de la sécurité publique. » Tant dans l'analyse du phénomène (l'impunité des criminels, la faiblesse de la répression[4]) que dans le choix des remèdes préconisés (lutter

---

1. *La Gazette de l'Oise*, 12 février 1907.
2. *La Gazette de l'Oise*, 12 mars 1907.
3. *La Dépêche de l'Oise*, 13 septembre 1907.
4. Cf. par exemple *La Gazette de l'Oise*, 14 mars 1912.

contre le « sot humanitarisme » qui consiste à « dorloter les gredins », reléguer, c'est-à-dire pratiquer « l'amputation du membre irrémédiablement gangrené », et rendre pour les autres la prison moins confortable[1]), ces articles se contentaient de relayer les propos les plus rebattus de la presse nationale. Dans le sillage des journaux parisiens, *La Dépêche de l'Oise* alla jusqu'à recommander le recours au fouet, seul remède efficace contre « cette armée de jeunes malandrins qui apprennent chaque nuit leur métier d'assassins en essayant leurs couteaux dans le dos des passants attardés[2] ». Mais ces propos, qui relevaient de l'impératif de représentation, apparaissaient toutefois étrangement extérieurs, et comme plaqués sur les réalités locales.

Deux thèmes allaient cependant s'imposer peu à peu, et permettre d'adapter la situation locale à l'horizon sécuritaire grandissant. Comme partout ailleurs dans les campagnes, la question du vagabondage et du nomadisme constituait dans l'Oise une hantise quotidienne. « Déchet social[3] », « parasite » du monde rural, le vagabond y était en effet périodiquement dénoncé comme le péril suprême, et ses diverses incarnations – roulants, trimardeurs, chemineaux ou bohémiens – étaient accusées de tous les maux. Ecoutons un rédacteur de *La Gazette de l'Oise* en septembre 1907 : « Devant cette armée de nomades et de mendiants en face desquels les maires des communes restent impuissants, les campagnes n'auront bientôt plus rien à envier à la sécurité des villes[4]. » Conquérante à l'échelle nationale, la question de la sécurité des campagnes pouvait ainsi trouver un écho dans le département. Ne retrouvait-on pas de temps à autre, dans la forêt de Chantilly, le cadavre d'un chemineau lardé de coups de couteau[5] ?

---

1. Les apaches amiénois n'ont-ils pas « la perspective d'une retraite de repos et de méditation dans la salubre retraite de la route d'Albert » ? *La Dépêche de l'Oise*, 13 septembre 1907.
2. *La Dépêche de l'Oise*, 22 mai 1908.
3. Dr PAGNIER, *Un déchet social, le vagabond. Ses origines, sa philosophie, ses formes*, Vigot, 1910. Sur cette question, voir J.-F. WAGNARD, *Le Vagabond à la fin du XIXᵉ siècle, op. cit.*
4. *La Gazette de l'Oise*, 24 septembre 1907.
5. *La Gazette de l'Oise*, 21 mars 1907.

N'était-ce pas également, en mai 1907, un trimardeur qui avait violé une jeune fille à Ansauvilliers[1] ? Et un chemineau, encore, qui avait tenté de voler et de tuer, en 1908, une débitante de Vignemont : « On suppose que c'est par un individu de cette catégorie que le coup a été fait[2]. » « L'opinion publique est justement surexcitée, résume un journaliste. Elle se dit, avec raison, que depuis quelque temps, notre région se singularise d'une façon plutôt malheureuse. [...] Les honnêtes gens ont droit à plus de sécurité [...] C'est à la canaille de trembler[3]. »

Le pire résidait cependant dans la venue de ces nomades du Nord, ces « trimardeurs septentrionaux », véritable « armée truante[4] » composée surtout d'étrangers, bohémiens, romanichels, « Serbes de Bosnie et d'Herzégovine[5] », que refoulaient les autorités belges ou allemandes et dont le sillage sinistre était ponctué d'innombrables méfaits : viols et vols, incendies de meules, déprédations de toute sorte. A mesure que progressaient les travaux parlementaires qui devaient aboutir au vote de la loi sur la circulation des nomades en juillet 1912, les positions défendues par la presse locale tendirent en effet à se faire plus tranchées et xénophobes. En janvier 1912 par exemple, *La Gazette de l'Oise* consacrait à « La sécurité des campagnes » un très vigoureux éditorial, qui réclamait contre les roulants, trimardeurs et autres « apaches de la grand-route » la plus énergique répression. On tonnait surtout contre les plus dangereux d'entre eux, les romanichels, ces « nomades venant de l'étranger [...]. C'est contre eux qu'il faut surtout défendre nos campagnes[6] ». Point d'étonnement dans ces conditions à ce que la loi de juillet 1912, pourtant si discriminatoire (distinguant les nomades étrangers des autres « ambulants », elle leur imposait la possession d'un carnet

---

1. *La Gazette de l'Oise*, 14 mai 1907.
2. *La Dépêche de l'Oise*, 3 janvier 1908.
3. *La Gazette de l'Oise*, 21 mars 1907.
4. *La Gazette de l'Oise*, 9 mai 1907.
5. *La Dépêche de l'Oise*, 5 mai 1907.
6. *La Gazette de l'Oise*, 6 janvier 1912.

anthropométrique), fut largement applaudie par la presse
locale. Parce qu'on « ne peut traiter sur le même pied les
romanichels qui sont tous suspects et les commerçants
honorables dont le genre de négoce comporte une circulation constante sur les grandes routes[1] », il fallait une loi qui
« écrase les débris du passé [...] les nomades [...] ces
attardés en qui les instincts originels ont été émoussés [...]
Il n'y aura plus de nomades, on s'en consolera », conclut
un journaliste[2].

Largement partagée dans le reste du pays, une telle opinion ne saurait surprendre. Faut-il pour autant en conclure
que la question du nomadisme ait particulièrement agité la
vie du département ? Sans doute assista-t-on ici et là à
quelques troubles et scènes violentes. En septembre 1906
par exemple, c'est la fourche à la main que paysans et pompiers de campagne pourchassèrent une bande de bohémiens[3]. La question cependant ne semble guère avoir été
débattue lors des séances de la Société des agriculteurs de
l'Oise[4], alors que l'on sait combien, lorsqu'il se posait en
termes aigus, ce problème était au centre des débats des
chambres d'agriculture[5]. Et l'on ne trouve guère de traces,
dans les délibérations du Conseil général, de vœux émis
en ce sens, pratique pourtant régulièrement attestée dans
d'autres départements[6]. Si le rejet des nomades était alors
un des sentiments les mieux partagés dans les campagnes
françaises, les propos développés par la presse relevaient
surtout du souci médiatique de faire converger la croyance
locale et l'actualité nationale.

Le second grand motif d'inquiétude provenait de l'existence, dans le sud du département, d'une délinquance
urbaine et semi-professionnelle, qui devait beaucoup à la

---

1. *La Gazette de l'Oise*, 29 juin 1912.
2. *La Gazette de l'Oise*, 25 juin 1912.
3. *Le Correspondant*, 25 octobre 1907. Cité par François Vaux de Foletier,
Les Bohémiens en France au XIXᵉ siècle, Lattès, 1981, p. 165.
4. *La Dépêche de l'Oise*, 18 janvier 1911.
5. Cf. par exemple le syndicat des agriculteurs de Pithiviers, le 27 mai 1905
(AN, BB18 2311).
6. Conservé dans la sous-série BB18 des Archives nationales.

proximité de Paris. On signalait ainsi les cambriolages à répétition qui affectaient les environs de Senlis[1], et dont certains, commis à l'encontre de rentiers ou de vieillards sans défense, dégénéraient parfois en assassinats. La tentative d'assassinat contre deux vieillards commise à Lamorlaye en janvier 1907 en fournissait un spectaculaire exemple[2]. Portés par leur plume, certains journalistes inquiets en vinrent à dénoncer ces jeunes vauriens, véritables « bandits de grande route », qui écumaient les forêts de Senlis[3]. Mais c'est surtout à Creil et dans ses environs, où existait un « milieu peu intéressant », « un monde tout à fait spécial » de souteneurs et de voyous[4], que la situation paraissait la plus préoccupante. Ville ouvrière, marquée de surcroît par la présence de nombreux travailleurs étrangers (Belges pour la plupart) et située à une heure de train de Paris, l'agglomération de Creil-Montataire-Nogent fut rapidement désignée comme une zone à risque. N'y voyait-on pas régulièrement s'y succéder les rixes et parfois même les règlements de comptes[5] ? Ce fut en mai 1908 cependant que ces frayeurs trouvèrent un objet à leur mesure. On découvrit en effet qu'une bande de malfaiteurs parisiens, dirigée par un certain Pierre Vassière, avait établi son repaire au bac de Verneuil, chez un débitant nommé Havard. Appartenant à la « terrible » bande du quartier Mouffetard à Paris, où ils se livraient au proxénétisme et au vol à main armée, ces apaches effectuaient chaque jour la navette entre Paris et Verneuil, où ils venaient se reposer le soir et se livrer « à des orgies insensées avec le fruit de leurs rapines et de leurs entôlages ». Chef redoutable, Vaissière n'allait-il pas jusqu'à hypnotiser les six femmes qui arpentaient pour lui le trottoir parisien[6] ? On le voit, Fantômas et Zigomar n'étaient pas loin ! Que l'agglomération creilloise

---

1. *Le Réveil de l'Oise*, 12 janvier 1912.
2. *La Gazette de l'Oise*, 19 janvier 1907.
3. *La Gazette de l'Oise*, 7 mars 1907.
4. *La Gazette de l'Oise*, 10 septembre 1907.
5. *La Gazette de l'Oise*, 10 septembre 1907.
6. *La Dépêche de l'Oise*, 30 mai 1908.

puisse servir de refuge aux malfaiteurs parisiens devint dès lors une crainte récurrente. N'était-ce pas d'ailleurs à Nogent-sur-Oise, en janvier 1911, qu'avait été capturé Bouboule, le meurtrier d'un contremaître parisien[1] ? A Creil, où se multipliaient les rixes à coups de couteau, une bande d'apaches, embusqués sur le pont, se spécialisa en 1911 dans l'attaque nocturne des promeneurs attardés[2]. Et la même année 1911 s'ouvrit à Beauvais le procès des « Bandits de Montataire », douze compères que l'on accusait de dix-huit vols qualifiés et de cambriolages (usines, églises, magasins, villas) commis dans la région entre 1904 et 1911[3].

Le 12 juin 1913, le procureur général du ressort d'Amiens se fit l'écho de ces inquiétudes et transmit à la Chancellerie un rapport sur la question[4]. La situation selon lui s'expliquait par une raison simple : aucune des interdictions de séjour prononcées par les tribunaux de la Seine n'incluait Creil et ses alentours dans la liste des villes prohibées. Or, à raison de quarante-sept trains quotidiens entre Paris et Creil et d'un trajet d'une heure à peine, bien des « interdits » de la capitale élisaient domicile à Creil. « La population honnête et laborieuse du canton de Creil se trouve envahie et débordée par le flot sans cesse grossissant de gens tarés, d'escarpes et de souteneurs dont la proximité dans les ateliers et les usines est des plus funestes pour les jeunes générations ouvrières », poursuivait le magistrat, qui soulignait que la majorité des délits commis dans l'agglomération était l'œuvre d'étrangers, d'interdits de séjour et de bandits de la capitale. Transmise au ministère de l'Intérieur, la requête fut acceptée le 1er septembre 1913 et l'on inclut à compter de cette date les trois villes en question dans les interdictions de séjour prononcées par les tribunaux de la Seine.

---

1. *La Dépêche de l'Oise*, 15 janvier 1911.
2. *La Dépêche de l'Oise*, 8 mars 1911.
3. *La Dépêche de l'Oise*, 4 octobre 1911.
4. AN, BB18 2250.

Le contentieux de Château-Thierry

Creil excepté (mais la situation y apparaissait davantage comme une excroissance parisienne que comme une réalité locale), le « malaise de la sécurité publique » demeura dans le département un motif marginal, qui ne parvint pas à polariser l'attention. Est-ce à dire que l'état de la criminalité interdisait dans l'Oise toute exacerbation du thème ? Outre qu'insécurité « réelle » et insécurité ressentie sont loin d'entretenir des relations aussi simples et linéaires, la question paraît extrêmement malaisée à dénouer. Car, si la France dispose depuis 1825 d'une statistique judiciaire continue et relativement homogène, on sait combien celle-ci est incapable de rendre compte de la marche « objective » du crime ou de la délinquance. Etablis par la Chancellerie dans le cadre des parquets, ses tableaux ne reflètent en effet que l'activité et le rendement des services judiciaires (affaires jugées ou enregistrées). Ses modulations traduisent donc bien davantage l'évolution des sensibilités, des normes ou des seuils de tolérance (sans parler de l'efficacité policière) que celle de la criminalité « réelle ». Son examen cependant demeure riche d'enseignements, car c'est le plus souvent à son aune que se faisaient les déclarations les plus alarmistes.

A l'exception des suicides et des viols d'enfants, où le département occupe de longue date une position privilégiée[1], la criminalité enregistrée semble celle d'un départe-

---

1. L'Oise est en effet (avec la Seine, la Marne et la Seine-et-Oise) l'un des départements où l'on se suicide le plus. De 1830 à 1879, la moyenne annuelle y est de 28 suicides pour 100 000 habitants contre 11 à l'échelle nationale. Et le phénomène s'accrut dans les années qui suivirent : 46,75 suicides en moyenne pour 100 000 habitants pour la période 1881-1900, alors que le taux était de 20,25 en Charente, 19,5 dans le Pas-de-Calais, 11,75 dans l'Allier, 7 dans le Tarn (27 en moyenne nationale). Même phénomène en ce qui concerne les viols d'enfants (12,20/100 000 habitants contre une moyenne nationale de 7,61 en 1891-1895), à moins que l'on n'invoque ici une sensibilité exacerbée et propre à susciter des plaintes plus nombreuses. *Compte général de l'administration de la justice criminelle* (*CGAJC*), *passim*.

ment ordinaire, très semblables en cela à ses voisins de la Somme et de l'Aisne. Le taux d'homicide par exemple, ce critère décisif en matière de sécurité, y est dans les dernières années du XIXᵉ siècle (1891-1895) à peine supérieur à celui de la moyenne nationale (1,59 pour 100 000 habitants contre 1,24 dans l'ensemble du pays), mais sensiblement égal à celui observé dans l'ensemble des départements ruraux du nord du Bassin parisien, et bien inférieur à ceux enregistrés à Paris (2,44), dans les Bouches-du-Rhône (10, 68) ou en Corse (22)[1]. Et les années qui suivirent n'enregistrèrent aucune rupture sensible. La petite dizaine de meurtres ou d'assassinats jugés chaque année à Beauvais faisait du département un espace de criminalité ordinaire, peu affecté par les pics temporaires observés alors à Marseille ou Paris, et très représentatif des régions rurales situées au nord de la Seine. Le phénomène est similaire en ce qui concerne les autres types de crimes, vols, abus de confiance ou coups et blessures, avec un taux de récidive sensiblement égal à la moyenne nationale. Quant aux délits jugés en correctionnelle, ils témoignent dans leur diversité d'une grande stabilité : environ deux mille cinq cents affaires annuelles, où domine une petite délinquance ordinaire et rurale (délits de chasse et de pêche, coups et blessures, outrages à agents, vagabondage, etc.).

Sans doute les sources consultées ne permettent-elles pas d'affirmer que la crise sécuritaire de ce début de siècle ne trouva dans le département qu'un écho très assourdi. Il serait pour cela nécessaire de recourir de façon plus systématique aux rapports des préfets et sous-préfets, aux délibérations du conseil général et des divers conseils municipaux, aux vœux régulièrement émis par les associations professionnelles et corporatives (agriculteurs et chambres de commerce notamment), voire aux professions de foi des candidats aux divers mandats électoraux. L'entreprise risque fort de n'enregistrer cependant que des résultats médiocres. Outre que la question, si elle s'était posée

---

1. *CGAJC*, 1898.

en des termes plus aigus, aurait immanquablement suscité des échos dans la presse départementale, l'analyse des débats nationaux montre que, dans l'extrême agitation entretenue alors autour de l'insécurité, le moindre événement exploitable bénéficiait d'une immédiate promotion dans la presse populaire, friande de « récits vrais », mais aussi dans les journaux spécialisées comme *La France judiciaire*, la *Revue pénitentiaire*, ou *L'Œil de la police*, voire dans l'enceinte même du Parlement.

Les conditions pourtant n'étaient pas défavorables à une exploitation du thème sécuritaire. Outre le substrat d'inquiétude que constituaient la question récurrente du nomadisme et les concentrations ouvrières de Beauvais et de Creil, il existait, sinon dans l'Oise, du moins dans la cour d'appel d'Amiens, un contentieux judiciaire propre à alimenter la « crise de la répression », dont on a vu plus haut combien elle était au cœur du dispositif sécuritaire. Président du tribunal de Château-Thierry, le « bon juge » Paul Magnaud attirait en effet de longue date sur sa personne les foudres des tenants d'une répression plus musclée[1]. Il s'était rendu célèbre le 4 mars 1898 par un jugement du tribunal de Château-Thierry qui acquittait Louise Ménard, ouvrière au chômage, mère de plusieurs enfants, et qui, poussée par la misère et la faim, s'était rendue coupable de vol. Récidiviste, le juge Magnaud multiplia dès lors les arrêts similaires, défendant une interprétation extensive de l'article 64 du Code pénal qui donnait au juge et au jury une très grande liberté d'interprétation[2]. En mai 1899, il adressa à la Chambre deux pétitions afin que soient désormais prises en compte, dans cet article du code, les « nécessités de l'existence » et que les circonstances atténuantes soient

---

1. A. Rossel, *Le Bon Juge, op. cit.*
2. « Il n'y a ni crime ni délit, lorsque le prévenu était en état de démence au temps de l'action ou lorsqu'il a été contraint par une force à laquelle il n'a pas pu résister, ou encore par les inéluctables nécessités de sa propre existence ou de celle des êtres dont il a légalement et naturellement la charge. » Voir sur ce point la *Revue pénitentiaire*, 1899, p. 642 *sq.* Sur la genèse et l'émergence de ces idées, voir Jean Guillouard, *De l'état de nécessité et du délit nécessaire*, Caen, Lanier, 1902.

élargies en « droit de pardon ». Alexandre Millerand et Emile-Louis Morlot (lui-même député radical-socialiste de Château-Thierry) les transformèrent en proposition de loi, dite « loi de pardon », qui modifiait l'article 463 du Code pénal en donnant au juge le pouvoir de prononcer l'absolution du prévenu, même si les faits qui motivaient la poursuite étaient reconnus exacts[1]. La proposition, renvoyée en commission, ne fut jamais mise à l'ordre du jour. Elu député de Paris en 1906, siégeant dans les rangs de la gauche radicale (mais il avait été élu avec les voix socialistes, y compris celles des socialistes révolutionnaires), Paul Magnaud présenta à la Chambre une vaste proposition de réorganisation judiciaire, qui prônait notamment l'élection des magistrats, la démocratisation du recrutement des jurés et leur introduction dans les tribunaux correctionnels[2]. Le « bon juge » Magnaud n'abandonna pour autant jamais ses idées qui, en remettant partiellement en cause le droit de punir, dessinaient une sorte de version de gauche de la « défense sociale », et synthétisaient assez bien les conceptions en la matière des socialistes et d'une large partie des radicaux[3].

On comprend dans ces conditions que Paul Magnaud soit rapidement devenu la bête noire des tenants du « tout répressif » et des contempteurs d'un « humanitarisme » perçu comme le principal responsable de l'accroissement supposé de la criminalité. A Amiens, l'on s'efforçait d'interjeter appel après chacun de ses arrêts « scandaleux ». Et lorsque, en mai 1912, pressé par la fronde du procureur Loubat, le garde des Sceaux Briand lança l'enquête précédemment évoquée sur la « crise de la répression », la réponse amiénoise fut sans équivoque. Oui, la crise existe bel et bien, répondit le procureur général d'Amiens, et l'on vit aujourd'hui une « jurisprudence de la faiblesse ». Parmi les principales causes évoquées par le magistrat figuraient notamment l'« effacement du principe d'autorité », l'in-

---

1. *J.O.*, *Chambre, Documents*, 1906, annexe nᵒ 2996, p. 75-78.
2. *J.O.*, *Chambre, Débats*, 26 décembre 1906, p. 3427 *sq.*
3. Sandrine LOGEAIS, *La Gauche et la justice pénale (1870-1940)*, DEA, université de Paris VII, 1988, p. 62-63 et p. 124-136.

fluence néfaste de la politique et surtout la multiplication de « lois émollientes » appliquées par des magistrats trop laxistes [1]. On pouvait difficilement être plus clair pour régler les comptes avec le trop populaire juge de Château-Thierry. Dans l'Oise en tout cas, rien ne semble venir à l'appui de la thèse de la faiblesse. La statistique des peines de relégation, unanimement reconnue comme l'étalon suprême en matière répressive, ne se manifeste guère par son indulgence. Et que dire de ce jugement, prononcé en 1907 par la chambre correctionnelle de Senlis, qui condamnait à dix-huit mois, treize mois et un an de prison ferme, assortis de dix ans d'interdiction de séjour, trois jeunes « chenapans » coupables d'avoir filouté un cafetier et délesté un manœuvrier de deux mouchoirs et de deux pièces de 40 sous [2] ?

En dépit d'un terrain favorable, et de quelques poussées de fièvre alarmistes, l'Oise ne fut donc guère affectée par l'émotion sécuritaire qui enflammait au même moment la scène parisienne ou celles de Marseille et de Lyon. Deux raisons principales expliquent cette retenue. La première tient à l'absence d'organes de presse désireux ou tout simplement capables de prendre en charge la question, de s'engager dans de tapageuses campagnes d'« intérêt général », éléments indispensables à la constitution d'un enjeu sécurité. Dans le Doubs par exemple, ou en Ille-et-Vilaine, l'existence de titres plus dynamiques ou ambitieux comme *Le Petit Comtois* ou *L'Ouest-Eclair* fut pour beaucoup dans la constitution et la radicalisation d'une conscience sécuritaire mieux affirmée [3]. L'autre raison tient à l'absence de

---

1. AN, BB18 2491.
2. *La Gazette de l'Oise,* 7 mars 1907.
3. Manuel NARDIN, « Le crime et *Le Petit Comtois,* 1880-1914 », dans A. STORA-LAMARRE (dir.), *Archives de la peur. Les populations à risque dans la Franche-Comté du XIXe siècle,* Besançon, Presses universitaires franc-comtoises, 2000 ; Karen JEGO, *Les Enquêtes journalistiques dans les journaux rennais,* maîtrise d'histoire, université de Rennes II, 2002 ; Michel LAGRÉE *et al.* (dir.), *L'Ouest-Eclair. Naissance et essor d'un grand quotidien régional, 1899-1933,* Presses universitaires de Rennes, 2000.

relais institutionnels ou politiques susceptibles d'exploiter la question, faute desquels l'horizon sécuritaire est rapidement appelé à se rétrécir. Les mises en garde de Célestin Bouglé, qui dénonça dans *La Gazette de l'Oise* les dangers d'une utilisation politique du contexte criminel, notamment par ceux qui, à droite, associaient école sans Dieu et démoralisation du pays [1], valaient sans aucun doute pour la presse nationale, mais guère pour les journaux locaux. Durant l'affaire Bonnot en 1912, *Le Réveil de l'Oise*, feuille catholique et antisémite, s'efforça bien d'expliquer que « Garnier et Bonnot devaient avoir des relations avec certains agents gouvernementaux, anciens collaborateurs des anarchistes [2] », mais l'argument était trop gros pour porter. Sans doute certains lecteurs impressionnables purent-ils estimer la sécurité menacée, comme ce bourgeois de Soissons, dans le département voisin de l'Aisne, qui écrivit en 1913 au garde des Sceaux pour lui dire son inquiétude : que valent, face à des délinquants toujours plus nombreux, des gardes champêtres qui n'ont pas d'armes, des gendarmes qui ne se dérangent pas, une police « qui n'intervient pas vu qu'elle a peur d'eux » et des juges trop indulgents ? « Monsieur le Ministre, écrivait l'auteur en conclusion, je vous prie sincèrement de faire appliquer la loi dans toute sa rigueur pour la sécurité publique [3]. » Pour l'essentiel cependant (et sans doute fut-ce là aussi la réalité de bien des départements ruraux du pays), on se montra ici beaucoup plus attentif à la vie chère, à la propagation de la fièvre aphteuse ou aux exploits des sauveteurs de l'Oise qu'à ceux de ses apaches présumés. Ce qui apparaît, somme toute, comme un gage de bon sens.

---

1. « Le crime, l'école et la famille », *La Gazette de l'Oise*, 2 avril 1912.
2 *Le Réveil de l'Oise*, 24 mai 1912.
3 AN, BB18 2513.

15

Délinquance et insécurité aux XIXe et XXe siècles : une perspective

Promue depuis le milieu des années 1970 au rang de préoccupation essentielle des Français et d'enjeu politique majeur, la question de la délinquance urbaine et de l'insécurité s'inscrit pourtant dans une histoire longue, complexe, et largement constitutive de son état actuel. Sans doute cet objet est-il malaisé à historiser. Parce que, comme toute atteinte mettant en jeu l'intégrité du corps ou de la sécurité personnelle, il supporte mal le relativisme qu'introduit nécessairement la problématique historique. En matière de crime ou de sécurité, on perçoit et commente les dégradations, rarement les améliorations, et l'approche du phénomène se fait généralement en termes « absolus ». S'y ajoutent les difficultés liées à une définition historiquement pertinente de la violence ou des réalités criminelles, dont la définition ou les appréciations varient au gré des normes, des seuils de tolérance ou de sensibilité. Les choses se compliquent encore lorsque l'on introduit la notion d'insécurité, élément essentiel, mais à la polysémie redoutable. Quatre niveaux de compréhension semblent en effet s'y croiser : le plus évident concerne la peur du crime, les perceptions et sentiments individuels ou collectifs que peuvent engendrer les menaces ou les risques criminels. Mais le terme est également employé pour signaler d'autres réalités : la préoccupation du crime, qui traduit moins des sentiments que des certitudes, des discours, des convictions idéologiques ; l'ensemble des pratiques, sociales, institutionnelles, économiques, liées à la gestion de cette préoccupation (tout le volet de l'industrie de la sécurité privée par exemple) ; enfin la délinquance ou la pression criminelle qui affectent une communauté, et qui se voient de plus en plus qualifiées du même terme d'insécurité, à tout le moins sur le plan médiatique. En dépit de ces difficultés, la compréhension historique du phénomène a largement progressé depuis une dizaine d'années, fruit du travail des historiens, mais aussi des sociologues, qui ont perçu tout l'intérêt d'une historicisation du phénomène[1]. Limitant le propos à l'époque contemporaine, on présentera d'abord la chronologie assez discontinue dans laquelle s'inscrit le phénomène avant d'évoquer brièvement les raisons de sa difficile objectivation ainsi que les différents types de réactions auxquelles il a donné prise.

Deux siècles d'insécurité ?

C'est sous les monarchies censitaires (1815-1848) que se dessinent, en France, les problématiques modernes de l'insécurité. Dès la fin de la Restauration semblent en effet converger trois phénomènes principaux. Entamé depuis la fin du Moyen Age, le transfert s'accélère de l'ancienne criminalité rurale ou des grands chemins vers les zones urbaines. Ce basculement précipite également l'identification de la menace criminelle sous les traits des nouvelles couches de migrants prolétarisés et entassés dans les faubourgs ou les quartiers paupérisés des grandes villes. Longtemps perçue en termes individuels ou comme le produit

---

1. Voir notamment Hugues LAGRANGE, *La Civilité à l'épreuve. Crime et sentiment d'insécurité*, PUF, 1995, ainsi que P. ROBERT, *Le Citoyen, le crime et l'État*, *op. cit.*

de réalités d'exception, la délinquance y devient clairement l'expression d'un dysfonctionnement social[1]. Suscitant l'émergence d'anxiétés nouvelles, cette perception justifie l'invention de nouveaux instruments d'analyse (statistiques judiciaires, enquêtes sociales) et de répression (transformations de l'appareil policier) qui concourent, paradoxalement, à exacerber la menace.

Dans ce contexte sont échafaudés les premiers débats publics sur ce thème, qui mêlent statistique des agressions ou des homicides, ressassement d'un discours alarmiste et tentative d'exploitation médiatico-politique du phénomène[2]. Adossée, dans un climat de suspicion généralisée, à la prolifération de récits d'attaques et de vols nocturnes, la crise de l'automne 1826 est à cet égard fondatrice. Après une décennie d'accalmie, la question resurgit sous la monarchie de Juillet, notamment durant les années 1836-1848 qui constituent à cet égard une période d'émotions continues. La menace d'une ville offerte la nuit à une criminalité sauvage et prédatrice, œuvre d'une nation souterraine de rôdeurs issus des marges déclassées du monde ouvrier, y devient la figure majeure de l'insécurité. La publication des *Mystères de Paris* d'Eugène Sue (1842-1843) et le procès de la bande dite des Escarpes en 1844, coupable d'un grand nombre d'agressions et d'attaques nocturnes sur les bords du canal Saint-Martin, fixent assez durablement ces inquiétudes.

Sous le second Empire en revanche, la conjonction d'une répression policière accrue et du contrôle de la presse atténue largement l'exploitation du phénomène, qui ne réapparaît qu'à la fin de la décennie 1860. Il connaît alors une forte croissance, qu'accélère progressivement la convergence, inédite jusque-là, d'une presse de masse et d'une démocratie parlementaire. Dénonçant l'insécurité croissante des personnes et des biens, notamment dans les grandes villes comme Paris ou Marseille, des campagnes

1. L. CHEVALIER, *Classes laborieuses...*, *op. cit.*
2. S. DELATTRE, *Les Douze Heures noires...*, *op. cit.*, p. 468-508

alarmistes affectent alors périodiquement le pays. Deux séquences décisives sont ici perceptibles. La première, sensible dans les années 1880-1885, dit à la fois l'hostilité des monarchistes envers une République incapable selon eux d'assurer la sécurité des « honnêtes gens », et celle des milieux radicaux envers une Préfecture de police honnie, mais aussi les inquiétudes de l'opinion face au mal d'un récidivisme que la statistique vient de mettre au jour, que la criminologie naissante s'efforce de circonscrire et que les parlementaires s'attachent à résorber (on prépare alors la loi Waldeck-Rousseau sur la relégation des multi-récidivistes)[1]. La seconde, plus virulente encore, correspond aux grandes campagnes pour la « sécurité publique » qui marquent les années 1900-1914. Thème « à la mode », l'insécurité y entre à la fois en régime « médiatique » (elle est inséparable de l'essor et des « campagnes » de la presse à grand tirage) et dans l'âge adulte[2] : porté par une rhétorique exaspérée, tout un argumentaire s'ordonne, peu à peu pris en charge par des acteurs institutionnels et politiques qui y voient un thème porteur et un angle d'attaque efficace. Une sorte de paroxysme est alors lisible, qui concerne autant l'invention des figures du risque (la période correspond à la cristallisation de la figure de l'« apache », jeune délinquant des faubourgs en rupture de famille ou d'atelier, et qui symbolise l'émergence de la criminalité juvénile), ses divers modes de perception (sociale, médiatique, savante, institutionnelle), ainsi que les types de réponse qu'on s'efforce de lui apporter. Alors que la question commence à être prise en charge par les acteurs politiques, et que l'on débat de plus en plus intensément du fonctionnement de l'économie répressive, un actif marché de la sécurité privée s'organise peu à peu.

Passée la Grande Guerre, la question demeure beaucoup

---

1. R. BADINTER, *La Prison républicaine*, op. cit. ; S. DIEHL, *La Question « sécuritaire » à Paris de 1880 à 1885*, op. cit.

2. D. KALIFA, « Insécurité et opinion publique au début du XXe siècle », article cité ; *L'Encre et le Sang*, op. cit.

plus mal connue. Négligés par les historiens, abandonnés à la littérature « pittoresque » et aux témoignages des acteurs (policiers, magistrats ou criminels), crime et délinquance constituent, pour la France du XXe siècle, une véritable friche historiographique, qui ne commence qu'à peine à être essartée[1]. Ressentie ou proclamée, l'insécurité devient en tout cas un thème moins porteur, et les apaches, omniprésents dans la France de 1914, se font beaucoup plus discrets durant les années 1920. Non que les formes de délinquance qu'ils avaient pratiquées (proxénétisme, petits cambriolages, « attaques nocturnes ») aient alors disparu, mais la presse s'était lassée, l'« opinion » avec elle, et leurs hauts faits ne passaient guère la barre des « nouvelles en trois lignes ». En dépit des difficultés économiques, de la forte immigration qui entassait dans les banlieues des contingents croissants de misérables (« sidis », russes, polonais, italiens, espagnols, etc.), et de la persistance d'une active délinquance d'appropriation, la question inquiétait moins. A mesure que la « zone » disparaissait, rongée par la ceinture des HBM et par les lotissements pavillonnaires qui s'édifiaient alors dans les communes suburbaines, elle suscitait un regard plus nostalgique qu'alarmiste. L'invention du « milieu » et l'attention portée vers les formes renouvelées de la criminalité professionnelle atténuaient provisoirement l'inquiétude face à la délinquance ordinaire.

La question de la délinquance urbaine ne resurgit vraiment qu'au sortir de la Seconde Guerre mondiale, de manière ponctuelle tout d'abord (la très vive recrudescence de violence criminelle qui marque les années 1945-1947), puis de façon plus durable avec l'apparition du phénomène « blousons noirs » à la fin de la décennie 1950. Joints à la nature des délits, qui épousaient les progrès de la société de consommation (vols de voitures, de scooters, de disques), l'incompréhension face aux nouvelles modalités de prise en

---

1. Voir ma mise au point « Crime et délinquance » dans J.-P. RIOUX et J.-F. SIRINELLI (dir.), *La France, d'un siècle à l'autre, 1914-2000. Dictionnaire critique, op. cit.* p. 745-755.

charge judiciaire (ordonnance de 1945) et le sentiment d'une « crise de la jeunesse » contribuèrent à identifier et à stigmatiser une nouvelle « classe dangereuse »[1]. Fortement médiatisé, ce regain de violence juvénile attira d'autant plus l'attention qu'il était contemporain des transformations qui, sur fond de crise du logement, affectaient alors les banlieues : destruction progressive des zones pavillonnaires au profit des premiers grands ensembles, cités-dortoirs et « cages à poules ». S'ouvre alors une longue séquence durant laquelle la délinquance juvénile est à nouveau désignée comme un fléau national, et les banlieues décrites comme des espaces criminogènes. Aux « blousons noirs » des années 1958-1963 succèdent d'autres types, « minets » et « cheveux longs » dans les années 1960, « loubards » après 1970[2]. Les incidents, qui se multiplient, tendent aussi à se faire plus sérieux. Le symbole en est l'assassinat, en 1971, d'un jeune « loubard » par le patron d'un bar de La Courneuve. Ils s'aggravent encore à la fin des années 1970, dans un contexte social alourdi et dans un paysage urbain fortement dégradé (délabrement des immeubles et des équipements, fermeture de nombreux commerces, regroupement de populations issues d'une immigration plus récente, maghrébine ou africaine, et confrontée à des difficultés d'intégration). Le terme « banlieue », qui avait vieilli, resurgit alors dans une acception nouvelle, et fortement dépréciée, tandis que de nombreux quartiers, à Mantes, à Sarcelles, à Chanteloup-les-Vignes, sont dépeints comme des lieux de désolation et de délinquance endémique (vandalisme, trafic de drogue, cambriolages à répétition). La question surtout se polarise sur celle de la jeunesse immigrée, dont les pre-

---

1. Ludivine BANTIGNY, *Le plus bel âge ? Jeunes, institutions et pouvoir en France des années 1950 au début des années 1960,* thèse d'histoire, IEP de Paris, 2003.

2. Sur ces points, voir Philippe ROBERT et Pierre LASCOUMES, *Les Bandes d'adolescents. Une théorie de la ségrégation* (1966), Editions ouvrières, 1974 ; Jean MONOD, *Les Barjots. Essai d'ethnologie des bandes de jeunes,* 1968 ; Yves CHARRIER et Jacques ELLUL, *Jeunesse délinquante. Des blousons noirs aux hippies,* Mercure de France, 1971 ; Gérard MAUGER et Claude FOSSÉ-POLIAK, « Les loubards », *Actes de la recherche en sciences sociales,* n° 50, 1983, p. 49-67.

mières révoltes, à Vénissieux, ou à Vaux-en-Velin en 1979, suscitent à la fois l'inquiétude, la réflexion et la répression (loi « Sécurité et Libertés » en 1980).

Mais la véritable explosion date de l'été « chaud » 1981 où, à Villeurbanne et à Vénissieux, ont lieu les premiers « rodéos », et des affrontements sérieux avec les forces de l'ordre. En dépit des « dispositifs » périodiquement mis en place par les pouvoirs publics, le phénomène connaît alors une très forte croissance. Non seulement la délinquance ordinaire augmente sensiblement, mais les troubles se multiplient dans les cités où, souvent en réponse à des « accidents » ou à des meurtres à caractère raciste, éclatent de véritables émeutes, comme celles de 1991 à Vaux-en-Velin et à Mantes, celle de 1993 à Melun[1]. Délinquance et insécurité sont peu à peu désignées comme la préoccupation majeure des Français, et se hissent rapidement au rang d'enjeu politique majeur[2].

Ce sentiment d'un alourdissement de la pression criminelle fut également renforcé par le développement de « zones grises » à l'intérieur même du territoire national. Dans les grands ensembles dégradés de la périphérie des agglomérations, où des populations issues d'une immigration souvent récente sont confrontées au chômage, à l'emploi précaire et à la rapide dissolution du lien social, la délinquance juvénile a en effet connu, dès la fin des années 1960, une forte croissance, que les difficultés économiques et l'usure relative des modèles classiques d'intégration ont encore accentuée après 1980. Marqué par l'essor d'une petite délinquance endémique (racket, vols avec violence, cambriolages, etc.), mais aussi par le développement du

---

1. Christian BACHMANN et Nicole LEGUENNEC, *Violences urbaines. Ascension et chute des classes moyennes à travers 50 ans de politique de la ville*, Albin Michel, 1995 ; Christian BACHMANN et Nicole LEGUENNEC, *Autopsie d'une émeute. Histoire exemplaire d'un quartier nord de Melun*, Albin Michel, 1997. Voir, pour une perspective d'ensemble, Laurent MUCCHIELLI, « L'évolution de la délinquance juvénile en France (1980-2000), *Sociétés contemporaines*, 2004.

2. Sébastian ROCHÉ, *Le Sentiment d'insécurité*, PUF, 1993 ; ID., *Sociologie politique de l'insécurité. Violences urbaines, inégalités et globalisation*, PUF, 1998.

vandalisme, des « incivilités » ou de formes particulièrement spectaculaires de révolte collective (caillassage de bus,
« rodéos », émeutes), ce phénomène a suscité de profondes
inquiétudes dans le pays, rapidement exploitées par une
idéologie sécuritaire aux forts accents racistes et xénophobes. Qualifiées par les policiers et les journalistes de
« violences urbaines », ces nouvelles formes de délinquance
des « cités » se sont ainsi hissées, en une vingtaine d'années,
au rang de préoccupation majeure du pays, auquel elles
semblent signifier une rupture brutale du processus de « civilisation des mœurs ».

L'impossible objectivation du phénomène

Faut-il de ce trop rapide panorama marqué par l'essor
presque continu de l'inquiétude face à la délinquance
conclure, comme le font régulièrement les contemporains,
à l'inexorable « marée montante » du crime et de l'insécurité, ou à l'irrésistible croissance des violences interper-
sonnelles ? La prudence, à de nombreux égards, s'impose
à l'historien. Le premier tient à la nature des sources
disponibles pour évaluer l'ampleur de la pression criminelle. L'historien de la France contemporaine dispose
pourtant d'un grand nombre de séries statistiques : le
Compte général de l'administration de la justice criminelle,
qui enregistre depuis 1825 et jusqu'à 1978 les affaires
portées devant les tribunaux, les chiffres policiers, émanant de la Gendarmerie et de la Police nationale, très
confidentiels de 1947 à 1971, régulièrement publiés
depuis cette date, les séries pénitentiaires enfin, ainsi que
celles de l'éducation surveillée. Mais ces données, dont le
manque évident d'homogénéité limite la portée, renseignent d'abord sur l'activité et sur le rendement des admi-
nistrations qui les produisent[1]. Davantage que la mesure

---

1. Pour une perspective d'ensemble sur cette question, voir Philippe ROBERT,
Les Comptes du crime. Les délinquances en France et leurs mesures, Le Sycomore,
1985.

du crime et son évolution, elles disent l'augmentation des effectifs ou de l'efficacité des services, les politiques ou les priorités qu'ils se donnent. Certaines formes de transgression y échappent, qui n'ont pas fait l'objet de plaintes, d'autres y apparaissent en surnombre, comme les escroqueries à l'assurance.

Surtout, elles demeurent tributaires des sensibilités et des appréciations du corps social, dont varient les seuils de tolérance. Exception faite de l'homicide, dont la définition légale et la réprobation sociale évoluent peu, le crime et la délinquance n'ont qu'une existence relative, socialement très « construite », et qui fluctue au gré de l'évolution des mœurs, des normes ou des formes du contrôle social. Or les deux derniers siècles sont surtout marqués par l'accélération du long mouvement de « civilisation des mœurs » et par l'avènement d'un individu à l'« âme sensible », qui récuse et criminalise des pratiques autrefois tolérées[1]. Au regard de l'historien, la statistique criminelle n'est donc jamais que l'objectivation de sensibilités ; elle mesure les fluctuations de l'« esprit de plainte » ou des tolérances sociales bien plus que celles d'une hypothétique marche du crime. On passe ainsi de 114 000 plaintes, dénonciations ou procès-verbaux en 1835 à 591 000 en 1913 et à 5 millions en 1999, sans que les délits correspondants soient en eux-mêmes nécessairement plus nombreux (c'est le cas par exemple des coups et blessures à la fin du XIXe siècle). Le nombre des viols enregistrés par la statistique policière a augmenté de 350 % entre 1963 et 1989, celui des condamnations pour viol sur mineurs est passé de 46 en 1984 à 305 en 1993. Qui soutiendrait que ces chiffres traduisent une croissance effective de ces violences sexuelles ? Dans bien des cas même, la lecture des statistiques judiciaires peut se faire à rebours, l'augmentation des plaintes signalant la décrue de transgressions effectives, de moins en moins admises par le corps social. Source inégalable pour saisir les

---

1. Sur ces points, voir Alain CORBIN, *Le Village des cannibales*, Aubier, 1991, ainsi que le dossier « Violences », *Société & Représentations*, n° 6, 1998.

aspirations, les craintes ou les résistances d'une société, la statistique criminelle ne peut donc faire l'objet d'une lecture positiviste, capable d'en déduire le mouvement de la délinquance, comme le font pourtant régulièrement journalistes et publicistes.

Interprétés en ces termes, les chiffres de la criminalité permettent toutefois de dégager deux enseignements principaux concernant la France contemporaine. Le premier signale le lent reflux de la violence interpersonnelle, qui perd peu à peu son rôle de régulateur des tensions et des conflits ordinaires[1]. Accompagnant le redéploiement des sensibilités et la constitution progressive d'un Etat de sécurité, ce déclin de la violence de la vie quotidienne explique pour une large part l'anxiété et l'exacerbation des contemporains à l'égard d'un reliquat devenu insupportable. L'abaissement du taux de mortalité, la hausse continue du niveau de vie, l'accroissement des mesures de protection sociale, tout invite en effet une société engagée dans un processus accéléré d'intégration à réprouver la violence et à réclamer une sécurité accrue. Si la statistique des homicides ou des morts violentes signale encore quelques pics ou variations inquiétantes (les années 1905-1913 par exemple), la tendance d'ensemble est à la décrue de la violence interpersonnelle (les coups et blessures ont largement marqué le pas, et les homicides ont progressivement déserté l'espace public, signe de la poursuite du processus de pacification des mœurs) au profit d'un imposant contentieux anonyme et « astucieux », dont la croissance est à l'inverse continue. Se développe ainsi un immense massif constitué essentiellement d'atteintes contre les biens, et qui forme au XXe siècle la substance même de l'activité délinquante : vols, cambriolages, fraudes et autres délits astucieux. Ce type d'infractions, qui n'a cessé de progresser depuis le milieu du XIXe siècle, témoigne à la fois des progrès de la propriété

---

1. Jean-Claude CHESNAIS, *Histoire de la violence en Occident de 1800 à nos jours*, Laffont, 1981, ainsi que Frédéric CHAUVAUD, *De Pierre Rivière à Landru. La violence apprivoisée au XIXe siècle*, Bruxelles, Brepols, 1992.

privée, de la valeur accordée aux biens de consommation et de la « judiciarisation » croissante des comportements (déposer plainte « contre X » constituait au XIXe siècle un non-sens). Emblématiques de ces formes de délits apparaissent les vols de, ou dans les voitures, symboles de cette consommation de masse, et qui ont progressé au second XXe siècle jusqu'à représenter, en 1987, 31,4 % des faits constatés par la police, mais aussi les affaires de chèques, volés ou sans provision, qui constituaient à la fin des années 1980 un gigantesque contentieux de près d'un demi-million d'infractions annuelles.

L'analyse des chiffres met également au jour le profond retournement de tendance perceptible à compter des années 1970. Celui-ci est marqué par la nette progression des dégradations de biens privés et des infractions contre la chose publique (police des étrangers, toxicomanie ou trafic de stupéfiants), mais aussi par l'essor d'une active délinquance d'appropriation (« dépouille », racket, cambriolages, agressions, vols avec violences) et, bien que dans une mesure moindre, du taux d'homicidité. En forte progression, la petite délinquance d'appropriation inquiète d'autant plus qu'elle a partie liée avec une toxicomanie croissante, et qu'elle peut déboucher sur des formes inédites et très brutales de délits (les « pirates de la route » des années 1990 par exemple). Un tel phénomène, où se lit à la fois l'accroissement des violences et l'exacerbation des sensibilités à leur égard, procède de multiples facteurs, notamment l'insertion du pays dans les grands réseaux du trafic international, ou le développement, dans les zones suburbaines, d'une pauvreté de masse, mais aussi des exigences croissantes de sécurité que revendique le corps social. L'essentiel du contentieux provient pourtant de ce qu'il est désormais convenu d'appeler les « incivilités » : nuisances, dégradations et vandalisme (voitures rayées, boîtes aux lettres vidées, fenêtres cassées, etc.), insultes ou marques d'irrespect, agressions gratuites. Alimentant un racisme endémique à l'égard d'une jeunesse d'origine étrangère qu'on dit incapable de s'intégrer, ces pratiques entretiennent dans les « cités » un climat délétère, que le moindre incident peut transformer en explosion de violence collective, dont le paroxysme est l'émeute et l'affrontement avec les forces de l'ordre.

L'invention dans les années 1990 de l'expression « violences urbaines » dit assez bien la surfocalisation sur la délinquance des « cités » et la jeunesse d'origine étrangère. Si le dérèglement de la sécurité est manifeste, il convient de souligner que la violence des banlieues, si inquiétante soit-elle, ne constitue que « le jeune arbre qui cache la vieille forêt » : la croissance principale est celle d'une délinquance anonyme contre les biens [1]. Il ne faut pourtant pas minimiser le profond renouvellement des enjeux et des causes du phénomène. Jusque vers les années 1970, la délinquance ne constituait souvent qu'une aventure de jeunesse, où une partie de l'adolescence ouvrière exprimait son refus de l'ordre parental ou du travail industriel. Certains pouvaient sans doute verser dans la criminalité professionnelle, mais l'essentiel de ces jeunes « voyous » était vite rattrapé par le temps de l'usine ou celui de la famille. Le monde ouvrier était pacifié, et personne n'aurait encore songé à qualifier ses mœurs de « dangereuses ». Les « violences urbaines » du dernier quart de siècle traduisent des réalités beaucoup plus difficiles. Elles disent d'abord l'impasse économique dans laquelle se trouvent bien des jeunes des cités, frappés de plein fouet par le chômage, l'emploi précaire et l'effondrement du système salarié qui accompagnent l'entrée en régime post-industriel. Mais elles révèlent aussi l'ampleur de la crise qui affecte les mécanismes d'intégration, sociale tout autant que symbolique. L'écroulement des certitudes keynésiennes a en effet provoqué l'épuisement du dispositif traditionnel de promotion sociale, fondé sur l'action d'un Etat redistributeur, et précipité l'effritement des classes moyennes. Joint au déclin des structures associatives, syndicales ou religieuses, et à la difficile adaptation de l'école à un enseignement de masse,

---

1. P. Robert, *Le Citoyen, le crime et l'État*, op. cit.

c'est tout le modèle d'intégration républicaine qui entre alors en crise. Cette brutale dégradation du lien social crée pour la jeunesse démunie des « cités » une situation désespérée[1]. Privée d'emploi et de qualification, confrontée au racisme ou à l'absence de considération, elle cumule la frustration sociale et le sentiment d'une injustice et d'une humiliation constantes. Disqualification de classe, de « race » et de position, qui engendre à la fois le repli identitaire et le recours à une délinquance d'exclusion ou de provocation. Outre la multiplication des violences acquisitives, celle-ci prend aussi la forme du vandalisme et des « incivilités », qui apparaissent comme autant de destructions symboliques des instruments de la domination, d'agressions aveugles à l'encontre d'une société matérielle qui produit beaucoup plus de richesses qu'autrefois, mais où progresse la pauvreté de masse.

Réponses à la délinquance

Considérés sur le long terme, ces dérèglements successifs de la sécurité semblent avoir suscité trois types de réponses. La première est constituée de la classique association prévention/répression, dont l'évolution et le dosage sont tributaires de multiples facteurs : état de la délinquance réelle ou ressentie, évolution de la pensée et de l'économie pénales, poids des idéologies et des régimes politiques. A compter de la stabilisation politique de la fin des années 1870, on peut dire que la ligne générale fut celle de l'« humanitarisme républicain », marqué par l'influence de la philosophie beccarienne, la priorité donnée à l'amendement, aux solutions préventives, puis aux principes de la défense sociale. Mais un tel *corpus* ne fit jamais l'unanimité, comme en témoigne la très tardive abolition de la peine capitale en

---

1. Sur ces points, voir notamment François DUBET, *La Galère. Jeunes en survie*, Fayard, 1987 ; David LEPOUTRE, *Cœur de banlieue. Codes, rites et langages*, Odile Jacob, 1997 ; Henri REY, *La Peur des banlieues*, Presses de Sciences-Po, 1999.

1981. Outre le maintien de la peine de mort, la République se signala également par la gestion ou l'adoption d'une pénalité d'exclusion, comme le montrent le maintien de la transportation, la loi Waldeck-Rousseau (1885) sur la relégation des multirécidivistes[1] ou la longue persistance des pénalités militaires ou coloniales. Chaque séquence de dérèglement apparent de la sécurité se solda de plus par la résurgence de solutions répressives, rassemblant les voix d'une partie des professionnels de la sécurité (policiers, magistrats), des médias toujours prompts à vanter les solutions dites de « bon sens » et d'une partie de la classe politique, à droite comme à gauche. Un tel moment est par exemple sensible dans la France radicale de 1910[2], il l'est de nouveau depuis une vingtaine d'années, où le discours social insiste sur le divorce croissant entre politique pénale et attente de sécurité.

Le deuxième type d'attitudes, moins directement liées en apparence à la question de la délinquance ou de l'insécurité, réside dans la mise en œuvre de politiques urbaines, dont les effets se font ressentir sur les localisations des classes « dangereuses » et des lieux de la délinquance. Le point de départ en est bien sûr le processus d'hausmannisation, qui bouleverse la capitale puis la majeure partie des villes de France dans la seconde moitié du XIXe siècle. Si les ambitions affichées du processus ne concernaient pas explicitement la délinquance, elles avaient cependant pour objet la réduction d'une « crise urbaine » et de dysfonctionnements sociaux au nombre desquels la criminalité allait de pair avec la peur sociale[3]. Les travaux affectent ainsi en profondeur les localisations de la délinquance. Ils signent d'abord la liquidation de la vieille Cité criminelle. En arasant plus de neuf hectares de taudis autour de Notre-Dame, en abattant plus de vingt-cinq mille maisons, Haussmann met fin à tout un monde. Le processus surtout rejette vers les périphéries

---

1. Sur les ambiguïtés de cette politique, voir M. Kaluszynski, « Le criminel à la fin du XIXe siècle : un paradoxe républicain », article cité.
2. Voir le chapitre de ce livre.
3. Voir M. Agulhon *et al.*, *La Ville de l'âge industriel, op. cit.*

de l'Est ou du Sud parisiens les diverses « classes dangereuses » de la ville, contribuant ainsi à déplacer la délinquance. C'est à Belleville, la Chapelle, Grenelle, ou vers les espaces incertains des fortifs, que s'épanouit désormais le Paris délinquant [1]. L'extension des grandes banlieues et les transformations sociales du second XXe siècle accentuèrent encore ce glissement, donnant peu à peu naissance au paysage contemporain, à tel point que les problèmes de délinquance sont de plus en plus qualifiés de problèmes « urbains ». A compter des années 1980, les politiques de prévention deviennent ainsi « politiques de la ville », sans pourtant que s'inversent les logiques de ségrégation sociale sensibles depuis maintenant un siècle et demi. Dans les quartiers de l'Est lyonnais par exemple, devenus les symboles de cette délinquance neuve, presque un quart de la population est d'origine étrangère, le chômage atteint 18 % et le revenu moyen des ménages ne dépasse pas 56 000 francs par an.

Le troisième type de réponse concerne la constitution progressive d'un marché privé de la sécurité, qui est en passe de devenir, en France également, le principal acteur du processus. Chaque séquence du dérèglement de la sécurité publique s'est en effet accompagnée d'une mise en cause de l'Etat et de sa capacité à assurer la sécurité des citoyens. C'est cette béance de l'Etat, qui se transforme vite en culpabilité de l'Etat, qui forme le cœur du discours politique de l'insécurité. Il n'est donc pas étonnant que son essor se soit accompagné de l'émergence d'un actif marché privé de la sécurité. Esquissé dans la seconde moitié du XIXe siècle, celui-ci s'organise durant les quinze années de « crise de la répression » qui secoue la France de 1900 à 1914. S'adossant au dispositif plus ancien des agences de détectives ou de renseignements commerciaux, la police privée connaît alors un premier boom : sociétés de vigiles, de gardiennage, de surveillance proposent leurs services pour

---

1. Voir G. Jacquemet, *Belleville au XIXe siècle...*, *op. cit.*, et le premier chapitre de ce livre.

surveiller les immeubles, les entrepôts, les magasins, ou escorter le soir les passants apeurés[1]. Ralenti durant l'entre-deux-guerres, le mouvement se poursuit néanmoins, surtout dans les villes de province qui se dotent chacune d'une agence ou d'une succursale de gardiennage. La croissance reprend surtout au second XXe siècle, donnant naissance à un secteur beaucoup plus vaste, plus composite et surtout plus autonome que les polices supplétives ou privées des XIXe et premier XXe siècles[2]. C'est en effet à l'essor d'un marché, d'une véritable « chaîne de la sécurité » que l'on assiste depuis la fin des années 1970, marquée notamment par la progressive substitution des technologies de protection (industries de l'alarme et vidéosurveillance par exemple) aux seules ressources humaines. Mû par une logique libérale et marchande, le secteur s'est en effet révélé extraordinairement inventif, exploitant tout ce qui peut concerner, de près ou de loin, la gestion et la prévention des risques. Il s'agit donc d'une véritable industrie, dont la plupart des composantes, transport de fonds en tête, connaissent une croissance soutenue, qui emploie aujourd'hui plus de cent mille personnes (soit deux agents de sécurité pour trois policiers et gendarmes) et se montre capable de produire à grande échelle ce « bien » nouveau qu'est désormais la sécurité. Même s'il souffre encore d'un manque de professionnalisation (absence de structures solides, de formation ou de réglementation collective, concurrence féroce, déontologie incertaine), ce secteur occupe une place décisive. Complétant les dispositions de juillet 1983, la loi Pasqua de janvier 1995 compte explicitement les sociétés privées au nombre des acteurs concourant de plein droit à la sécurité générale. Même si les pouvoirs publics s'efforcent de ménager les transitions, c'est donc bien la dépossession progressive de l'une des principales fonctions régaliennes de l'Etat que signale le phénomène.

---

1. D. KALIFA, *Naissance de la police privée...*, op. cit.
2. Frédéric OCQUETEAU, *Les Défis de la sécurité privée. Protection et surveillance dans la France d'aujourd'hui*, L'Harmattan, 1997. Cf. aussi P. ROBERT, *Le Citoyen, le crime et l'État*, op. cit.

A tous égards donc, la France du XXIᵉ siècle semble être sortie de cette ère où les seules vertus du modèle social et politique de la République étaient capables, sinon de neutraliser, du moins de réguler le crime et la délinquance.

Bien qu'entièrement remaniés, augmentés et mis à jour, la plupart des chapitres de ce livre ont fait l'objet de prépublications dans des revues ou des Actes de colloque. En voici les références précises. Chapitre 1 : *French Historical Studies*, vol. 27, n° 1, 2004, p. 175-194. Chapitre 2 : *Le Temps de l'Histoire*, n° 4, 2002, p. 19-37. Chapitre 3 : inédit. Chapitre 4 : Jean-Claude CARON et Annie STORA-LAMARRE (dir.), *Hugo politique*, Presses de l'université de Franche-Comté, 2004. Chapitre 5 : Roger BELLET et Philippe REGNIER (dir.), *Problèmes de l'écriture populaire au XIXe siècle*, Presses universitaires de Limoges, 1997, p. 199-211. Chapitre 6 : *Annales. Histoire, Sciences Sociales*, n° 54-6, novembre-décembre 1999, p. 1345-1362. Chapitre 7 : *Revue d'histoire du XIXe siècle*, n° 20-21, 2000, p. 203-215. Chapitre 8 : *Le Rocambole. Bulletin des amis du roman populaire*, n° 2, 1997, p. 90-101. Chapitre 9 : *Romantisme*, n° 97, 1997, p. 89-102. Chapitre 10 : *14-18 Aujourd'hui*, n° 2, 1999, p. 128-141. Chapitre 11 : *Sociétés & Représentations*, n° 4, 1997, p. 321-338. Chapitre 12 : Benoît GARNOT (dir.), *Ordre moral et délinquance de l'Antiquité au XXe siècle*, Dijon, EUD, 1994, p. 233-240. Chapitre 13 : *Vingtième siècle, revue d'histoire*, n° 67, juillet-septembre 2000, p. 43-59. Chapitre 14 : *Annales historiques compiégnoises*, n° 59-60, 1995, p. 5-15. Chapitre 15 : Laurent FOURCHARD et Isaac OLAWALE ALBERTS (dir.), *Security, Crime and Segregation in West African Cities since the 19th century*, Khartala-IFRA, 2003, p. 73-84. Je remercie chaleureusement revues et éditeurs de m'avoir autorisé à les reprendre ici.

Table

Imprimé par **Bussière**
à Saint-Amand-Montrond (Cher)
pour le compte des Éditions Perrin
76, rue Bonaparte
Paris 6ᵉ

Achevé d'imprimer en janvier 2005

Photocomposition Nord Compo
59650 Villeneuve-d'Ascq

N° d'édition : 2012. – N° d'impression : 045303/1.
Dépôt légal : janvier 2005.
Imprimé en France